U0909102

《贵州佛教中国化研究丛书》，分为《华聚释融》《典藏意象》《贞珉释理》《诗词绮韵》《佛联意趣》五卷，共280余万字。阐述了贵州佛教中国化历史进程与当代实践；对贵州佛教文献、碑刻摩崖、诗词楹联等，进行选录释读。

该书是贵州省及国内20余位专家学者及实际工作者共同研究的成果，内涵丰富，资料翔实，逻辑严谨，图文并茂，是集学术性、资料性、可读性于一体的大型佛教研究专著。

贵州佛教中国化研究丛书 ⑤

佛联意趣

贵州佛教文化·楹联选释

贵州省佛教协会 编著
编委会主任 妙果

宗教文化出版社

图书在版编目（CIP）数据
佛联意趣：贵州佛教文化·楹联选释／贵州省佛教协会编著．-- 北京：宗教文化出版社，2023.8
（贵州佛教中国化研究丛书；5）
ISBN 978-7-5188-1450-3
Ⅰ．①佛… Ⅱ．①贵… Ⅲ．①对联—作品集—中国Ⅳ．① I269
中国国家版本馆 CIP 数据核字 (2023) 第 164521 号

贵州佛教中国化研究丛书⑤

佛联意趣

——贵州佛教文化·楹联选释

贵州省佛教协会 编著 编委会主任 妙果

出版发行：宗教文化出版社
地　　址：北京市西城区后海北沿 44 号　（100009）
电　　话：64095215（发行部）　13691373138（编辑部）
责任编辑：孟金霞（158504349@qq.com）
版式设计：武俊东
印　　刷：河北信瑞彩印刷有限公司

版本记录：787 毫米 ×1092 毫米　16 开　165 印张　2860 千字
2023 年 10 月第 1 版　2023 年 10 月第 1 次印刷
书　　号：ISBN 978-7-5188-1450-3
定　　价：980.00 元（全五册）

本卷主编、副主编、撰稿及分工

本卷主编：

王竞晗（复旦大学国际关系与公共事务学院培训部主任，法学博士）

副主编：

彭博（云南省社会科学院助理研究员、博士）

撰稿：

纳光舜（前言、概述、毕节市）

王竞晗（贵阳市、六盘水市、遵义市、铜仁市、黔西南州、黔南州）

彭博（安顺市、黔东南州）

贵州 100 座寺院介绍撰稿：

纳光舜、王竞晗、张畅、张银荟、祖文雄

序　一

顾　久[①]

回顾历史，佛教自传入中国二千多年来，与中国传统文化多有融会：从佛学的角度说，早在东晋，佛学家道安就曾提出过“不依国主，则法事难立”，促进了中国佛教的本土化；高僧慧远，倡导佛儒道对话互鉴，树立了促进佛教文化与中国传统文化融合的典范；中唐高僧宗密提出“孔、老、释迦，皆是至圣”；北宋高僧赞宁，提出“王法为本，融摄三教”；明末清初名僧元贤，主张会通儒释道；民国时期名僧太虚提出“人间佛教”思想，等等。不断自觉地引领着佛教的中国化。从国家管理者的角度看，古代帝王在稳固现存治理秩序的基础上，大都重视宗教在教化百姓、维护社会稳定方面的作用。典型者如明太祖朱元璋，亲撰《三教论》《释道论》等，以儒家社会秩序为主干，兼收佛、道两家的精华，对三教均有所改造、利用和融会，建立起主流意识形态，是经过深思熟虑并行之有效的。

贵州佛教自唐代正式传入起，就开始了中国化进程：主要表现在获取朝廷认可，适应社会，融会传统文化和本土文化。中华人民共和国成立后，贵州佛教中国化进入创新发展阶段，体现出四大特点：一、增强政治认同，坚持正确方向；二、积极适应社会，服务时代；三、发挥积极作用，涵养良善；四、传承佛教文化，融会中华传统文化。进入新时代，贵州佛教界更确立了“坚持中国化方向”的新目标：强化政治认同，勇于自我求变，加强自身建设，

① 顾久，贵州省人大常委会原副主任、贵州省文史馆原馆长。著名学者。

主动服务大局，重视人才培养，加强佛教文化建设。

但在理论化、系统性方面，尚有缺憾。于是，由贵州省佛教协会发起并邀请省内外专家学者编纂《贵州佛教中国化研究丛书》，旨在推进“坚持佛教中国化方向”理论的系统化、明晰化和科学化。这既是积极探索，又是大胆创新，可喜可赞！《贵州佛教中国化研究丛书》共分五卷：首卷《华聚释融——佛教中国化·贵州篇》，对佛教中国化历史探寻；其余四卷为佛教文献、碑刻、诗词、楹联选录。该书视角广阔，资料翔实，体例完备，结构合理，论述严谨，文字畅达，图文并茂，可读性强。

贵州宗教文化研究较为薄弱，坚持我国宗教中国化方向的研究更是一个需要持续推进的重点课题。春阳和煦，《贵州佛教中国化研究丛书》一花先放，定能促成百花齐放的美景！

是为序。

2021 年 11 月 9 日

序　二

张连顺①

贵州省佛教协会邀请省内外专家学者编纂的《贵州佛教中国化研究丛书》，即将出版，可喜可贺。

《贵州佛教中国化研究丛书》洋洋数百万言。共分五卷。该书内涵丰富，资料翔实，逻辑严谨，图文并茂，是集学术性、资料性、可读性于一体的大型佛教研究专著。

佛教中国化研究领域广阔，是新时代宗教研究者一个重要的主攻方向。佛教中国化源远流长，它既有历史的沿袭，又有新时代的创新。中国佛教史上，东晋佛学家道安提出“不依国主，则法事难立”；东晋慧远，唐代宗密、智顗，北宋赞宁、智圆，南宋宗杲，明末清初元贤，清末杨仁山，民国时期太虚等，在促进佛教中国化方面，均有不可磨灭的贡献。中国佛教物质文化遗产（寺院、石窟、塔幢、雕塑、碑刻、绘画等）和非物质文化遗产（戏曲、舞蹈、音乐、神话、小说、诗歌等）均蕴含着丰富的中国化内容。《尚书·周书》言：“功崇惟志，业广惟勤。”我们新时代宗教研究者应当在“佛教中国化”研究中尽心尽力，出成果，见实效！

近十年来，贵州宗教文化研究突飞猛进，人才辈出，成果卓荦。先后出版了贵州宗教系列史书——佛教、道教、伊斯兰教、天主教、基督教史和贵州宗教史，是全国出齐中国五大宗教史专著的省份之一。贵州宗教研

---

① 张连顺，贵州大学哲学与社会发展学院教授，博士生导师，贵州省宗教学会会长。

究发展前景甚为可观。“潮平两岸阔，风正一帆悬”，贵州宗教研究的未来，寄希望于甘于寂寞、勤奋研究的老一辈；寄希望于朝气蓬勃、肩负未来的年轻一代！

是为序。

2021 年 11 月 18 日

序　三

释妙果①

促进贵州佛教文化研究，是我一直以来的心愿。

2020 年下半年，省佛协筹备召开“贵州省佛教中国化研讨会”，与省宗教学会联系增多了，逐步了解到省宗教学会不仅具有较强的研究实力，而且与省内外宗教研究专家学者联系广泛。省佛协会拟邀请省宗教学会编纂《贵州佛教中国化研究丛书》。省宗教学会欣然接受邀请，很快联系省内外专家组成编委会。确定体例，编写大纲，落实编撰人员，开展资料收集，撰写初稿——多管齐下，齐头并进，各项工作井井有条。经过各位专家学者的辛勤努力，《贵州佛教中国化研究丛书》终于成稿。

《贵州佛教中国化研究丛书》的编纂出版，是我会学习实践坚持我国宗教的中国化方向的具体行动，也是落实中国佛教协会《坚持佛教中国化方向五年工作规划纲要（2019−2023）》的重要成果。

《贵州佛教中国化研究丛书》全面记述了中国和贵州佛教中国化的历史进程，系统辑录了贵州佛教文化史料，集中反映了贵州佛教文化面貌。视野开阔，内涵丰富，资料翔实，阐释严谨，文字通畅，图文并茂。

在此，我谨代表贵州省佛教界，对为此书编纂、出版付出辛勤劳动的专家学者和本书编辑，致以诚挚的问候和衷心的感谢！

“猛志逸四海，骞翮思远翥”，我们将再接再厉，继续与省内外宗教

① 释妙果，中国佛教协会副秘书长、贵州省佛教协会会长、贵州佛教中国化研究院院长。

研究专家学者一道，坚持佛教文化建设的中国化方向，创造具有新时代中国特色的佛教文化。

2021 年 11 月 22 日

目　录

上　篇　概　述

中　篇　贵州寺院楹联选录

下　篇　贵州100座寺院介绍

前　言

佛教文化是中国传统文化的一部分。佛教传入中国两千多年来，与中国传统文化有多方面的融会，深刻地影响了中国古代哲学和文学艺术，长期以来部分佛教故事已经成为中国优秀的文学作品的组成部分。佛教对中国小说、诗词、舞蹈、戏剧、曲艺、楹联，以及建筑、雕塑、绘画产生了重要影响。中国佛教协会《坚持佛教中国化方向五年工作规划纲要（2019—2023）》提出："深入研究、整理、总结具有中国特色的佛教文化的发展历程、优秀成果、历史经验、基本规律，做好佛教文物和非物质文化遗产保护工作，为新时代佛教文化建设提供历史借鉴。"因此，贵州省佛教协会决定请专家学者编写《贵州佛教中国化研究丛书》。《贵州佛教中国化研究丛书》分为五册：《华聚释融——佛教中国化·贵州篇》（分上下两部分），《典藏意象——贵州佛教文化·文献选释》，《贞珉释理——贵州佛教文化·碑刻选释》，《诗词绮韵——贵州佛教文化·诗词选释》，《佛联意趣——贵州佛教文化·楹联选释》。

一、贵州佛教中国化

《佛教中国化·贵州篇》分为上、下两部分："佛教中国化的历史演进"和"贵州佛教中国化"。内容简述如下：

（一）佛教中国化的历史演进

佛教中国化，简单地说，就是产生于古印度的佛教于西汉末年传入中国后，通过与中国文化交融，逐渐演化为中国本土佛教的过程。方立天指出：

佛教中国化是指在印度佛教输入过程中，佛教学者一方面从大量经典文献中精炼、筛选出佛教思想的精神、内核，确定出适应国情的礼仪制度和修持方式，另一方面使之与固有的文化相融合，并深入中国人民的生活之中，日益与中国社会的政治、经济和文化相适应、结合，形成独具本地区特色的宗教，表现出有别于印度佛教的特殊精神面貌、体现中华民族传统精神的特征。佛教是一种系统结构，由信仰、哲学、礼仪、制度、修持、信徒等构成，佛教中国化并不只限于佛教信仰思想的中国化，也应包括佛教礼仪制度、修持方式的中国化以及信徒宗教生活的中国化。①

中国佛教的历史，本质是从教理教义、戒律伦理、礼仪轨范等各方面深度中国化的历史，亦是吸纳、融合、滋养中国本土文化的过程。佛教中国化的重要表现，即在于对印度佛教戒律、修学、制度层面的传承、发扬与革新，中国佛教倡导的丛林清规、农禅并重、宗派传承及人间佛教思想，支撑和保证了佛教在中国历史上的兴盛与生机。②

佛教中国化可分为五个阶段③：即比附格义阶段（汉魏晋南北朝时期），交流融会阶段（唐宋时期），稳步推进阶段（宋元明时期），曲折演进阶段（清至民国时期）和创新发展阶段（1949 年 10 月后）。

（二）贵州佛教中国化

佛教影响贵州始于东汉末期。到魏晋南北朝时期，佛教轮回思想在贵州少数民族中亦有一定影响。表明贵州佛教已经开始本土化、民族化。

唐代，贵州有僧人活动并建有寺院。据史书记载，唐贞观十六年（642）前，桐梓已经创修了金锭山寺。说明佛教已经传入贵州。唐垂拱元年（685）牛腾贬谪贵州，并传播佛教④，而且“夷僚渐渍其化”，对少数民族产生影响，

① 方立天：《佛教中国化的历程》，载张志刚《宗教中国化研究论集》，宗教文化出版社，2018，第 51 页。

② 《不断开创我国佛教中国化新境界》，《法音》，2019 年，第 8 期。

③ 本书主要研究汉传佛教中国化，未涉及藏传佛教和南传佛教。

④ （唐）牛肃：《记闻》，载（五代至北宋初）李昉等编：《太平广记（卷 112）·报应（11）（崇经像）》。

是为贵州佛教民族化的开端。唐王朝为抗击南诏，招募一批北方大姓领军入黔。这些外籍移民多来自佛教繁盛的长安等地，不仅会有佛教信仰者（仅杨氏后人中杨选、杨粲均笃信佛教），而且所带入的佛教也具有较多融会儒释道的因素。

宋代（960—1279），地方土官土酋热衷奉佛兴寺，在少数民族地区传播佛教，推进贵州佛教的民族化、中国化。南宋宝庆三年（1227）杨价亲自选址在播州城（今遵义）西碧云峰下兴建规模宏大的佛道儒巫合流的“大报天正一宫”[①]。这一场所分别塑轩辕黄帝、释迦牟尼、老子，可见播州土司杨氏的佛教信仰明显融会儒释道。

元代中后期印度僧人指空在黔西弘法，江西人彭如玉于黔中传教，使佛教在黔中腹地扩展，并深入黔西少数民族聚居区，拓展了佛教在贵州传播的地域，深化了贵州佛教中国化。

明代贵州佛教中国化主要表现在三方面：即增进国家认同，获取朝廷支持；儒释道“三教合一”思潮与贵州佛教中国化。佛教与民间信仰进一步融会，增进了佛教地方化、民族化。

清代，贵州佛教中国化的特点为：利济民生；促进佛教与中国传统文化融会；倡导“孝道”；推动“三教合一”，使佛教文化更适应民众需求；佛教进一步民族化和民间化。

民国时期贵州佛教中国化表现在如下方面：坚持农禅并重，发展寺院经济；兴办佛学院（讲习所、培训班），培养佛学人才；出版佛教刊物、经籍，推进佛教宣传；支持革命和参加抗日救亡活动。此外民间庙会、佛教社会团体、佛教事务管理，以及佛教文学艺术发展，均对贵州佛教中国化有所助益。

中华人民共和国成立后，贵州佛教中国化进入新阶段。有两个明显特点：第一，树立政治认同意识，积极参加社会活动。例如，积极参与三大运动（抗美援朝、土地改革和镇压反革命）等。第二是适应社会，发展生产。据 1960 年 25 个县、市僧尼状况调查，1385 名僧尼中，有 1147 人从事农业生产，167 人从事商业，63 人从事手工业生产，占总数的 99.4%。

---

① （清）道光：《遵义府志》卷之十一《金石》。

改革开放以来，贵州佛教中国化发展迅速。主要表现在：第一，增强政治认同，坚持正确方向。各级佛教团体和寺院，积极开展爱国主义学习教育活动，发扬佛教爱国优良传统。第二，积极适应社会，服务社会。贵州省佛教界发扬佛教热心公益、扶贫济困、自利利他的精神，积极支援国家经济建设，植树造林，保护环境，参与“希望工程”、扶贫、救灾等社会公益事业。第三，积极推进佛教教职人员培养。第四，加强教风建设，纠正僧尼违法、违规行为。第五，发挥佛教文化的积极作用。积极开展佛教文化活动，促进佛教文化研究。第六，融会传统文化，传承佛教文化。通过讲经说法交流会等，提高了佛教教职人员的素质修养和佛学水平，促进了佛教健康发展、社会和谐稳定。

进入新阶段，贵州佛教中国化将进一步从坚持强化政治认同，勇于自我求变、加强自身建设、主动服务大局、重视人才培养、加强佛教文化建设等六个方面大力推进。

二、贵州佛教文化

贵州佛教文化，分为四个部分：贵州佛教文献、贵州佛教碑刻、贵州佛教诗歌、贵州佛教楹联。

（一）贵州佛教文化概述

佛教由古印度迦毗罗卫国（今尼泊尔南部）释迦牟尼（前565–前486）创立。公元前3世纪起，佛教开始向外传播，通过与东西方不同地区文化和宗教交融，最终发展为世界性宗教。

佛教在西汉哀帝元寿元年（公元前2年）传入中国。佛教在中国有三大语系：汉传佛教、藏传佛教和南传上座部佛教。汉传佛教：是以地理位置划分的佛教派别，流传于中国（以及日本、朝鲜半岛、越南等地），产生过众多派别，主要有八宗，即三论宗（又名法性宗）、唯识宗（又名法相宗）、天台宗、贤首宗（又名华严宗）、禅宗、净土宗、律宗、密宗（又名真言宗）。其中禅宗和净土宗流传最广。藏传佛教：7世纪中叶，佛教由印度和内地传入藏地，由此形成藏传佛教（也称藏语系佛教）。主要有有宁玛派（红教）、萨迦派（花教）、噶举派（白教）、格鲁派（黄教）等，并形成活佛转世传承继位制度。其中格鲁派是15世纪初宗喀巴在原噶当派基础上创立的，之后成为藏传佛教诸宗派中影响最大的宗派。此外还有过一些小派，如希解派、觉域派、郭扎派、觉囊派、夏鲁派等。藏传佛教主要传播于中国的藏族、蒙古族、土族、裕固族、纳西族地区以及不丹、尼泊尔、蒙古、俄罗斯布里亚特等地。南传上座部佛教：7世纪佛教由缅甸传入中国云南西双版纳、德宏等傣族地区，由此形成南传佛教（亦称南传上座部佛教）。11世纪前后，因战祸而受重创。后由泰国经缅甸再度传入西双版纳。云南地区南传佛教分为润派、多列派、摆庄派和左抵派四派。主要在傣族、布朗族、阿昌族等少数民族中传播。

汉代，佛教对贵州已有一定影响。东晋时期（317–420），贵州北部地区受到四川佛教的影响。魏晋南北朝时期，佛教轮回思想对布依族有一定影响。唐贞观十六年（642）前，桐梓已经创修了金锭山寺。说明佛教已经传入贵州。其后，唐垂拱年间（685–688），牛腾在贵州传播佛教，黔北、黔东兴建寺院10余座。贵州僧人海通，于唐开元年间（713–741）倡导开凿四川乐山大佛，组织完成前期工程。宋代，贵州土官土酋奉佛兴寺，佛教传入少数民族地区。南宋时，播州（治在今遵义）土官杨氏修建桃溪寺、福源山寺和桃源寺等寺院。元代中后期印度僧人指空，在黔西北一带弘法。元至正年间（1341–1368），江西庐陵人彭如玉在贵阳创立精舍。黔北、黔东地区形成了金鼎山、中华山等佛教名山。明代，入黔的外省僧人增多，对贵州佛教发展有重要推动作用。明初，中央朝廷建立僧官制度。贵州各地也设立了相应的佛教管理机构。明代密教传入黔中。清初，外省籍僧人敏树、燕居、语嵩、梅溪等入黔创建寺院，著书立说，传播佛教文化。僧人著述较多，有语录、灯录、疏论等50余种（现尚存20种）。佛教人士架桥铺路，引泉开渠，植树造林，救死扶伤，扩大了佛教的影响。清中叶后，贵州佛教日益世俗化。咸丰、同治年间（1851–1874），贵州战事不断，佛教寺院多毁于战火。“庙产兴学”运动中，一些地方官绅掠夺寺院财产，迫害僧尼。一些寺院自愿捐产或直接兴办学堂，获得成效。清末，佛教人士参加了反清斗争，贵阳华严寺曾是反清秘密据点；贵阳东山栖霞寺僧铁肩，武术功底深厚，曾协助同盟会会员平刚等训练反清志士。民国年间，佛教文化在贵州的传播得以复兴。各地兴建了一些寺院，成立了佛教团体，开展了一些有组织的佛教活动及社会活动。国内一些名僧先后到贵州宣讲佛法，省内也出现了一批精通佛理的僧人，他们办佛学院、印佛经、讲经说法及主持各种法事，扩大佛教的社会影响，促成了贵州佛教文化的发展。中华人民共和国成立初期，中国共产党制定和实施宗教信仰自由政策，保障公民宗教信仰自由权利。人民政府组织佛教界人士学习时事政治。佛教徒积极参加各种社会政治活动。通过佛教革新运动，70% 的僧尼走上自食其力的道路。“文化大革命”时期，寺院被封闭或占用，正常的佛教活动被禁止，佛教文物古迹遭到破坏，佛教界人士被批斗，造成不少冤假错案。中共十一届三中全会以后，历次政治运动中受到不公正待遇的僧尼，经过复查，得以纠正。寺院还归佛教管理。1979 年以后，佛教团体陆续恢复和建立，促进了佛教组织建设、思想建设和人才培养。佛教界注重发挥佛教文化的积极作用，参与佛教典籍整理和出版，积极参与保护文物，修复文物古迹，发展文化及旅游事业，促进对外友好交往。

（二）佛教文化的价值

佛教文化是中国传统文化的一部分。佛教传入中国两千多年来，与中国传统文化有多方面的融会，深刻地影响了中国古代哲学和文学艺术，长期以来部分佛教故事已经成为中国优秀文学作品的组成部分，佛教对中国小说、诗词、戏曲、楹联，以及建筑、雕塑、绘画也产生了重要影响。

佛教既是一种信仰体系，又是一种文化现象。佛教随着人类社会的发展而不断演进，逐渐形成以信仰为核心的佛教文化传统。佛教文化在自身发展中与其它文化形态相交融，产生了佛教哲学、佛教伦理学、佛教文学、佛教艺术等，成为人类文化宝库中的重要组成部分。佛教文化包括文学艺术、建筑、雕塑、音乐、绘画，以及哲学思想、伦理道德、生活习俗，这些文化因素几乎渗透到社会的各个领域和人们生活的各个方面。贵州佛教已有近 2000 年历史。一千三百年来，各民族信教群众创造了种类繁多的佛教文化遗产。佛教建筑、雕刻、绘画等，是佛教在物质层面的展现，凝聚着各族人民的智慧和创造精神，保存着大量历史信息。在国家级文物保护单位里，佛教建筑占的比例较大。在许多城市中，佛教建筑已成为城市独特的标志性建筑。寺院是佛教活动的主要场所。一些重要佛教节日，如佛诞节（浴佛节）、佛涅槃日、佛成道日、盂兰盆会等，已成为地方民俗的一部分。贵州佛教中还有大量以无形形态传承的文化，包括佛教民间文学（如神话传说，寓言、诗歌、楹联等）、佛教美术（如书法、绘画等）、佛教手工技艺（如建筑工艺、雕塑工艺）、佛教习俗（如居住、饮食、服饰、节日）。

佛教文学艺术内涵丰富。佛教文学是运用文字表现佛教内容、塑造佛教形象的一种语言艺术。佛教文学涵容佛教典籍中具有文学性质的作品、僧俗两界创作的有关佛教思想和佛教活动的作品。主要有文献、碑刻、诗歌、楹联等。贵州佛教文献主要分为著作和文章两类。著作有语录、灯录、疏论等 50 多种。其中汇编成册的语录、灯录两种，即丈雪《锦江禅灯》，如纯《黔南会灯录》。单独编辑的语录有 40 余种（现存 19 种）。文章、书信包括序、疏引、记、书、辨、说等。贵州佛教诗歌颇为丰富。贵州僧人写社会、生活、自然之诗作较多。尤其是明末清初，不少明朝遗臣、文人出家为僧，他们文学造诣颇深，所作诗文在贵州文学史上有一定影响。贵州今存佛教碑刻约有 600 余方。内容涉及佛教传播历史、名山名寺史、宗派传承史，以及佛教教理、寺院规约等，反映了佛教与贵州社会历史、政治、经济、文化，以及宗教、民族、民俗、法律、伦理道德的关系。贵州佛教界很重视楹联的作用，在贵州宗教场所中，佛教楹联运用最广，流传至今的楹联作品也最多。贵州佛教楹联作为一种文学体裁，是佛教信众精神世界、道德修养和文化积存的反映，其中蕴涵着丰富的哲理，不少联句寓意深刻，对引导人们提高道德素养有积极意义；贵州佛教楹联又是赞美佛教胜迹的一种形式，它以简短的语句盛赞佛教名山古刹建筑、园林、雕塑艺术，帮助游览者欣赏佛教艺术的自然美、建筑美和艺术美。

佛教提倡的“平等友爱”，有利于增进社会稳定。在社会交往中，佛教倡导慈悲博爱，关怀众生；多行善事，广积功德；弘扬正气，抑制邪恶；断除苦恼，脱离痛苦。这些理念对于引导人们培养广扬博爱精神，实现和谐相处，确有积极作用。譬如，佛教倡导众生平等，有助于实现求同存异，融洽人际关系。佛教的慈悲观主张，相对革除自私狭隘的自我中心主义，关注对其它众生苦乐的影响。消除不同人群内心所坚固执着的各种成见、偏见，消除不和谐的错误的观念，以及对人和事物的不正确的认识方法。在面对种种复杂的人际关系、社会关系矛盾时，以正确的方法排解自己及他人的烦恼及痛苦；包容与自己不同的观念、思维模式、行为方式、风俗习惯等；包容不同个体、群体之间存在差异，化解不和谐因素，互相尊重，和睦相处。从积极方面理解这些教义，对于个人的修养不无裨益。①

佛教主张扬善抑恶，有助社会伦理升华。佛教道德观调和儒家伦理，旨在使人明晰善恶，以识正途；熟知戒律，内戒于心；实践修行，弘道济世；了悟人生，明心见性；敬老尊贤，孝亲敬长。佛教善恶观亦可引导人们认识善恶，遵从社会公德和公共秩序，约束自己的行为，从事正当的职业，不要误入歧途。佛教的五戒、四摄、六度、十善等，则是佛教最基本的道德规范。佛教强调报“四重恩”，即报父母、众生、国主、三宝的恩德。其中报父母恩、众生恩、国主恩，都涉及社会。佛教报父母恩的思想，对促进家庭和睦有重要意义。这些道德规范、行为要求，在今天若运用得当，对提高人们的道德修养，提升精神生活的层次，培养良好的社会风气，促进社会和谐发展，仍能发挥有益的作用。②

佛教倡导服务社会，有利于促进经济发展。纵观历史，佛教之所以能够在中国扎根和发展，成为中国化的佛教，与佛教大力提倡和践行奉献思想分不开。而其成功之处，就在于积极吸收儒家思想，采取入世的态度，农禅并重，关注民生。唐代高僧惠能认为，“佛法在世间，不离世间觉，离世觅菩提，恰如求兔角”，强调了融入社会的思想。近代高僧太虚则更进一步提出“人间佛教”思想，他认为：“人间佛教是根据佛法常住真理涤除其不合时代的思想文化，展开佛教教化功能。”③佛教所提倡的六和敬（简称六和），即身和敬、口和敬、意和敬、戒和敬、见和敬、利和敬，

---

① 林建曾、纳光舜、禄佳妮：《中国当代宗教关系与社会和谐研究》，贵州人民出版社，2012，第225–226页。

② 林建曾、纳光舜、禄佳妮：《中国当代宗教关系与社会和谐研究》，贵州人民出版社，2012，第230–231页。

③ 太虚：《太虚大师全书·新与融贯》（第2册）。

也可作为与信徒、民众相处应当遵循的原则。佛教和合爱敬的道德要求，与当今社会提倡的集体主义和爱心奉献精神，团结协作和恪守职责原则，谦虚谨慎和关爱他人的品格等，有许多相似之处。

佛教力主善待自然，有助于保护生态环境。佛教主张爱惜生命，保护自然。佛教的缘起论即认为，世界万物均处于“此有故彼有，此无故彼无”的相互依存状态下，万物一体，离开了任何一个条件，就不能生起万物。天台宗认为山川草木也充满了佛性；禅宗也说“郁郁黄花无非般若，清清翠竹皆是法身”，将大自然的一草一木都看作是生命的存在，主张珍爱自然，重视自然物的价值。佛教还提出，修善能破恶，念善则罪消；积善致福，积恶遭祸；祸福有根，善恶有报。佛教认为保护环境的责任在人类自身，因此强调众生平等，视一切有情如父母眷属般之亲缘而行慈悲对待。佛教还认为，人与自然环境是一个有机的整体，是相辅相成的。佛教要求信徒必须具有大慈大悲心，慈心于物，善待生命。平等地看待一切众生，慈爱地关爱一切众生。①

① 林建曾、纳光舜、禄佳妮：《中国当代宗教关系与社会和谐研究》，贵州人民出版社，2012，第236页。

上　篇

概　述

一、贵州寺院楹联渊源

楹联，是我国独具特色、最富民族性的文学艺术形式，是中国古典艺术的精萃所在。中国楹联源于古代汉语的对偶现象，是汉语单音字为主的语言特点在文学表达中的独特体现，也是汉字书写形式的艺术延伸，它充分展示了中国古典汉语诗性语言的独特性。①

楹联作为一种独立文体，肇始于五代时期。而楹联的渊源可以追溯到先秦时期的对偶修辞格；到了秦汉两代文章骈俪化趋势明显，譬如，秦朝李斯《谏逐客令》："夜光之璧，不饰朝廷；犀象之器，不为玩好"；三国曹魏曹植《洛神赋》："远而望之，皎若太阳升朝霞；迫而察之，灼若芙蕖出渌波。"西晋陆机《文赋》："浮天渊以安流，濯下泉而潜浸。""理翳翳而愈伏，思轧轧其若抽。"等等。逐步形成了合律讲究的对句，标志着楹联习俗的形成。唐代楹联从骈文脱颖而出。孟蜀桃符诗："新年纳余庆，嘉节号长春"②，即为中国见于记载的第一副春联。在1700余年的历史传延过程中，楹联与骈赋、律诗等我国古代传统的文学艺术形式相互借鉴、相互影响，历经北宋、明、清三个重要发展时期，形式日益多样，文化积淀逐渐丰厚。③清代文学家梁章巨在《楹联丛话》中说："尝闻纪文达④师言：楹联始于桃符。蜀孟昶余庆、长春一联最古。但宋以来，春帖子多用绝句，

---

① 骆锦芳著：《楹联文化通论》，人民出版社，2013，第1–2页。

② （清）彭定求等所编《全唐诗》（卷875–18）。此联为五代十国中后蜀国君孟昶题写的一副桃符对联，被认为中国见于记载的第一副春联。孟昶（919–965），本名孟仁赞，字保元，邢州龙冈县（今河北省邢台市）人。五代十国时期后蜀末代皇帝（934–965）。

③ 《国家级非物质文化遗产大观》编写组编：《国家级非物质文化遗产大观》，北京工业大学出版社，2006，第392页。

④ 纪文达：纪昀（1724–1805），字晓岚，别字春帆，号石云，谥文达。直隶献县（今河北省献县）人，清朝政治家、文学家。

其必以对语，朱笺书之者，则不知始于何时也。”[①] 楹联内容和格式则是中国文化中相对观念的体现，其艺术形式和艺术创作中的思维方式都贯穿着这种相对精神，在语言修辞上则表现为对偶艺术的广泛运用。上下联既相对又互为补充，构建起一个完美的艺术境界，展示对人生和世界的感知与体悟。[②]

楹联言简意赅，雅俗共赏，被誉为“诗中之诗”。楹联以“副”为单位，一般以两行文句为一副，并列竖排展示，先右后左，自上而下读，右边为上联，左边为下联。上下两联有种种讲究，但无句数和字数的限制，比较灵活，少则一字[③]，多至千言。上下相对、字数相等、词性相同、平仄相对、辞法相应、节律对排、形对义联是其文本特性，其中声律的平仄、词性的对仗最为重要。楹联依据功能的不同，可分为春联、寿联、风景名胜联、自题联及各种技巧联等，广泛应用于名胜宫殿、亭台楼阁、厅堂书屋、节日庆典、题赠、祝贺、哀挽、陵墓等场合。楹联习俗在华人乃至全球使用汉语的地区，以及与汉字汉语有文化渊源的民族中广泛流传，对于弘扬中华民族文化有重要价值。[④] 楹联讲究“对仗”，也称对偶，即字面和音节都要和谐对称，发展到后世，更有专门著作言其技法，主要是名词对名词，动词对动词，虚词对虚词等，同时要照顾音节的平声和仄声，以使其朗朗上口。在中国的寺院中沿用了悬挂楹联的习俗，形式多为有些弧度的“抱联匾”。其原因大概是因为古建筑多木柱，一来用以装饰，二来用于警世，三来增强文化氛围。[⑤]

佛教楹联是展示和弘扬佛教文化的重要艺术形式之一，是佛教寺院文化的重要组成部分。佛教文化与中国传统楹联艺术有机结合，不仅增添了

---

① （清）梁章巨：《楹联丛话（卷之1）·故事》。梁章巨（1775–1849），字闳中，福建福州人。曾任江苏巡抚等职。政绩突出、深受百姓拥戴。晚年从事诗文著作。在楹联创作、研究方面的贡献颇丰，乃楹联学开山之祖。

② 骆锦芳著：《楹联文化通论》，人民出版社，2013，第1–2页。

③ 相传曾出现过标点符号联——上联：?；下联：!。

④ 《国家级非物质文化遗产大观》编写组编:《国家级非物质文化遗产大观》,北京工业大学出版社,2006，第392页。

⑤ 王惕著：《佛教艺术概论》，上海辞书出版社，2009，第151页。

中国佛教文化的门类，同时一副意蕴深厚的佛教楹联佳作，又能让人们更好地了解佛教文化内涵。佛寺楹联内涵丰富，意境广阔——无论是描写青青翠竹，郁郁黄花，朝云暮雨，碧海青天，还是暮鼓晨钟，打坐参禅，泥塑木雕，红烛香烟，无不凝结着仁人志士对宇宙、社会、人生的深层次思考。①

贵州佛教界历来重视楹联的作用，因为楹联均置于门则，极为醒目，进门前先看到楹联，从传播学的角度看，其效果会比一般诗文更好；楹联作为书法和雕刻结合的艺术品，其艺术鉴赏过程，本身也是一种宣传；楹联言简意赅，易于理解和传播。故而，在贵州佛教场所中，楹联运用极为广泛，流传至今的楹联精品也不少。

佛教楹联是展示和弘扬佛教文化的重要艺术形式之一，是佛教寺院文化的重要组成部分。贵州佛教楹联作为一种文学体裁，是佛教人士精神世界、道德修养和文化积存的反映，其中蕴涵着丰富的哲理，不少联句寓意深刻，对引导人们提高道德素养有积极意义；贵州佛教楹联又是赞美佛教胜迹的一种形式，它以简短的语句盛赞佛教名山古刹建筑、园林、雕塑艺术，帮助游览者欣赏佛教艺术之美。

① 宋先伟编：《佛教楹联精选》，大众文艺出版社，2004，第 1 页（序言）。

二、贵州寺院楹联内涵

（一）描写寺院景色

从文学角度看，佛教楹联也是一种用语言塑造文学形象、反映社会生活、表达思想感情的艺术。它既具有文学的形象性、真实性和倾向性特点，也具有文学的认识作用、教育作用和审美功能。佛教楹联的文学性体现在它可以叙事，可以状物，也可以议论，可以抒情。①

贵州描写佛教名山名寺的楹联比较多。如刘蕴良《黔灵山》联：

> 空翠锁重重，任几番策杖前行，浑疑路断，看藤枯岩挂苔润壁粘，云里蛇盘山径险；
>
> 浓青环曲曲，倏千仞振衣直上，陡觉天开，喜松韵涛翻花香雨散，烟中鹤守寺门幽。

黔灵山，在贵阳城西北，为贵阳名胜，古迹繁多。山上有弘福寺，除有九曲径从山麓直通山顶寺院外，还有若干路径曲曲弯弯通达山峰。清康熙十一年（1672），由赤松和尚主持创建了寺院。刘蕴良在此联中着重描写了黔灵山美丽的自然风光及山径之“险”和弘福寺及其环境之“幽”。研读此联，十分感人，仿佛登临其境，别有情趣。此联虽长，格律等仍很工整。“空翠”对“浓青”，“锁”对“环”，“几番策杖前行”对“千仞振衣直上”，“浑疑路断”对“陡觉天开”，“山径险”对“寺门幽”，“云里蛇盘”对“烟中鹤守”，“藤枯岩挂，苔润壁粘”自对，又与下联的“松韵涛翻，花香雨散”相对，叠字“重重”对“曲曲”，领字“任”对“倏”，

---

① 阿莲著：《佛教文学观——文以载道》，宗教文化出版社，2009，第186页。

“看”对“喜”等等，对得十分工整。[①] 上联描述：黔灵山，灵山空翠，重峦叠嶂，绿茵掩映，山重水复。诗人游于山间，“几番策杖前行”，因山深林密，竟然感觉路径难寻，但见“藤枯岩挂苔润壁粘，云里蛇盘”；下联写到：沿环曲山道，“振衣直上”，登临“千仞”之巅，“陡觉天开”，“松韵涛翻花香雨散”令人欣喜，山寺突现眼前，“烟中鹤守寺门幽”。写出了黔灵山之“山险”“林密”“景幽”“寺静”的特点。清著名历史学家、旅游文学家陈鼎《黔游记》云：“黔灵寺……寺在山巅，盘曲而上者三里，有泉一泓，可供百众，大旱不涸。寺后一池，冬夏不竭。周多竹林，颇幽胜也。”清代学者王继文《黔灵山弘福寺记》：“黔灵，峙贵阳西北隅，可五里。千峦拱翠，一水抱蓝，以平畴坦壤，隐藏于卷阿之中，龙回虎顾，异境独标，殆天巧神工，为飞峰卓锡耶！……”这些特点均展示于刘蕴良《黔灵山》联中。刘蕴良（1844–1914），字玉山，号我真，祖籍江西永新，生于贵州安顺府普定县（治今西秀区）。贵州著名楹联作家。清同治十年辛未（1871）科进士。光绪元年（1875）出任云南恩安县（今昭通市昭阳区）知县。后因与云南巡抚岑毓英不睦，光绪三年（1877）被革职。他先到父亲任所（其父时任山西绛县知县）闲居，光绪二十年（1894）回到贵阳，再也没有做官。他学识渊博，才华出众，著作颇丰，有《壶隐斋联语类编》（十二卷，2452 联）、《刘玉山先生全集》等。世事的变故，让清末的清廷少了一名县令，却因此产生了一位千古留名的贵州楹联大家。

许多楹联为世人所传诵。刘蕴良写景的楹联不少，不仅对仗工稳，用词优美，而且摹写精准，寓意深刻。如：

贵阳乌当万松阁联：

浓阴匝地皆清，云影飘来槛外，时酣鹤梦；
空翠参天无际，涛声卷起座中，尽作龙吟。

乌当万松阁，原名洛湾阁。坐落在南明河北岸东风镇洛湾村依山傍水处，原有庙地 250 亩。清定（乾隆）《贵州通志》云：“洛湾阁，前临大河，

---

① 杜普特：《撰联大家刘蕴良笔下之贵阳群山》，载贵州省诗词楹联学会编：《刘蕴良楹联研究文集》，贵州人民出版社，2013，第 180 页。

后多松竹，堪称名胜。”因其阁宇古色古香，幽雅别致，交相掩映在其后，改为万松阁，又名方经寺。万松阁是一座五层楼六角形体，上下每角都装有一个鱼形的铜铃。每当徐风拂动，铜铃叮当，松涛鹤鸣，伴随着早晚诵经的钟鼓引磬木鱼声，奏成一曲美妙动听的玄奇乐章，令人心旷神怡。万松阁旁有株苍老古松，英姿挺拔。前殿有两株高大的银桂树，枝叶茂密，每年秋季树上开满银白色的桂花，芳香四溢。[①] 楹联恰如其分地摹写了万松阁之美——浓阴掩映，翠绿满原，彩云投影，引发欲求超凡脱俗者的向往；空翠参天，延于天际，座中静听涛声，深沉悠长不绝于耳。

铜仁梵净山：

> 梵韵月中飘，跨迎虹翀凤以称雄，七星俨北斗扪来，高凌上界；
> 净光云里现，控邛竹蛮荆而挺险，一柱竟南天撑起，俯瞰中原。

铜仁梵净山，海拔 2572 米，总面积 567 平方公里。素有“集峨眉之秀、黄山之奇、华山之险、泰山之威于一山”之誉。梵净山最著名的是奇峰、异石、云海、日出。梵净山金顶附近有万卷书、蘑菇石、石笋峰。“万卷书”为一层片状板岩，分层清晰，恰似藏书万卷；“蘑菇石”由两块叠加的岩石组成，上大下小，酷似一个巨大的蘑菇；“石笋峰”突兀的山石，犹如破土而出的巨大石笋。每当雨后初晴，梵净云海一望无际：稀疏者，犹如水中飘动的轻纱；浓密者，犹如棉田棉桃绽放。每当山风骤起，涌动的云朵，犹如万马奔腾。[②] 楹联作者正是抓住了这些特点，将梵净山磅礴的气势、炫丽的风光描述得淋漓尽致——朦胧的月影下，梵呗声声，梵韵月中飘，彩虹高扬，北斗七星高凌上界（赞美梵净山盛景）；云里示现佛陀清净之光，梵净奇峰，撑起南国之天，登临山巅科俯瞰中原（感叹梵净山之高）。

贵州佛教名山多，如黔东梵净山、东山、中华山、云台山，黔北金鼎山，黔南白云山、阳宝山，黔中黔灵山、东山、西望山、高峰山、天台山、狮子山、云鹫山，黔西南丹霞山等，均为省内外知名的佛教名山。因此，写名山古

---

① 乌当区文联、乌当区作协编：《山情水韵　黔中秘境——自然乌当》，贵州人民出版社，2006，第 109 页。

② 纳光舜：《古刹奇峰 西南名岳——贵州佛教名山梵净山》，《中国宗教》，2006 年第 8 期。

刹的楹联也多。如贵阳扶风山寺清代赵德昌[①]撰联：

花石清幽，无妨系马题诗，此间小住；
乡关扰攘，借问投戈访道，何日偷闲。

赵德昌作为主管一省军事的最高武官（提督），闲暇时间不多，更珍惜难得的休闲时光。他来到扶风山，见“花石清幽”，很想“系马题诗”，在“此间小住”；怎奈“乡关扰攘”，战事频繁，还不能放下武器，享受清闲的生活。一方面，作者羡慕扶风山花石清幽、曲径通幽的美景，希望“系马”“投戈”，访山道，游山寺，吟诗作对；但军事长官的责任，使他不能“偷闲”。此联既写景，又言情，情景交融，寓情于联。

赵德昌题贵阳扶风山寺的另一联，为集句联[②]：

雨滋台藓侵阶绿；
露洗松阴满院清。

“雨滋台藓侵阶绿”出自唐代诗人岑参《秋夕读书幽兴，献兵部李侍郎》，诗云：“年纪蹉跎四十强，自怜头白始为郎。雨滋苔藓侵阶绿，秋飒梧桐覆井黄。……”“露洗松阴满院清”出自另一位唐代诗人李山甫《方干隐居》：“咬咬嘎嘎水禽声，露洗松阴满院清。溪畔印沙多鹤迹，槛前题竹有僧名……”赵德昌借词句描写贵阳扶风山清幽的环境。细雨滋润山寺石阶苔藓，朝露满布浓密的松针，山野一片绿，寺院一片青。由此又让读者自然地联想到所集的原作诗意，无形中扩大了鉴赏的艺术空间。

铜仁梵净山，为西南佛教名山，明清时期有佛教寺院数十座（称四大皇庵，四十八脚庵），历代文人学士及僧人题写的楹联颇多。譬如：清光

---

① 赵德昌，字达庵，贵州郎岱人。清咸丰时，官至贵州提督，喜诗文，著有《枕戈室诗钞》。

② 集句联，为楹联创作技法之一。“集”，即“聚集”“集合”。是从诗词、赋文、碑帖、经典中分别选取两个有关联的句子，按照对联中的声律、对仗、平仄等规则组成联句。集句联既保留了原文的词句，又别出新意，增添了楹联的艺术感染力。集句联范围很广，有集诗、集词、集骈文、集碑、集帖、集宗教经典等。

绪年间贵东道道员易佩绅①所撰长联：

护国镇威灵，回忆十数年前，蛮瘴纷披，狼烟竞起，犹幸棨帷暂驻，拾蚕丛，开鸟道，化草木以成春，从此梵贝宣和，万家长隶慈悲域；

黔山资保障，纵横千百里外，澧沅横带，衡岳相望，深惭履屦未临，抉天心，窥月窟，撼风云而变色，谨记卮颜献瑞，一派齐歌雅颂声。

护国寺位于梵净山西北麓，距金顶11公里，是由西线登山的必经之地，历史上又称天池院、天池堂。寺院占地68亩，为万历四十六年（1618）敕赐为梵净山四大皇庵之一。有明然如泰等高僧驻锡，承传临济宗法系。清康熙年间，有慧悭海阔等禅师驻锡，香火甚是兴旺。同治到光绪年间两遭兵燹，两次重修，名寺重兴。易佩绅撰护国寺长联，上联主要描写同治年间发生在梵净山的战争。清同治二年（1863）十月，太平天国起义军翼王石达开部李福猷、李文彩，由湖南的播阳进入黔东南的思州、黎平、洪州、古州，辗转于黔东的梵净山地区，与当时起义的农民军队伍号军联合作战，继续与清军展开持久的游击战争，时间达10余年。清同治十一年（1872）八月，李文彩部战败。余部刘盛、张福芝率40余人退至岑巩马鞍山。三年后又退守梵净山，以钟灵寺、护国寺为中心，发展力量，继续与清军作战。队伍最多时达400余人。清光绪二年（1876），清朝廷派贵东道员易佩绅率军3000余人及沿山各府州厅县团练近万人围剿梵净山刘盛部。后清军在梵净山僧人隆参和地方人士廖云鹏等配合下击败刘盛义军。这场战争旷日持久，致使梵净山村寨、寺院遭到极大破坏，正如楹联描述："回忆十数年前，蛮瘴纷披，狼烟竞起"，经军队、团练万人围攻，终平息战事（"犹幸棨帷暂驻"），地方政府组织重修山路，发展地方经济（"拾蚕丛，开鸟道，化草木以成春"），梵净山寺院方得以中兴，护国寺盛况再现，黔山以资

① 易佩绅，湖南龙阳人，咸丰八年（1858）举人。光绪三年至五年（1877–1879）任贵东兵备道，后官至江苏布政使。博学多才，著述颇丰，尤工书法。一说此联为贵州巡抚黎培敬撰。黎培敬，字简堂、开周。湖南湘潭人。咸丰十年（1860）进士。同治年间任贵州学政、贵州布政使。光绪元年（1875）升贵州巡抚。

资保障，寺院疏朗，梵贝声声，民众重新回到慈悲境域中（“从此梵贝宣和，万家长隶慈悲域”），梵净山的影响再达“纵横千百里外”。

岑巩县水尾镇鳌山寺南侧石门枋联（思旸黄尔亭书）：

佛典清空，佛法皈依征庶汇；
鳌峰挺秀，鳌头独占荷群生。

佛教典籍讲的道理其境界空灵神韵，皈依佛法是众生的正行；寺院建于鳌峰承载着拯救众生的大任。此寺其他楹联与此基本相似。如门联：“万国九州何少济人宝筏，四生十类许多谒我名山”；正殿石门对联：“化一劫尘缘倏焉稔步菩提路，指三生石迹久矣安居般若门”（门上横额“鱼龙高升”）；东门联：“动念时民安物阜，起心处海晏河清”；西门联：“是真佛只说家常，非名山不晋仙住”。均为教化众生认识佛理，皈依佛门，获得解脱。

息烽西望山，又名西山。位于息烽县城西 15 公里，海拔 1622.8 米，面积 94 平方公里。语嵩于南明永历七年（清顺治十年，1653）携弟子佛宗等入息峰西望山开山建刹，相继创建了凤池寺、瞿昙寺、塔院寺、永寿寺、华严寺、报恩寺、毗卢寺、万寿寺。西望山的寺院建筑，体现了佛教文化的博大精深。西望山上的对联，大多与临济禅宗有关。如西望山凤池寺上殿壁柱联：

此地即是西天；
何须别求南海。

“西天”，即西方，为西方极乐世界的简称；“南海”，有两层含义：一是古时僧人通过南海海道前往古印度取经；二是南海为观音菩萨道场所在地。此联阐明了佛家的宗旨，奉劝拜佛之人，西天就在眼前，南海就在此地，不必他处另寻。①

摹写景物是贵州佛教楹联的一大特色，故这类楹联也较多。例如：贵阳相宝山屏山寺：

① 政协息烽县委员会编：《胜景佛天——息烽西望山》，贵州民族出版社，2005，第 169 页。

松下谈经猿捧杖；

花间拂席鹤衔杯。

相宝山坐落在今贵州师范大学校园内，其西峰和东峰的峰顶地势平坦，清静幽雅，四季人不断。明崇祯年间，西峰建寺，名“相宝寺”，又称“照壁山寺”“屏山寺”“毗尼寺”。清道光年间增修。寺院规模不大，依山势而建，栏廊回环，梵宫缥缈。凭栏远眺，诸山环拱，朝暮变化，美不胜收，令人心旷神怡。正殿的左方佛阁下，有洞名“碧云”，洞口狭窄，高约两米，为佛教徒闭关之所。[①]民国时期，贵州名僧果瑶曾在此“闭关”。楹联突出相宝山屏山寺“静”的特点——松柏掩映之处，拂拭花丛坐席，同朋辈饮酒赋诗，与寺僧谈经论道。闲适优雅，烦恼净尽。

红花岗湘山寺：

平地起楼台，看四面云出，都向窗前留画本；

大江流日夜，听数声渔笛，好从渡口问桃源。

闹市之中，一峰凸起，殿阁鳞次栉比，云从下界出，窗含都市景；湘江日夜奔流，江面渔笛声声，恰似人们欲寻访的仙境桃源。

遵义板桥中寺：

鸣琴幽谷里；

洗钵古松间。

中寺位于遵义市汇川区板桥镇中寺村，原名云龙庵，《遵义府志》载“云龙庵在城北八十里永安山，又名中寺。距三里许有永丰庵，又名上寺，并明万历年中建。”[②]《中寺积谷培修序》[清道光十二年（1832）]言：“……永三甲云龙庵，建自明朝。”中寺为黔北著名佛教寺院之一，历史悠久，规模宏大，建筑精美。譬如大雄宝殿，望柱柱间八块石栏板浮雕“麟凤朝阳”“金狮拜月”“白马渡江”“锦鸡华鹿”“普度众生”；殿前二柱阑额上木质透雕“八仙过海”“水漫金山”长卷，均为雕刻珍品。寺周

---

① 贵阳市文化局编：《贵阳文物景点》，贵州教育出版社，2007，第 179 页。

② （清）咸丰《遵义府志》卷八《寺观》。

古木掩映，修竹茂密，佛门净地，闲适清幽。“鸣琴幽谷里；洗钵古松间。”无论是写景，还是抒情都十分到位，堪称嘉联。

赤水天台寺山门楹联（横额“天上人间”）：

纵目无边，河岳星辰凭俯仰，
会心不远，飞潜动植妙卷舒。

天台山寺位于赤水市城区东北天台镇赤水河畔，主峰海拔1000余米，诸山环拱，一峰突起，直插云端，山势险峻，天桥横空，丹霞石艳，瀑飞洞天。天台山是赤水佛教禅宗临济宗、曹洞宗祖庭，明清时期即有两座古刹：天台山怀阳寺属贵州；大佛瑙寺属四川。民间故有“贵州的屋檐水滴在四川的房子上”之说。每到佛教节日或会期，寺院均要办庙会，场面盛大，游人众多，四方僧俗人众按时朝拜，暮鼓晨钟，香火极旺。当人们入庙祷告、问吉祥、求平安，站在峰顶极目四望，都会有人浮云表之上、飘飘欲仙的感觉。晴朗少云的夜晚，站在这里还可发现繁星似锦，流星划空，以及天籁神笔点出的“金山银山”，令人称奇叫绝，百思不解。[①] 天台山寺另外一副楹联，赤水天台寺大门石枋：“群山拱刹超凡界，一水当门别有天。”生动而准确地反映出了赤水天台山寺院的特点。

平坝高峰山卍华禅院：

古寺踞高，黛色四围环佛地；
仙踪胜迹，清光一片印禅天。

高峰山卍华禅院，位于位于贵安新区马场镇，寺院建于山间洼地中，四周群山环抱，林木苍翠，鸟语花香，奇石林立，环境幽静，有如世外桃源。据《高峰山田土碑序》[明洪武三年（1370）]载：“……洪武初年，秀峰禅师创业此山，初开梵宇丛林……”《契约碑文》[明洪武五年（1372）]言：“……秀峰，号清林……洪武初年来至黔地谷垅山，观此处幽雅胜境，千山重叠，万山围绕，地灵人杰，山运当兴，故与苗民刘都姑买得谷垅山一座……更名高峰山。高峰之名从此而生也。”高峰山有八大景观：古柏参天、

① 赤水市风景旅游管理委员会：《赤水旅游》，2001，第51页。

乌鸦早朝、怪石蟠龙、殿阁双流、独印把关、平地烟霞、玉屏夹道、西来面壁。寺院建筑风格独特，名胜古迹众多。楹联根据这些特点，以“古寺踞高”“仙踪胜迹”誉之，描述寺院环境，绿茵蔽日；禅修之地，清辉朗朗。

平坝天台山五龙寺：

云从天出，天然奇峰天生就；
月照台前，台中胜景台上观。

天台山五龙寺位于安顺市平坝区天龙镇。群山之中，孤峰突兀，三面绝壁，古树横崖而生，藤萝攀岩独茂，雾腾谷底，云绕山半。（民国）《平坝县志》云：“天台山在城南二十五里，万山绵亘中特起奇峰，石壁崭截，凭栏下视，不寒而栗。楼阁结构曲折，登览者多有题咏。明末清初官吏、学者彭而述《游天台山记》云：“悬崖大树数十围，其半枯半生，高插云霄。山四旁鸡犬牛马之声，闻于四野……及至山寺，庙宇庄严。开窗视之，则万山皆在腰脐间……山高百丈余，纯石无寸土，西北三面皆削壁，天生石楠诸树，交相掩映，周围凿石砌之，高与山等，山宽平处可驻千人……”楹联称此山“天然奇峰”“台中胜景”，极为精准。这与明末文士程剑题平坝天台山摩崖诗：“云铺飘渺最高峰，石蹬通天更几重。曾约同游孤顶寺，今来独听一楼钟”，有异曲同工之妙。

普定玉真山寺：

真存寺若虚，四面云山拱向；
玉蕴风全彩，千家烟火团圆。

将寺名“玉真”二字嵌入句首，点名了联之主题。寺存真谛，而深藏不露；然四面青山均已悟知此道，故而远远眺望玉真山。佛寺依三宝，祥瑞照世间，带来了千家万户的和祥安宁。

黄平月潭寺[（清·光绪）赵尔巽[①]]:

---

① 赵尔巽（1844–1927），字公镶，号次珊，汉军正蓝旗人。光绪十二年（1886）起，先后任贵州石阡知府、贵阳知府、贵东兵备道，后任户部尚书，湖广、四川、东三省总督。民国时期，任清史馆馆长，主编《清史稿》。

天入黔中奇，安得胜游约东野；
地藏云里寺，莫教飞去占西湖。

月潭寺，位于黄平飞云岩。王守仁《重修月潭寺建公馆记》[明正德三年（1508）]有这样的描述："兴隆之南有岩曰'月潭'，壁立千仞，檐垂数百尺。其上澒洞玲珑，浮者若云霞，亘者若虹霓，豁若楼殿门阙，悬若钟鼓竽磬。幨幢璎珞，若抟风之鹏，翻隼翔鹄。螭虺之纠蟠，猱狖之骇攫。谲奇变幻，不可具状。而其下澄潭邃谷，不测之洞，环密回状，乔林秀木，垂荫蔽亏，鸣瀑清溪，停回引映川。"贵州巡抚曹申吉说此山："宇中佳洞壑，孰能出其右？"云贵总督吴振棫赞此山："西湖甲天下，奇妙无此山。"清文渊阁大学士蒋攸铦曰："昔闻飞来峰，兹岩更奇古"。可见此联以"天入黔中奇""地藏云里寺"描述月潭寺，十分妥贴。

（二）宣传佛教义理

这类既多且广，随处可见。内容广泛，言简意明。了尘《〈壶隐斋联语类编〉跋后》指出："文艺之中，备有楹联一体，衡赏家多以小道目之。然世之饱经史而工诗文者，每立意操笔，而反不成章，即勉力成章，而又鲜完善，良由此中甘苦尚未尽悉也。或谓诗有别才，余谓联语亦有别才，盖关人力焉，亦关天授焉。夫楹联之可炙人口者，竟几何哉？其佳者，不过写情景之真而已，骋才学之富而已，其他则无闻焉……楹联一宗，往往以格言警人，而遏彼邪念；以玄语示人，而导彼真修。其有涉于嬉谑、形诸怒骂者，无非欲衰世之一悟、颓风之一变也，岂仅壮景物之观、备志乘之采而已哉？"① 如贵阳黔灵山弘福寺楹联：

杨枝洒遍三千界；
宝筏渡周亿万身。

---

① 何静梧、龙尚学主编，贵阳市编纂委员会办公室编：《贵州联语两种》，贵州教育出版社，1999，第302页。了尘（1851–1914），贵州贵阳人。光绪元年（1875）住持贵阳九华宫、平坝高峰山万华寺。民国初年，任贵州佛都总会会长，著述颇富，有《了尘语录》等。

“杨枝”，原本是指用来磨齿刮舌以便除去口中污物所用的木片。在古印度等国的风俗之中，当宴请客人时，就多赠客人以杨枝和香水，祝愿健康，表达恳请之意。因此请佛菩萨也用杨枝净水。观音菩萨为了利益众生，于是就随顺众生的愿望所以示现，就好比杨柳在随风飘荡却又不违逆一样，故得此名。①寺院塑造的观音菩萨像：右手执杨柳枝，或插柳枝于座位右侧瓶中，端坐于台上（称“杨枝观音”），宋朝以后逐渐成佛教观音造像的主流，由此，佛教以及民间多有对杨枝与净瓶的极富中国化佛教意义的解读。此联上联意为，观音持杨柳枝将净瓶的甘露水洒向三千大千世界，使众生除尘垢，回归本来清净的自性。“宝筏”比喻普渡众生越过过苦海到达彼岸的佛法。下联意为：佛法博大精深，能帮助亿万众生开启觉悟之路，超过苦海，到达理想的彼岸世界。

黄平观音寺（位于黄平县重安江铁索桥旁）：

火宅忽回身，问法雨慈云，救得群生无量苦；
铁桥重到眼，听朝钟暮磬，不须再画辟支禅。

火宅，佛教用于比喻充满众苦的尘世；《法华经·譬喻品三》：“三界无安，犹如火宅，众苦充满，甚可怖畏。常有生老病死忧患，如是等火炽然不息。如来已离三界火宅，寂然闲居，安处林野。今此三界，皆是我有，其中众生，悉是吾子。而今此处，多诸患难，唯我一人，能为救护。”众生陷于“火宅”，应当幡然醒悟，回身向佛，认识佛之慈心广大，了解佛法普度众生之理，进而得到救度。而获得救度之路就在眼前，认真听晨钟暮鼓，一心念佛就是最好的选择，完全不必虚狂地参辟支禅。

贵阳东山寺栖霞寺楹联（林贞伯②题贵州贵阳东山寺观音殿）：

救世有同心，宝相齐辉南海月；
现身来说法，白衣犹染泰山云。

---

① 星汉编著：《图文佛教大百科》，中国华侨出版社，2011，第262页。

② 林贞伯（？–1886），名肇元，字贞伯，广西贺州人。官至贵州巡抚。居黔20余年，整饬吏治，教民养桑蚕，兴修水利，储义仓以备荒，购书籍训士，并在苗族、瑶族聚居地兴办义学，政绩昭著。

观音菩萨救苦救难，庄严形象与南海之月同辉；白衣观音[①]（指观世音菩萨）随处显化，现身说法，以接引众生。

红花岗金鼎山楹联：

南海非遥，转念慈航即渡；
西方自在，遐观法界皆春。

到南海求法，路途遥远，并非人人可往；其实求法关键在心，只要有正信，顿悟即可成佛。西方极乐世界，众生心离烦恼束缚，通达无碍，只要设定这个远大目标，就能正确对待宇宙万有一切事物，远离“贪、嗔、痴”等烦恼，满园春光永驻心间。

金沙观音洞：

瓶里有莲花，一念慈悲即是佛；
杯中呈皓月，此心明白可凭天。

观音手中持的净瓶和莲花，表露了观音纯洁的菩萨心，全力导引众生脱离尘世，到达佛国净土。认识这个道理，心生善念，即能走上正确的道路。杯中呈现的月亮，只是虚妄的幻影，明白这一点，即可凭借于佛的正信，实现解脱。

铜仁东山寺：

慧眼遥观，英雄好汉今何在；
晨钟暮鼓，击醒忠良古来多。

以智慧之目观世间事，古代那些英雄好汉们今天在哪里呢？佛法的传播，晨钟暮鼓中许多忠良之士觉醒，实现了自我解脱。这教育人们，寻正道，行正道，居正信。

黎平南泉山寺：

马足车尘，世路不知何处尽；

---

① 白衣观音，因观音塑像常着白衣、坐白莲中，故称。

山花洞月，禅心应自此中生。

世事茫茫，马奋蹄，车扬尘，路遥不知何处尽。众生如不觉悟，永处六道轮回中。然而在美丽的山花、清澈的月光中，可以参禅悟道，了悟人生真谛。

贵阳清末刘蕴良所撰圆通寺长联：

一气融和而成圆，圆若智珠，亦圆若慧镜，机圆乃活，光圆乃澈，法圆乃精，圆愈妙，妙愈圆，圆之又圆，无所谓圆，无所谓不圆，无所谓不必甚圆，性体圆，命功圆，真相即圆，浑浑然圆照太虚，圆觉统归圆寂；

万缘朗彻以为通，通诸玄局，更通诸秘窍，义通斯贯，理通斯明，倡通斯悟，通尤灵，灵尤通，通彼难通，弗自觉通，弗自觉皆通，弗自觉皆非强通，已过通，未来通，漏尽俱通，洞洞乎通周元化，通神驯至通天。”①

此联近似一篇短文，论述了佛教“圆、通”义理。乍一看，近似文字游戏。实际上包含着深刻的道理。《三藏法数》言：“性体周遍曰‘圆’，妙用无碍曰‘通’。乃一切众生本有之心源，诸佛菩萨所证之圣境也。”又据丁福宝《佛学大辞典》解释，“妙智所证之理曰圆通，性体周遍为圆，妙用无碍为通。又以觉慧周遍通解通入法性，谓为圆通。”②由智慧所悟之真如，其存在之本质圆满周遍，其作用自在，且周行于一切，故称为圆通。

刘蕴良“某县目连救母戏台”长联③，其意在于劝善戒恶：

地狱本无形，皆由孽重心中，随缘现出，若想跳开地狱，总须将杀戒遵行，大家听我谈谈：发宏愿，神已纪功，却为何饮酒食肉，转身欺哄阴司，害自己堕归地狱；

---

① 何静梧、龙尚学主编，贵阳市编纂委员会办公室编：《贵州联语两种》，贵州教育出版社，1999，第63页。

② 丁福保编：《佛学大辞典》，文物出版社，1984，第1169页。

③ 解维汉编选：《中国戏台乐楼楹联精选》，陕西人民出版社，2008，第206页。

天条原有定，只在阎君手内，照罪施来，倘愁坐犯天条，要先把伦常讲起，尔类依人劝劝：尽孝道，亲能免过，也不妨携茶带饭，拖脚找寻生母，求菩萨救脱天条。

“目连救母”，为佛经故事。见于《佛说盂兰盆经》，讲述佛陀弟子目连拯救亡母出地狱的故事。该故事隐喻“天下无不是之父母”，体现了佛教与中国民间信仰的融会。目连救母的故事在中国民间影响很大，一方面是因为经中宣扬的孝道思想，另一方面也因为此经将佛教的孝道观与祖先崇拜思想紧密结合在一起，更加适应中国社会广大民众生活的需要。其后，七月十五日供养僧众的宗教行事，在中国非常流行，成为民间习俗和民间文化风俗的一部分。① 正因为《目连救母》的故事贯穿了“劝人向善、劝子行孝”的思想，故得以长期盛传不衰。

（三）记述修持境界

修持是佛教信仰者依佛法修正自己因妄念而产生的种种错误，遵行戒律，以止恶扬善，通过持之以恒的实践，而达到求证佛果的目的。佛教修持终极目标在于达到涅槃解脱，但是也坚持救度众生，佛陀得道以后说法四十余年，就是明证。佛教修持智慧的最高境界，是在亲自证悟体验诸法的实性，也就是无常无我的缘生空性，无我而得大自在的最胜佛境。②

修持的方法很多，最基本的就是“三学”（戒、定、慧）、四摄、六度、八正道。“三学”的““三学”（戒、定、慧），以戒律约束心身，防止行为、语言、思想方面的过失；“定”，是摈除杂念，专心致志，观悟四谛；“慧”，慧由定而生，指摈除一切欲望和烦恼，获得智慧解脱。四摄的内容为布施、爱语（以恰当的方式和语言向人们宣讲教义，教育和挽救犯错误者）、利行（做“利他”之行，从多方面帮助人）、同事（与信众和民众同甘共苦）。“六度”，即布施（财施、法施和无畏施），持戒（遵守佛教的戒法），忍辱（能

① 业露华著：《道洽六亲——佛教孝道观》，宗教文化出版社，2009，第 91–92 页。

② 徐兆仁编：《儒佛道修持实践与核心思想探源》，天津古籍出版社，2011，第 212 页。

忍受一切有情骂辱、打击以及寒热饥渴等，最终断除嗔恚烦恼），精进（不懈努力于自度度他、自觉觉他，成就一切善法），禅定（在任何情况下心都不散乱，专心于实相的悟解），智慧（即通达诸法体性本空的道理，断除烦恼证得真性之慧）。“八正道”，即正见（正确的知见），正思惟（依据四谛的真理进行思维），正语（正当的言语：不妄语、绮语、恶口、两舌等），正业（正当的行为。戒除恶行），正命（正当的职业），正精进（正当的努力），正念（正确的观念），正定（正确的禅定）。

修持是一个长期的过程，期间会有种种体悟、感受，这种思维和感悟过程及各种境界，在佛教楹联中也有体现。譬如：遵义金鼎山报恩寺灵官殿楹联：

松声竹声钟磬声，声声自在；
山色水色烟霞色，色色皆空。

读联思景，仿佛看到在远离红尘的深山古刹中，风轻云静，松声万壑传，竹叶沙沙响，钟声悠长，磬鸣和谐，一个修行人趺坐入定，身心自在，四大皆空，山清水秀，烟霞轻腾，美景成为修行者的陪衬，一派超脱和怡然。

安龙县观音寺楹联：

观去本皆空，看山前花放水流，无非幻境；
音从何处起，听门外渔歌樵唱，尽是天机。

该联在上下联首字嵌入“观音”两字，在佛教修行者眼中，看世间一切“本皆空”，无论是山前鲜花开放还是溪水静流，只不过都是幻境。如《金刚经》云：“一切有为法，如梦幻泡影，如露亦如电，应作如是观。”① 因一切有为（因缘所生法）事相，皆为缘生而起，缘灭而灭。幻化靡常，执捉不住。这番道理宋真宗《赐僧义澄》诗讲得最为透彻：“止观心地法，色相本皆空。禅慧明宗性，超然万法中。”但是，修行又是在现实世界进行，因此，只要静心去“悟”，又可于世间一切事物中参悟到禅机。

这个道理在遵义禹门寺禅堂丈雪撰联中说得更为明晰：

① （后秦）鸠摩罗什译：《金刚经·应化非真分第三十》。

若不明心，坐禅徒增苦孽；
如能护念，骂佛亦是真修。

上联讲到了佛教修持的一个重要问题——明心见性。明心见性，指的是修行者达到的一种境界，即屏弃世俗一切杂念，彻悟因杂念而迷失了的本性（明心，即发现自己的真心；见性，即见到自己本来的真性）。“明心见性”有三个层面的意思：一是旨义上“明了自心见到本性”；二是方法上“心明性见”；三是结果上“见性开悟解脱”。[①] 丈雪（1610–1693），明末清初著名禅师。清顺治四年（南明永历元年，1647），到遵义龙兴禅院（经扩建改称禹门寺）。在禹门寺驻锡 12 年，有法嗣半月、月茎等 10 多人。郑珍《播雅·卷二十四》载有丈雪传奇的参禅悟道经历。这种感悟在他的诗文中也有所展示，例如，《示荷担，彻证傅居士三首》诗中说：“参禅贵妙悟，莫循道理路。蓦地忽知非，佛亦不肯做。”“学道莫执著，一种平怀个。脚跟点地时，自然活鲅鲅。”“欲透生死关，捏定死猫头。摸着娘生鼻，眉毛眼上浮。”所以他在上联中说，如若不能以明心见性为目标进行修持，那么“坐禅徒增苦孽”，坐禅不仅无意义还会增加自身痛苦和孽障。下联依此意顺延下去，说如果真正理解了佛法，对佛法加护和爱念，使外恶不侵，内善得生，那么即使你“骂佛亦是真修”。此处，用到了禅宗公案——呵佛骂祖。禅宗为了启发弟子破除执着，曾有呵骂佛陀、祖师以及劈佛像的看似极端的作法。据《景德传灯录·朗州德山宣鉴禅师》载：“唐朗州德山院宣鉴禅师，一日上堂说：‘我这里，佛也无，法也无，达摩是个老骚胡，十地菩萨是担粪汉，等妙二觉是破戒凡夫，菩提涅槃是系驴橛，十二分教是点鬼簿，拭疮纸，佛是老胡屎橛。’又有一僧问韶州云门山文偃禅师：如何是佛？云答：‘干屎橛’。他也曾说过：‘释迦初生，一手指天，一手指地，周行七步，目顾四方云；天上天下，惟我独尊。老僧当时若见，一棒打杀与狗子吃，贵图天下太平。’”实际上这是告诫佛弟子：凡有相者，皆为虚妄，就连佛教经典、佛像，皆属生灭，并非如实之道。以此启发弟子悟道。

① 李新华著：《明心见性 超越二元悟入原本的真实》，中央编译出版社，2015，第 190 页。

安龙玉泉山寺楹联：

绿水青山，随处可通觉路；
松风花雨，触来尽是禅机。

以“绿水青山”“松风花雨”开头，引出“随处可通觉路”“触来尽是禅机”，说明“佛法在世间，不离世间觉，离世觅菩提，恰如求兔角。”学佛修行并非一定要到清静之地、远离世间红尘才行。“挑柴运水无非道，行住坐卧皆为禅”，要将修行与现实生活结合，切不可离开现实生活去寻道觅法，那样只会离道更远。

（四）倡导“三教合一”思想

“三教合一”，指自隋唐以来儒释道三教出于政治、思想等原因，相互吸收、协调融合的思想潮流。持此主张者认为，儒家主心性论，奉行制名（礼）教、规范人性；佛教主佛性论，强调诸行无常、涅槃寂灭；道教主内丹论，倡顺自然、因物性。三者虽有差异，但探讨的问题具有共通之处。

儒释道三教由于历史背景和思想渊源不同，历来就存在矛盾和斗争。但出于各自发展的需要，又互融互补。汉代，统治者大力提倡道家黄老之学，而佛教初传中土，为站稳脚跟，在宣讲教义和译经时，大量借用儒、道名词（如，以“无”释“空”，以“三畏”拟“三归”，以“五常”喻“五戒”等），并吸收儒家的心性、中庸，道家的自然无为、阴阳五行等学说。道教亦吸收佛教理论，仿效佛教的戒律仪轨、经典、组织等，不断完善自己。儒家在佛教影响下，其理论也有变化和发展（尤其是建立和发展形而上理论）。东晋名僧慧远倡“三教合一”，史称其“博综《六经》，尤善《老》《庄》”。[①]东晋文学家孙绰认为“周、孔即佛，佛即周、孔，盖外内名之耳。”[②]东晋高僧僧肇自幼“历观经史，备尽坟籍”，“每以庄老为心要”[③]。

① （梁）《高僧传·慧远传》。

② （南朝）孙绰：《喻道论》，载《弘明集》卷3。

③ （梁）《高僧传·僧肇传》。

南朝宋佛学家宗炳提出“孔、老、如来，虽三训殊路，而习善共辙也”①。南朝宋僧人“善三藏及《春秋》《庄》《老》《易》。宋世祖、太宗并加钦赏”。②唐代名僧宗密提出“孔、老、释迦，皆是至圣”③。五代僧人延寿认为“儒道仙家，皆是菩萨，示助扬化，同赞佛乘”④。宋代，名僧赞宁说：“三教是一家之物，万乘是一家之君”；⑤明代僧袾宏《缁门崇行论》，智旭《周易禅解》和《四书藕益解》，均主张三教调和。明末高僧憨山德清认为：“所谓不知《春秋》，不能涉世；不精《老》《庄》，不能忘世；不参禅，不能出世。”⑥明末清初名僧元贤提出“三教一理”，他说：“理一而教不得不分，教分而理未偿不一。”⑦

贵州地方古代多属巴、楚，各少数民族信奉原始宗教。《汉书·地理志》载：“楚人信巫术，重淫祀。”宋代，儒释道合一在黔北有一定影响。贵州地瘠民贫，为了争取信徒，一些僧人注重为民间消灾弭难，趋福避祸，谋取现世的利益。贵州的一些僧人为了迎合民众的需要，在寺观建设中，设法将二者融为一体（道士在建道观时，要建佛教殿堂、塑佛像；僧人建佛寺时，也要配以玉皇阁等道教殿堂、塑神像），以致仅从名称，已不能确认某座寺观属于是佛教还是道教。对民众来说，解除天灾人祸的威胁，是最要紧的事，他们的信仰多是围绕现实生活而进行的。因此老百姓往往不在意佛、道及民间信仰之间的区别，请师不辨僧、道，烧香、祈祷不分寺观；行斋建醮，有僧有道。明代贵州佛教寺院中有道教殿堂、造像的为数不少，有的还住道士。明弘治年间贵州按察使副使阴子淑《铜仁府圣像记》⑧，对“三教合一”有自己的见解：“铜仁府前，二江汇流间，有巨石焉，屹然其中。

① （南朝）宗炳：《明佛论》，载《弘明集》卷2。

② （梁）《高僧传规（卷7）·宋京师灵根寺释僧瑾传附昙度传》。

③ 《华严原人论》。

④ 《万善同归集》，载《永乐北藏》。

⑤ （宋）赞宁：《三教总论》。

⑥ （明）《憨山老人梦游全集》卷39。

⑦ （清）《永觉元贤禅师广录》。

⑧ 贵州省铜仁地区地方志编纂委员会编：《铜仁地区志·城乡建设环境保护志》，贵州人民出版社，2001，第420–421页。

前代好事者作铜人像，夫子及老、佛为三教，立其上，庙祀以化夷民，其是非虽未辩，而意则善矣。因呼此岩为‘铜崖’。其地铜仁，设长官司治之，为铜仁大小两江等处军民长官司。入皇明洪武初……今弘治壬戌九月再巡至此，以念日首诣朝寺，谒夫子像，睹其首虽幅巾而失其制，衣履则若朝服然，而立老、佛之左。即日命椿鸠工庀材，于大成殿后建燕居所，廿贰日奉迁夫子像于其中。既告以文，命工稍复润色，为坐像，而幅巾、深衣，俨然申申夭夭之气象，而如在其上焉……呜呼！夫子天纵之圣，大与天同，非绘画所能像也，非丈尺所能窥也。自今观之，凡学其学者，虽地有华夷，人有贤否，罔不因其所得之浅深，而见于日用之间，于父子也相亲，弟兄也相宜，朋友也相和、相信、率皆循其规矩而不逾；其出而仕，必忠上爱下，趣事赴工以图称；厥任简有轻富贵、重节义，视死如归者，历历可数。何哉？盖由夫子之教，亦惟知其必如是而后是焉。若老、佛之指：‘空寂为宗，以是为非’，恶能致是，而亦恶能仿佛其万一耶？乃以之并于夫子，不亦谬哉！”

中国传统文化在汉代归类为九家，即儒家、道家、法家、墨家、纵横家、阴阳家、名家、杂家、农家①。西汉董仲舒提出“罢黜百家，独尊儒术”的建议，被汉武帝采纳，儒学逐渐成为封建社会的正统思想，使儒学在中国文化中居于统治地位。因此，通常讲的传统文化主要是指儒家文化。同时，道家道教对中国文化的贡献很大②，尤其是在中国哲学、社会伦理、文学艺术等各方面的影响较深。佛教历来重视融会中国传统文化，以此巩固地位，寻求发展。这些理念在贵州佛教楹联中亦有表现：例如，贵定阳宝山莲花寺楹联：

义薄云天垂万古；

---

① 1. 儒家代表人物孔子、孟子、荀子，著作有《孔子》《孟子》《荀子》；2. 道家代表人物老子、庄子，著作《道德经》《庄子》；3. 墨家代表人物墨子，著作《墨子》；4. 法家代表人物韩非、李斯，著作《韩非子》；5. 名家代表人物邓析、惠施、公孙龙、慎到和桓团，著作《公孙龙子》；6. 阴阳家代表人物邹衍；7. 纵横家代表人物苏秦、张仪，主要言论载于《战国策》；8. 杂家代表人物吕不韦；9. 农家代表许行。

② 道教和道家有深厚的渊源关系，在不少典籍中经常被混用。笔者作此选取——以道教创立为截点，此前称道家，此后一般称道教。

忠昭日月著千秋。

阳宝山寺位于贵定县城西北8公里德新乡境内，为贵州清代著名寺院。分前山和后山。前山为莲花山，后山为飞凤山。明万历二十四年（1596），山僧白云辟榛建刹于莲花山巅，称莲花寺。寺由山门、关帝宫、真武庙、观音阁、玉皇阁、千佛楼等组成，均为砖木石结构，坐西向东。山脚有阳宝桥，半山腰有头天门、南天门。山上古松挺拔，蔓藤茸垂，殿隐其中，至山门方见。殿前有龙泉，山后有神仙洞，相传为白云僧藏修处，犹有丹灶遗迹。[①]贵定阳宝山寺院僧人曾达到过200多人。但就是这样的著名寺院，也明显表露了三教合一特点。“义薄云天垂万古，忠昭日月著千秋”通常是彰昭关羽经得“义”和“利”的考验，是“义薄云天”“忠昭日月”的英雄人物。此联用于佛教寺院，体现了寺僧对三教合一的认可。也表明这种精神是佛教所主张和提倡的。

赫章白果普照寺：

生天、生地、生人，惟斯三不朽耳；
曰儒、曰释、曰道，谁其一以贯之。

普照寺位于赫章县白果镇旁一座小山上。始建于明万历年间。后数度修葺。正中门上镶嵌“二龙抢宝”木雕，形象逼真。屋脊用泥塑成二龙相对，翘首望天，犹如巨龙腾空。后殿正中神台供奉儒、释、道三尊神像，观音、地藏二神像并立左右两端，两侧十八罗汉，神态各异。前殿，正中神台供奉伏羲、燧人、神农三皇，两侧有魁星、城隍诸神像。寺中匾额有“大德敦化”“三教同源”“孝达幽明”“普渡瀛寰”。均为三教教理。但更偏向于儒家。“生天、生地、生人，惟斯三不朽耳；曰儒、曰释、曰道，谁其一以贯之。”其中“三不朽”为春秋时鲁国大夫叔孙豹提出的一个命题，即“立德”“立功”“立言”。后为儒家所推崇，认为是人生的三种不朽事业。语出《左传·襄公二十四年》，鲁国的叔孙豹（穆叔）到晋国去，晋国执

① 黔南布依族苗族自治州史志编纂委员会编：《黔南布依族苗族自治州志·文物名胜志》，贵州民族出版社，1989，第42页。

政范宣子问他："古人有言曰：'死且不朽'，何谓也？"穆叔回答说："豹闻之：'大（音义皆同太）上有立德，其次有立功，其次有立言。'虽久不废，此之谓不朽。"①"一以贯之"，语出《论语·里仁》：子曰："参乎！吾道一以贯之。"曾子曰："唯。"子出，门人问曰："何谓也？"曾子曰："夫子之道，忠恕而已矣。"又见《论语·卫灵公》子曰："赐也！女以予为多学而识之者与？"对曰："然，非与？"曰："非也。予一以贯之。"其实，写这样的楹联并非僧人本意，但因僧人一般不具备撰联的知识储备，这些楹联均为地方文人所撰，僧人也无太多选择。

遵义市汇川区板桥镇板桥镇九龙寺大雄宝殿楹联：

八圣同宫为儒为佛为道；
九龙共境意古意今意奇。

九龙寺原址位于今遵义市汇川区板桥镇长田村九龙组，据记载其八圣宫塑像为关圣帝君、文昌帝君、雷祖大帝、万天川祖、荣禄大夫、地母慈尊、观音大士、斗姥元君；左面为药王、鲁班先师、牛王慈尊，右面为燃灯古佛、灶王府君、济公禅师。从塑像看仅为佛道二教，并无儒家。但楹联称"八圣同宫为儒为佛为道"，却明确言明三教合一思想。原因不明。有可能是"八圣宫"修葺后塑像变化。

关岭永兴寺楹联（额"三教流光"）②：

三教同源，乃圣乃神，无非明心见性；
一衷是佛，分梦分觉，还须震坤惕乾。

三教本是同源，无论圣人还是仙佛，追求的目标都是明心见性；但是佛才是居于正中的，无论睡梦和醒来，随时心怀戒惧，小心谨慎地奉佛。

道教创立略晚于佛教传入，但道家思想在春秋时期（公元前770–476年）③已广为传播。佛教初传中国，信仰者多将佛教、道教混为一体。佛

---

① 陈璧耀著：《国学概说》，上海教育出版社，2008，第219页。

② 金实秋编：《佛教名胜楹联》，宗教文化出版社，1997，第974页。

③ 关于春秋时期，另一说为公元前770年—前403年。

教为了立足生根，采借道教理念解释佛教经典。佛道融会即肇始于此，并影响到后世。

此外，黔西市九龙山庙楹联："儒诚心，释明心，道修心，心心相应；天覆物，地载物，人养物，物物皆同"①，也是倡导三教融会。

明宣德五年（1430），普定玉真山寺落成，光绪十三年（1887）重建。寺分为上中下三殿。下为斗姥殿，中为观音殿，上为玉皇殿。玉皇殿内所塑神像有观音、如来、韦驮等，并刻有八仙中的"铁拐李"。寺中楹联曰：

杖悬日月长生佛；
葫贮乾坤自在仙。

上联说，佛教法器锡杖可悬日月，寺中佛像庄严，佛法永驻。锡杖，梵文意译，因其震摇时发出的"锡锡"之声故名，为大乘比丘随身携带的十八物之一。起因是：比丘乞食时默然进入人家或拳打门扇，都会引起施主误解甚至反感。佛陀说：在锡杖头安装大环，"圆如盏口"，在大环上再安小环，摇动锡杖，使环与环相互碰撞而发声，使施主知觉有僧人乞食。同时锡杖还可以预防牛犬、驱赶毒虫，后来渐渐演变成一种彰显佛法智慧与威仪的法器。持锡杖有二十五威仪。凡至室中，锡杖不得着地，必须挂在壁牙上，故名"挂锡"。后来称僧人游方为"巡锡""飞锡"。游方僧投宿寺院得到允许，称"挂锡""留锡"；僧人住持寺院，称"驻锡"。下联说：葫芦中贮存着天地万物（道教有"壶中天地"传说②），是仙人自由出入享乐的场所。葫芦，为道教物象和代表物。八仙之中的铁拐李随身带着盛放仙丹的葫芦。云游道士佩带葫芦内存丹药，可为民疗疾。道教神话传说中葫芦可变成神人可出入的洞天福地。

又如安顺华严寺楹联：

看仙翁手拍云端，浑疑桂苑高凌，约汝三清游上界；

---

① 本书编纂委员会编，冉砚农主编：《中国对联集成·贵州卷》（上），贵阳：贵州民族出版社，2003，第447页。

② 典出（晋）葛洪《神仙传·壶公》：仙人壶公约费长房跳入其所携带的壶（葫芦）中，见其中有"仙宫世界，楼观重门阁道"《云笈七签》（卷28）。载仙人施存，也有一壶，其中有日月天地，如同世间。

待老子昂头天外，漫道竹疆远隶，让他五岳镇中邦。

联句几乎全是道教语言。上联嵌入“仙翁”“三清”（道教的三位至高神——玉清、上清、太清）、“上界”（天上神仙居住地）；下联嵌入“老子”（道家学派创始人）、“五岳”（道教名山——东岳泰山、西岳华山、南岳衡山、北岳恒山、中岳嵩山）。此联为清末贵州著名楹联作家刘蕴良所撰。华严洞位于安顺市西秀区南郊四里崇仁里村头，洞从山腰开面，天蓬巨石覆顶。洞口宽敞，可容500余人，夏凉冬暖，游人甚多。洞中原供有释伽牟尼塑像和十八罗汉塑像。洞内有许多石乳、石笋等，古怪离奇，引人入胜。洞前有“韦驮殿”“关圣殿”“魁星楼”，洞侧有“诗寮”和“水池”（八方池），旁边多有前人题咏和碑刻。坡半还有亭阁石栏。凭栏远眺，群峰苍翠，绿水涟漪，阡陌纵横，令人陶然自乐。①

遵义市红花岗区金鼎山万佛寺对联：

山不高有仙则名；
水不深有龙则灵。

这是引用唐代文学家、哲学家、诗人刘禹锡《陋室铭》开头两句，意在表明金鼎佛山胜地犹如仙境。

安顺崇真寺联[（清）郭临江②撰]：

环海路非遥，正勿庸高探贝阙，别夸瑶岛；
大罗仙具在，好从此笑拍红岩，醉挹浮丘。

讲的全是道教中事：入海求仙，路程遥远，何必花费力气去探看壮丽的宫殿，赞美仙山琼阁；大罗仙③就在此，可以与仙人红岩（洪崖）牵手，

---

① 安顺地区文化局编：《安顺文物》，1982，第71页。

② 郭临江（1844–1928），原名永成，字春帆，别号石农，贵州安顺人。清朝同治九年（1870）副榜进士。光绪三十年（1904）任思南训导兼印江教谕。民国时期还乡办学。能诗文，工书画，著有《浓花野馆诗抄》《思南吟草》《黎峨吟草》等。

③ 大罗仙，即大罗神仙。道教认为天有三十六层，最上一层为大罗天。大罗神仙即升至三十六天的神仙，他们在一切时空永恒逍遥，不朽不灭。

与浮丘共饮。①

平塘六洞观音阁关帝庙②：

南海恩泽远，□□□□，保三春风调雨顺，乞保华国将士驱倭寇；
观音灵应长，□□□□，佑四时国泰民安，求佑黎庶子孙洗靖康。

观音阁中有关帝庙，本身就是典型的释道融会（佛教、道教殿堂同处一个场所，在贵州比较常见）。此联内容以佛教义理为主题（“南海恩泽远”“观音灵应长”），反映了佛教与道教义理的相通和融会，同时此联作于1937年日本侵华期间，又有明显融入社会，关注国家存亡，号召佛教、道教信仰者将爱国、护国、保国相结合，坚决驱逐倭寇，保家卫国。

毕节真武庙联③：

圣贤原不外伦常，念义重三分，身经十七；乃武乃文，忠孝恒弥千古；
仙佛有个中法慧，看初磨铁杵，遂度金针；即空即色，工夫妙在须臾。

“伦常”“忠孝”为儒义理；“法慧”“即空即色”均为佛教理念。

瓮安后岩观楹联：

一山杰然特起，昔建真武、文昌、三清诸殿阁，古寺净土，邀来御史修行，进士韵赞；

巨岩嶙峋屹立，曾题天外、蓬莱、五老众山峰，宝地石林，呼唤僧人祈祷，庶民熏香。

其中瓮安后岩观楹联，融道观建筑、自然景色、社会人物于一体，写景状物，抒发心性。瓮安后岩观，位于瓮安县城东北草塘镇下司唐家冲。始建于元代。明代已有真武殿、文昌阁、三清殿、三元阁。明末清初，钱邦芑弃官为僧，到此隐居多年，所撰《草塘后岩记》称此处灵秀幽异，备极丘壑之美，若可笼之几案怀袖间，为西南仅见。清乾隆进士文瑄《后岩

① 语出（晋）郭璞《游仙诗》之三：“左挹浮丘袖，右拍洪崖肩。借问蜉蝣辈，宁知龟鹤年？”

② 本书编纂委员会编，冉砚农主编：《中国对联集成·贵州卷》（上），贵州民族出版社，2003，第437页。

③ 同上，第444页。

十四韵》诗赞其“境固呈天巧，人还赞鬼工”。联中“邀来御史修行，进士韵赞”句，当是指此二人。该道观又曾住僧人，具有佛道合一的特点。故下联有“呼唤僧人祈祷，庶民熏香”句。“巨岩嶙峋”“宝地石林”则准确刻画了后岩观地理环境。短短两句联语，将后岩观刻画得淋漓尽致。

中 篇

贵州寺院楹联选录

一、贵阳市寺院楹联

（一）南明区

1. 黔明寺

位于贵阳市南明区阳明路。创建于明末，清乾隆三十六年（1771）重修。道光末年，寺僧将寺房典卖殆尽，时逢川人舒国训举家迁黔，居黔明寺旁，出资维修，从道光二十九年（1849）开工修建，至咸丰元年（1851）竣工。添建三层八角高楼（名奎元阁），修后堂西厢僧房，购园地建有亭台鱼池。民国二十一年（1932），广妙多方募化，增建弥陀殿，内供丈六阿弥陀佛像。另建高3层的藏经楼。民国期间黔明寺为贵阳重要佛教活动场所。抗战期间，著名僧人虚云、太虚等途经贵阳，住黔明寺，为佛门弟子宣传佛法，鼓励僧俗参加抗战。全国佛教刊物《海潮音》由重庆迁至该寺出版两期。1982年，黔明寺列为全国重点寺院，1983年列为省级重点文物保持单位。

黔明寺 刘蕴良

建自明初，为黔省祓祥之所。养龙、睹虎，黔中名胜；橦锦①、苡珠，黔中异品。

黔置省仅十三郡耳，却养龙毓秀，睹虎标奇，灵异所钟关地运；

明至今殆五百年矣，仍橦锦输珍，苡珠贡瑞，丰盈有兆荷天庥。

---

① 橦（tóng）锦：木名，即草棉，梧桐木，一种多年生木本棉花，其花瓣可织成布。

黔明寺客厅 刘蕴良

寺基有洞，俗子修造而填之，可惜殊甚。

竹馆客常留，爱万家景物层层，供他一览；
桃源仙竞杳，叹满径烟苔黯黯，待我重来。

黔明寺小亭 刘蕴良

怪石罗列亭前，城南诸山，一览无余。

南山陶令悠然见；
东海坡仙宛尔携。

[附记] 选自何静梧、龙尚学主编，贵阳市编纂委员会办公室编：《贵州联语两种》，贵州教育出版社，1999，第 43 页。刘蕴良，亦作刘韫良（1844–约 1914），字玉山，号我真，贵州贵阳人。清同治十年（1870）进士。光绪元年（1875）赴滇任恩安（今昭通市昭阳区）知县，时云南举行恩科乡试，巡抚岑毓英欲留刘蕴良襄办考务，刘以先到任、后为考官作答，即时赴任，以此触忤岑氏。到恩安知县任未久，即被岑毓英参革，“永不叙用”。刘蕴良自此断绝仕进之路。回黔未久，即赴其父山西绛县任所十来年，并游览各地名胜古迹。返黔后闲居贵阳。勤于著述。有《壶隐斋联语类编》等。

黔明寺 刘蕴良

黔首咸赓帝德，帝谓能通，更帝都仗拥双龙，肤沦帝泽；
明心顿悟仙机，仙龄籍衍，恰仙府班排五凤，眉介仙浆。

[附记] 选自本书编纂委员会编，冉砚农主编：《中国对联集成·贵州卷》（上），贵州民族出版社，2003，第 385 页。

题黔明寺大悲阁 向义

胜地忆前进，喜杰阁重新，伽蓝无恙；
层楼当更上，看青山横郭，白水绕城。

[附记] 选自向义:《六碑堪联剩》(卷之上),载向行端编:《黔联璀璨》,贵州人民出版社,2003,第44页。向义(1892–1970),字知方。贵州贵阳人。幼读私塾,1907年进入贵州省公立中学(今贵阳一中)。未久,破格送贵州优级师范学堂,又插班考入北京京师法政学堂三年级。1912年回乡,创办私立志道小学(今省府路小学),1918年任贵州省视学,1941年贵州师范大学成立后,一直在该校任讲师、副教授、教授。有《贵山联语》等。

黔明寺[①] **潘力生**

神州兴百废;

古刹喜重光。

[附记] 选自本书编纂委员会编、冉砚农主编:《中国对联集成·贵州卷(上)》,贵阳:贵州民族出版社,2003,第385页。

大雄宝殿楹联 印光

法门广大,普被三根,因兹九界同归,十方共赞。

佛愿洪深,不遗一物,故得千经并阐,万论均宣。

[附记] 选自《印光法师文钞·文钞三编·思归集发刊序》。印光法师(1861–1940),俗姓赵,名丹桂,号常惭愧僧,又名圣量。陕西郃阳县赤城东村人。光绪七年(1881),至终南山莲花洞寺,拜道纯和尚为师,剃度为僧,道号印光。自奉俭约,乐善好施。曾募捐修建法雨寺、上海慈幼院等;先后于民国十五年(1926)、二十四年(1935)、二十五年(1936)三次为陕西、绥远赈灾共捐款8000元之多;民国十八年(1929),专为家乡东、西赤城村施赈1600元。有《印光法师文钞》《增广文钞》《净土决疑论》等。

---

① 原注:《中国佛教楹联精选》。

又 陈恒安

誓愿宏深，处处现身说法；

慈悲广大，时时救苦寻声。

[附记] 陈恒安（1909—1986），原名德谦，字恒堪，号宝康，贵州贵阳人。治学严谨，通古文字学。精研甲骨、金文、竹简、帛书等各体文字。书法诸体咸备，尤以大篆与行书见长。有《邻树簃诗存》《陈恒安书法选》等。曾任中国书法家协会名誉理事，贵州书法家协会名誉主席，贵州省博物馆名誉馆长，贵州省文史研究馆副馆长。

2. 大兴寺

位于今贵阳市大十字南，建于元末至正年间，为贵阳开建的第一座寺院。明清两代贵州僧纲司住于此。明洪武二十年（1387），湖南长沙僧南宗任住持时增建天王殿、山门、垣墙。洪武二十七年（1394），镇远侯顾成将寺之来历告于蜀王，蜀王赐名“大兴寺”。永乐八年（1410），贵州宣慰使司举荐住持慧智上京，朝廷准设贵州僧纲司，遂授慧智僧纲之职。大兴寺从此成为明清两代僧纲司所在地。明万历三十年（1602），寺僧法印赴京，受慈圣太后召见，赐“大兴慈圣禅林”寺额，同赐大藏经1部及紫衣、金佛、玉瓶等。1942年，日军飞机轰炸贵阳，寺院遭毁。幸存成化铜钟一口，铸于明成化五年（1469），现存弘福寺。

大兴寺① 刘蕴良

大乘秉麟经，古今斯耀，虽诸葛公名士有真，也应隐仗威灵，心攻鹿部；

兴朝褒凤册，夷夏同尊，惟南将军奇男无忝，尚可远追节概，尸祀牂江。

---

① 原注：祀关圣，大、兴二字冠首。黔中旧为鹿部。相传武侯平蛮，公常暗助。南将军霁云，黔祀为福主，与公并列祀典。

殿柱 刘蕴良

旧业三分思汉帝；

真灵千古佑黔民。

[附记] 选自何静梧、龙尚学主编，贵阳市编纂委员会办公室编：《贵州联语两种》，贵州教育出版社，1999，第43-44页。

大兴寺 刘蕴良

大地阳春皆遍，都成锦绣山川，更厘祝仙曹，飘飘乐奏霓裳，玉桂宵凌蟾窟艳；

兴朝华夏同尊，永享莺花岁月，恰祥开寿宇，滟滟酒称霞盏，金萱云捧凤墀妍。

[附记] 选自本书编纂委员会编，冉砚农主编：《中国对联集成·贵州卷》（上），贵州民族出版社，2003，第387页。

3. 东山寺

位于贵阳市南明区栖霞山（东山）上，明嘉靖年间（1522–1566），崇祯二年（1629）重修，清康熙二十四年（1685）增修，1952年和1959年曾两次大修。2013年重建。

东山① 刘蕴良

身到此间，丝竹也应怀谢傅②；

---

① 原注：余曾读书山上。

② 谢傅（fù）：即东晋谢安（320–385），字安石，陈郡阳夏（今河南太康）人。东晋政治家、名士。卒赠太傅。

仙疑在上，烟云恰好迓刘安①。

寺楼 刘蕴良

胜揽竹疆，喜八百里云山，操纵居然在手；
情牵梓舍，看十万家烟火，忧乐总是关心。

客院② 刘蕴良

计余读书山上，今已三十余年矣。

载酒我频来，一院花仍酣鹤梦；
读书人竟老，卅年松更换龙鳞。

培风亭 刘蕴良

亭左即月亮岩。

昂头依更延今月；
举眼入犹乐古风。

[附记] 选自何静梧、龙尚学主编，贵阳市编纂委员会办公室编：《贵州联语两种》，贵州教育出版社，1999，第8–9页。

东山③ 向义

在城东里许，孤峰特立，峭壁凌虚。由北崖曲折而上，至巅为栖霞寺，遥瞻会城，尽归眼底。

登东皋一望，河山大好，民命待苏，忧乐总关怀，讵可斯人不出；
慨贱子重来，风景无殊，鬓丝顿异，儒冠多自误，其奈苍生何哉。

---

① 迓(yà)：迎接。刘安(前179–前122)，生于淮南国寿春县，汉高祖刘邦之孙，西汉时期思想家、文学家。刘安笃好神仙黄白之术，宾客甚众。丹药成，刘安吞服丹药升天，余药鸡犬啄食亦随之升天。“一人得道，鸡犬升天”的神话亦广传今古。

② 原注：计余读书山上，今已三十余年矣。

③ 原注：在城东里许，孤峰特立，峭壁凌虚。由北崖曲折而上，至巅为栖霞寺，遥瞻会城，尽归眼底。

东山小鲁亭[①] **向义**

山左特起一峰，建有小亭，旧题月“小鲁”。戊辰九日，与同仁登高于此。

秋色从西来，节近重阳，十日九风雨；

横云隔天末，目穷千里，连山若波涛。

[附记] 选自向义：《六碑堪联剩》（卷之上），载向行端编：《黔联璀璨》，贵州人民出版社，2003，第3–4页。

白衣观音殿 林贞伯

救世有同心，宝相齐辉南海月；

现身来说法，白衣犹染泰山云。

佛堂 林贞伯

别开生面依初地；

喜豁双眸入远天。

[附记] 选自何静梧、龙尚学主编，贵阳市编纂委员会办公室编：《贵州联语两种》，贵州教育出版社，1999，第380页。林贞伯（？–1886），名肇元，字贞伯，广西贺州人。庠生。咸丰十一年（1861）避战乱入湘从军。以军功升任贵州按察使、布政使，官终贵州巡抚。居黔20余年，整饬吏治，教民养桑蚕，兴修水利，储义仓以备荒，购书籍训士，并在苗瑶少数民族居住地区兴办义学，政绩昭著。

东山寺 刘剑魂[②]

森森曲径，几回白发临高处；

危危菊岩，一片红霞映晚晖。

① 原注：山左特起一峰，建有小亭，旧题曰“小鲁”。戊辰九日，与同仁登高于此。

② 原注：《福泉对联集成》。民国时期刘剑魂任贵筑县长时题。

[附记]选自本书编纂委员会编，冉砚农主编：《中国对联集成·贵州卷》（上），贵州民族出版社，2003，第439页。

4. 扶风山

扶风寺：位于市东扶风山，清嘉庆年间（1796–1820），有正殿四楹。寺旁有阳明祠与尹道真祠。

扶风山①　**刘蕴良**

螺鬟秀启东方，双城揽秀；
龙脉雄分南省，半壁称雄。

环秀亭②　**刘蕴良**

四围苔翠裙腰染；
一径花香屐齿通。

寺楼　刘蕴良

梯险借云登，鹤步曲通随竹引；
帘疏邀月控，蟾光远射隔林窥。

客院　刘蕴良

径香蝉更韵；
庭静蝶犹娇。

[附记]选自何静梧、龙尚学主编，贵阳市编纂委员会办公室编：《贵州联语两种》，贵州教育出版社，1999，第7–8页。

---

① 原注：俗呼螺丝山，在省城之东，内外两城，一览而尽。

② 原注：在山半，四山围秀，一径通幽。

扶风山① 向义

其一（集句联）

忽逢佳士与同游（黄庭坚）②，回看佛国青螺髻（苏轼）③；

肯与邻翁相对饮（杜甫）④，倒着山公白接篱（山简）⑤。

其二

山水有清音，不须抚弦动操，请奏鸣琴广陵客；

夕阳无限好，相邀挈榼提壶，来醉扶风豪士家。

[附记] 选自向义：《六碑堪联剩》（卷之上），载向行端编：《黔联璀璨》，贵州人民出版社，2003，第 4 页。

扶风寺 赵德昌

雨滋苔藓侵阶绿，

露洗松阴满院清。

花石清幽，无妨系马题诗，此间小住；

乡关扰攘，借问投戈访道，何日偷闲。

[附记] 选自何静梧、龙尚学主编，贵阳市编纂委员会办公室编：《贵州联语两种》，贵州教育出版社，1999，第 359 页。赵德昌（1831–1899），字达庵，贵州郎岱（今六枝特区）人。出身军门，清同治三年（1864）由

---

① 原注：在城东，与东山毗连，孤峰耸秀，宛如螺旋，俗名螺蛳山。左为阳明祠；右为尹道真祠；中为扶风寺。

② 语出（北宋）黄庭坚《次韵黄斌老晚游池亭》："路入东园无俗驾，忽逢佳士喜同游。"

③ 苏轼《宝山新开径》："回观佛国青螺髻，踏遍仙人碧玉壶。"

④ 杜甫《客至》："肯与邻翁相对饮，隔篱呼取尽余杯。"

⑤ 典出《晋书（卷 43）·山涛列传·山简》。"简，字季伦……时有童儿歌曰：'山公出何许，往至高阳池。日夕倒载归，茗艼无所知。时时能骑马，倒着白接篱。'""倒着白接篱"山简醉态朦胧，连头巾（白接篱）都戴歪了。山简（253–312），字季伦。西晋时期名士。此诗见（明）孙蕡《奉酬四川戴佥宪文信见访》："……游仙梦觉惊题凤，倒着山公白接篱。"

兴义总兵擢升贵州提督。颇习文学，著有《枕戈室诗钞》。

5. 相宝山

相宝山在城东北里许，本作“象宝”，以山形如象，故名。排云列嶂，俨若翠屏，俗名照壁山。上有寺院，屏山寺。相宝山寺又名屏山寺、毗尼寺。

象（相）宝山①　刘蕴良

高凌北极千寻，讶宝象云端腾身突起；

稳作南州半壁，笑金鳌浪里侧面低朝。

寺楼　刘蕴良

云气郁胸中，浑疑上界清虚，飘飘笛引双鸾啸；

岚光纷眼底，最喜层峰旋绕，莽莽鞭驱万马奔。

客堂　刘蕴良

松下谈经猿捧杖；

花间拂席鹤啣杯②。

廊院　刘蕴良

花散龛留蝶；

藤枯壁挂龙。

[附记] 选自何静梧、龙尚学主编，贵阳市编纂委员会办公室编：《贵州联语两种》，贵州教育出版社，1999，第9页。

---

① 原注：山形如象，故名。又名照壁山。旁有金鳌峰，形家谓“浪里金鳌”是也。

② 啣（xián）：同“衔”。

题相宝山屏山寺 袁杏村（袁开第）①

合向西南撑半壁；

试看高下拱群山。

相宝山屏山寺 黄元善②

四面云山罗万笏；

一樽风雨醉重阳。

相宝山屏山寺 张胜崖③

秋色西来天宇净；

故乡南望楚云深。

[附记] 选自何静梧、龙尚学主编，贵阳市编纂委员会办公室编：《贵州联语两种》，贵州教育出版社，1999，第362页。

相宝山屏山寺 易梧冈

揽胜喜重来，最好众山供一览；

登高端不负，恰逢九日集群贤。

[附记] 选自何静梧、龙尚学主编，贵阳市编纂委员会办公室编：《贵州联语两种》，贵州教育出版社，1999，第362页。易梧冈，曾任知府。

相宝山 贺长龄

清静治心，亦可宁人息事；

慈悲度世，庶几去杀胜残。

---

① 袁开第，字杏村，直隶玉田县人，拔贡。光绪二年（1876）任黎平知府；十一年（1885）升贵东兵备道台。

② 黄元善，字让卿，清湖北钟详人，进士。光绪十三年（1887）任贵州按察使。

③ 张胜崖，清湖南凤凰厅人，荫生。光绪十九年（1893）任贵东道。

[附记]选自本书编纂委员会编，冉砚农主编：《中国对联集成·贵州卷》（上），贵州民族出版社，2003，第3页。贺长龄（1785–1848），字耦耕。湖南长沙人。道光十六年（1836）任贵州巡抚。任职九年，整顿吏治，禁种禁吸鸦片，劝民种棉、养蚕、织绸。先后在贵阳等府创办书院，在普定、松桃等县举办义学。增设考棚，增加学额。倡修地方志（如《遵义府志》《贵阳府志》《兴义府志》等）。有《耐庵诗文集》。

6. 万寿寺

万寿寺，一名万寿宫，在贵阳老城东，即今贵阳二中后。

万寿寺　刘蕴良

（万、寿二字冠首。）

万类因感而生，惟清净如妙于感；

寿者以仁为乐，非慈悲岂全其仁。

千手千眼观音　刘蕴良

大慈大悲，存这样心肠一片；

至灵至妙，现那些手眼千般。

万佛寺[①]　刘蕴良

访鳌矶转步此间，层层佛院拓开，全消去尘氛万种，恰好鱼吹浪戏，雾带霞飞，活泼泼机趣浑忘，潭光云影长天净；

过虹桥回看那岸，隐隐仙源隔断，又换出风景一番，却怜草色塔侵，苔痕柱剥，急滚滚繁华淘尽，秋月春花逝水流。

[附记]选自何静梧、龙尚学主编，贵阳市编纂委员会办公室编：《贵

---

① 原注：在甲秀楼之左。

州联语两种》，贵州教育出版社，1999，第 4 页。

7. 观音洞

观音洞 刘蕴良

山腰蜒蜿仙梯引；

岩腹玲珑鬼斧穿。

[附记] 选自何静梧、龙尚学主编，贵阳市编纂委员会办公室编：《贵州联语两种》，贵州教育出版社，1999，第 11 页。

观音洞 （旧联）

重叠峰峦归眼底；

苍茫云气荡胸间。

[附记] 选自何静梧、龙尚学主编，贵阳市编纂委员会办公室编：《贵州联语两种》，贵州教育出版社，1999，第 363 页。

观音洞 田兴恕

菩提只在人心，任海上瑶岛蓬壶，无非幻境；

觉悟即空彼岸，看此地幽岩浚壑，总是慈云。

[附记] 选自何静梧、龙尚学主编，贵阳市编纂委员会办公室编：《贵州联语两种》，贵州教育出版社，1999，第 363 页。田兴恕（1836–1877），字忠普，苗族，湖南镇筸（现湖南凤凰）人，清朝将领。幼时贫困，卖马草维生，年十六，充行伍，隶镇筸镇标。咸丰九年（1859），署贵州提督，十一年（1861）兼署巡抚。

8. 雪涯洞①

雪涯洞，又名薛家洞，位于贵阳市雪涯路北段西侧，洞高约2.5米，面积约30平方米。洞内原塑有佛像，建有玉皇殿，洞前有三官殿、来仙亭，亭内有吕真人刻石像，亭额有“万神来朝”“天上人间”等匾额（今均已不存）。原址改建为贵州电机厂。

雪厓洞 刘蕴良

花散佛龛飞绛雪；

苔显仙管扫丹厓。

瞰碧轩② 刘蕴良

朱帘倒卷波光，恰鱼穿藻戏、鸥逐萍嬉，烟水一方人宛在；

翠槛平分山色，正鹜带霞飞、虹拖雨散，风光三月我频来。

吕祖殿③ 刘蕴良

飞来蓬岛仙踪，侬竟何年随吕祖；

梦如桃源旧路，谁犹前度认刘郎。

园内小亭 刘蕴良

岸花红隔莺声脆；

崖树青摇鹤梦酣。

[附记] 选自何静梧、龙尚学主编，贵阳市编纂委员会办公室编：《贵州联语两种》，贵州教育出版社，1999，第7页。

---

① （清）吴振棫《黔语》载：“洞在贵阳次南门外，深广不过二丈，以在省会，且去郭近，游人多，故其名著。洞中塑大佛；洞上为来仙阁，有吕仙石像；旁有堂、有轩；春秋佳日为嘉宾燕乐之地。下临南明河，桑阴夹岸，滩声远闻，时有短鲋（鲫鱼）穿艇，采鱼烟水；凭栏静眺，令人有江湖之思。”

② 原注：在洞侧，俯看南明河水，今为俗子改名“寄云楼”。

③ 原注：殿在洞上，吕祖常降乩于此，时适余被谪回里。

雪涯洞 刘蕴良

匝地翠千重，正云影当空，槛外永日酣鹤梦；

参天青一片，听涛声卷起，松间终夜和龙吟。

题雪涯洞 史念祖[①]

云烟轩爽客呼酒；

风雨牢愁谁读骚。

[附记] 选自贵阳志编纂委员会编：《贵阳名胜楹联选》，1984，第 14 页。

雪崖（涯）洞 向义

其一（集句联）

雪崖似留月（王融），石磴凌飞霞（雅琥），有人曾见洞中仙（黄滔），一榻偶依陈太守（罗隐）；

水色倒空青（李白），翠微含宿雨（宋之问），无伴独吟溪畔路（钱翊），后世难寻丁令威[②]（吕留良）。

其二

斜风细雨江亭上（韦庄）

流水飞花幽洞中（武元衡）。

[附记] 选自向义：《六碑堪联剩》（卷之上），载向行端编：《黔联璀璨》，贵州人民出版社，2003，第 7-8 页。

---

① 史念祖，清江都人，光绪十二年（1886）任贵州布政使。

② 丁令威，中国道教崇奉的古代仙人。

9. 翠微阁

翠微阁 向义

在贵阳城南南明河畔万佛寺内，水木明瑟，风景清幽。清道光初，阮云台制军署额曰“翠微”，并赋诗刻石嵌置壁间。阁中楹联名作如林，而以汪仙谱太守炳璈所作，为世传诵。阮诗云：“水南小阁题名后，一段林峦未可忘。黄叶多时有霜气，翠微空处即秋光。眼前画意任舒卷，溪上诗情孰短长，莫怪阑干人倚久，句留清景是斜阳。”

楼阁无恙，一百年署榜犹新，樵声出翠微①，修竹茂林思阮籍②；
文章有神，二千石题楹绝好，秀句满江国③，桃花潭水忆汪伦④。

[附记] 选自向义：《六碑堪联剩》（卷之上），载向行端编：《黔联璀璨》，贵州人民出版社，2003，第 1 页。

题翠微阁 汪仙谱（汪炳璈）⑤

半面山楼，半面江楼，书画舫，容我掀髯大笑；邀几个赤松、黄石、白猿来，一评今古。

数声樵笛，数声渔笛，翠微天，尽他拍手高歌；听不真渌水、明月、清风引，万象空濛。

题翠微阁 严修⑥

蛮花贡媚，瘴雨回甘，自西林相国重破天荒⑦，八万砢武功，前无往古；

---

① 诗句出自（唐）许棠《寄盩厔薛能少府》：“冰色封深涧，樵声出紫微。”

② 阮籍（210–263），字嗣宗，陈留（今属河南）尉氏人，三国时期魏诗人，阮瑀之子，竹林七贤之一。

③ 诗句出自（唐）李白《献从叔当涂宰阳冰》：“秀句满江国，高才掞天庭。”

④ 汪伦，字文焕，一字凤林，歙州黟县人，唐开元间任泾县令，诗人，著名诗人李白好友。

⑤ 汪仙谱，名炳璈，字仙谱，湖南宁乡人。曾任安顺、镇远、铜仁等地知府。

⑥ 严修，字范荪，天津人，光绪九年（1883）翰林，曾任贵州提学使。

⑦ 西林相国，鄂尔泰。鄂尔泰（1677–1745），清满洲镶蓝旗人，西林觉罗氏，字毅庵，康熙举人。雍正三年（1725）迁广西巡抚，次年调任云贵总督，兼辖广西。

佛阁吟秋，僧桥眺夕，有北江先生①提倡风雅，一百年文教，未坠于今。

翠微阁 陈明远②

且作鸱夷子，泛一舸隐清溪；记从瀰水而来，探青龙、飞云、牟珠诸名胜，已觉神怡目骇；那知更有蓬莱，到此狂歌，甲秀楼高容我卧。

肯让鄂西林，向两间撑铁柱，溯平苗疆以后，得北江、云台、郘亭三先生，大开酒国诗坛；留下无边风月，何人洒墨，南明河上把桥题。

翠微阁 张济辉③

放怀来甲秀楼边，山可娱，水可玩，约几个晨星旧雨，把盏流连，回思太傅而还，近代伊谁撑铁柱；

览胜到南明河畔，樵有舍，渔有村，看四围落照荒烟，凭栏惆怅，为问观音在上，众生何日渡慈航。

翠微阁 李元国

把酒高歌，趁万顷波涛，大江东去；

凭栏侧望，正满城风雨，秋色西来。

翠微阁 麟庆④

一径云香锄药影；

半房山色诵经声。

[附记] 选自何静梧、龙尚学主编，贵阳市编纂委员会办公室编：《贵州联语两种》，贵州教育出版社，1999，第361页。

---

① 北江先生：洪亮吉（1746–1809），原名礼吉，世称北江先生，阳湖（今江苏常州）人。著名学者、文学家。乾隆五十五年（1790）进士，授翰林院编修，充国史馆编纂官。曾任贵州学政。

② 陈明远，字哲夫，浙江海盐人，曾任观察使。

③ 张济辉，字华亭，四川綦江人，优贡出身，清光绪年间任思南府知府。

④ 麟庆（1790–1846），嘉庆十四年（1809）进士，道光初任贵州布政使，护理巡抚。

翠微阁（上层）① **刘蕴良**

霞景快飘飘，恍飞身蓬岛重游，云里欲将黄鹤跨；

涛声悲滚滚，幸撇手芳洲可溯，江干聊与白鸥盟。

翠微阁（下层） 刘蕴良

四壁翠云遮，喜莺巢暗接，鹤磴曲通，七分修竹三分柳；

万家红雨散，看雉堞高凌，虹桥低压，一面长江两面山。

客厅② **刘蕴良**

巡檐佛共团花笑；

顾曲人宜倚竹听。

翠微阁 刘玉山（刘蕴良）

云水恰当门，柳拖桥背双虹落；

烟霞看绕郭，花压城腰百雉齐。

翠微阁 杨仪卿（文勋）

山色湖光杯在手；

云开天远月当心。

大殿门联（据某女士联改）

七级相庄严，访天花种种香飘，借如来一串牟珠，数不尽塔前佛号；

双城形绮丽，爱烟柳层层翠绕，拓竹国几张画本，比赢得海上仙居。

[附记] 选自何静梧、龙尚学主编，贵阳市编纂委员会办公室编：《贵州联语两种》，贵州教育出版社，1999，第 4-5 页、第 362 页。

---

① 原注：阁在万佛寺内。

② 原注：环植修竹，与戏座对，左即团花绣佛龛。

10. 水口寺

水口寺位于贵阳市南明区栖霞山麓，因地居南明河流出市区的南水口，遂取名水口寺。《贵阳府志》记载："古刹三楹，嘉庆间太学生张大学倡修，并捐建客厅廊庑。道光二年（1822），新建奎星阁，林沼亭台，颇极幽曲。"寺外河流中有一块长数丈的巨石，极像一艘船，称"船石"（又称"石龙船"）。

水口寺 刘蕴良

水萦苔港三篙碧；

口诵莲经一卷香。

赏雨轩[①] **刘蕴良**

春买玉壶香，看苔边鹤影飘飘，竹径宜邀佳士访；

宵谈银烛艳，听花前鹃声哽哽，蕉窗还待故人来。

客院 刘蕴良

谈喧莺喋柳；

径避鹤巡苔。

[附记] 选自何静梧、龙尚学主编，贵阳市编纂委员会办公室编：《贵州联语两种》，贵州教育出版社，1999，第10页。

牛渡古寺魁星阁 百龄[②]

石卧半林虎，

松老一山龙。

---

① 此轩今毁。己未（1895）春，夜饯李君相臣适楚、韩君锡三适蓟。

② 百龄，字菊溪，张氏，汉军正黄旗人。乾隆三十七年（1772）进士。官至授两江总督。

牛渡古寺魁星阁 百龄

笔垂露而气如珠，扫除瘴雨蛮烟，新人光辉标雅榘[①]；
斗量才而文在手，指点贵山富水，长抒灵秀毓群英。

牛渡古寺魁星阁 毛贵铭[②]

下酒自吟新创句，
游山如读未看书。

[附记] 选自何静梧、龙尚学主编，贵阳市编纂委员会办公室编：《贵州联语两种》，贵州教育出版社，1999，第362页。

11. 海潮寺

原址位于贵阳旧城西南南明河北岸贯城河旁。道光二十二年（1842）重修，增建客厅数处。

海潮寺 刘蕴良

浪拥碧鲸，慨斯世逆踪谁扫；
潮掀白马，想先生忠愤难消。

水楼 刘蕴良

柳掩桥背双虹落；
花压城腰百雉齐。

客厅 刘蕴良

隔帘山影描烟瘦；

---

① 榘（jǔ）：同“矩”。法则；规矩。

② 毛贵铭（1805–1853），字彦翔，号西垣，湖南巴陵（今岳阳）人。清道光举人，以大挑得教谕，道光二十七年（1847）入黔，后入唐树义幕，曾为唐炯等授学。在黔访询民族风俗，并参证黔中史志。有《黔苗竹枝词》。

绕榻溪声撼雨忙。

[附记] 选自何静梧、龙尚学主编，贵阳市编纂委员会办公室编：《贵州联语两种》，贵州教育出版社，1999，第 42 页。

海潮寺 向义

在南明河畔与翠微阁隔河相望。烟水微茫，楼阁缥缈，前人题曰“小西湖”，殆庶几也。

刺船竞去，潮水徐闻，听瑶琴一曲，情移东海；
打桨时来，莲歌互答，看长堤十里，人在西湖。

十里南风草木香，乘兴真为玉局游，忆得钱塘正如此；
乱山滴翠衣裘重，作诗颇似六一语，别后西湖付与谁。

[附记] 选自向义：《六碑堪联剩》（卷之上），载向行端编：《黔联璀璨》，贵州人民出版社，2003，第 1–2 页。

12. 如意庵

如意庵原址位于贵阳市南明桥侧。

如意庵 刘蕴良

如果我闻原了了；
意之所到亦非非。①

禅室 刘蕴良

茯苓煮粥冰肌沁；
茉莉薰茶雪齿香。

---

① 原注：如、意二字冠首。

13. 桂月寺

桂月寺　刘蕴良

寺临河畔。桂、月二字冠首。

桂因风送香尤妙；
月任波涵色本空。

观音大士龛　刘蕴良

观、音、大、士四字相串。

音从何观？音感于物，观之以心，非观之以眼，迨观融四相，观泯六通，观仍不着；

士奚能大？士希乎圣，大而为圣，即大而为神，乃大贯三元，大参两造，大更无遮。

[附记] 选自何静梧、龙尚学主编，贵阳市编纂委员会办公室编：《贵州联语两种》，贵州教育出版社，1999，第 67 页。

韦驮座　刘蕴良

退后即清闲，佛门内早些转步；
往前多挂碍，孽海中快点翻身。

14. 潮音寺

潮音寺（旧联）

七代瞬间过，古崖何处寻藏甲①；

① 原注：传诸葛亮南征过此，曾藏甲于此处。

六桥今已近[①]，明月谁人说射潮？

[附记] 选自何静梧、龙尚学主编，贵阳市编纂委员会办公室编：《贵州联语两种》，贵州教育出版社，1999，第363页。

潮音寺　刘蕴良

寺内祀观音，潮、音二字冠首。

潮准盈虚原有信；
音参动静始能观。

潮音寺客堂　刘蕴良

涛声喧处心愈静；
尘界忙中景最幽。

[附记] 选自何静梧、龙尚学主编，贵阳市编纂委员会办公室编：《贵州联语两种》，贵州教育出版社，1999，第45页。

15. 华光寺

华光寺原址位于贵阳市内六洞街。

华光寺[②]　刘蕴良

华映宝莲清，俨慈云稽首堪依，参来法相；
光腾金粟艳，恰慧月赏心不远，证到前身。

客院　刘蕴良

鹊声喧绕榻；

---

① 原注：指寺周之六座古桥。

② 原注：《贵阳地名诗文楹联》。

虹彩跨当门。

[附记] 选自本书编纂委员会编，冉砚农主编:《中国对联集成·贵州卷》（上），贵州民族出版社，2003，第 390 页。

16. 照壁山、忠烈庙僧厨、禹王宫僧寮、朝阳洞、东林寺、观音洞

照壁山 向义

在贵阳东北二里许，本名相宝山，山形似象。其后为狮子山，风水家所谓狮象锁水也。上有古寺，塑十八罗汉像。颇庄严。又铜牛一，铜镜一，相传旧时能照见人前世，奸僧蛊惑村氓耳，今已无存。

祖师说偈，明镜非台，要知因果三生，转瞬荣枯皆幻象；
老子传经，青牛何处，太息沧桑易世，一般兴废感铜驼。

[附记] 选自向义：《六碑堪联剩》（卷之上），载向行端编：《黔联璀璨》，贵州人民出版社，2003，第 11 页。

忠烈庙僧厨 刘蕴良

休夸净土穿肠佛；
须念睢城馁腹人。

[附记] 选自本书编纂委员会编，冉砚农主编:《中国对联集成·贵州卷》（上），贵州民族出版社，2003，第 428 页。

观音洞（今人撰联）

山门

成就真实不虚，亘古今以光天照地；
心行明净无瑕，历时空而绝相超宗。

大雄宝殿楹联

十方成就，为九界有情所仰止而称慈父；

万德庄严，令一切众生尽折腰故号大雄。

洞口石柱联

观本无形真自在；

音从何响妙法如。

（二）云岩区

1. 弘福寺

位于贵阳市区黔灵山。黔灵山原名大罗木山。赤松创建于清康熙十二年（1673）。乾隆五年（1740），贵阳府谕令寺僧种植竹木杉松数万株。乾隆五十二年（1787），立“护法碑”，严禁军民差役、寺僧及居民人等滥砍林木。其间多次修葺。1982 年列为全国重点寺院。黔灵山及弘福寺保留有许多文物古迹。包括建筑、摩崖、碑刻、和匾额、楹联等。

大雄宝殿① **朱亮海**

自有宇宙，便有此山，感毓秀钟灵，何人繄②始；

既无虚假，自无同断，寻窈深缭曲，终古堪商！

大雄宝殿③ **赵德昌**

山海悲群溺；

乾坤有大雄。

---

① 原注：朱亮海乾隆十九年（1754）书。

② 繄（yī）：惟；只；是。

③ 原注：咸丰十一年（1861）题。

大雄宝殿 钱登熙（民国六年题）

浩劫正无边，望我佛大发慈悲，拔除苦难；

灵山新建造，愿众生勤加磨砺，解脱沉迷。

[附记] 选自（清）康熙《黔灵山志（卷12）·艺文（下）》。

弘福寺客堂 汪仙谱（汪炳璈）

窗虚五月六月寒，人在冰壶中醉酒；

檐植三竿两竿竹，客从图画里敲诗。

[附记] 选自（清）康熙《黔灵山志（卷12）·艺文（下）》。汪仙谱，名炳璈，字仙谱，湖南宁乡人。曾任安顺、镇远、铜仁等地知府。

斋堂

斋餐蔬食，谁知真味，

堂聚众僧，共证菩提。

粥去饭来，要知庐陵米价；

钟鸣鼓响，须送赵老茶线。

韦驮殿 杨恩元

劫运煽余灰，试看动地风轮，合龙汉赤溟，花雨无边齐普度；

神功留护法，赖有依天玉杵，举魑魅魍魉，山林不若尽潜踪。

气慑霜袍，威填法门成佛子；

芒寒月杵，打开魔障见如来。

观音殿

杨枝洒遍三千界；

宝筏渡周亿万身。

大慈大悲，听菩萨现身说法；
救苦救难，在众生自己求心。

弥勒天王殿

弘佛大愿，救人救世；
福我众生，善始善终。

开口便笑，笑古笑今，凡事付之一笑；
大肚能容，容天容地，于人何所不容。

阿罗一布袋，空空洞洞，放得下这些东西；
此佛两眉尖，活活泼泼，挂不上半分烦恼。

兜率镇灵山，刚健婀娜，现出弥勒金世界；
心灯燃佛地，莹煌赤碧，游来天王玉蕊宫。

山门

大千世界；
不二法门。

官厅

白石证前因，鹫岭拨云飞锡至；
青山供客笑，虎溪邀月送朋来。

祖堂

坐拥莲花，结善缘乐英年，不改庐山面目；
经翻贝叶，合众僧求因果，依然祖印禅机。

经楼 竹一居士

不入色声香味触法，生实信否？
有能书写受持读诵，得福德多。

狮窟

野猫儿千声出卖，
活狮子一口全吞。

方丈

派衍赤松，迎接心传参半偈；
堂阴金筑，重新法戒警十方。

上乘禅讲律诵经，妙谛因心，灵机入证；
别一天散花选佛，香生莲钵，彩耀云幡。

方丈 王履升[①]

筇杖古松流水外；
蒲目修竹绪风间。

地藏

禅杖能挑苍海月；
袈裟又接祖师风。

洗钵池 史从燦

弹琴惊鹤乘风舞；
洗钵收龙带雨还。

趁水洗尘缘，钵里无些子俗垢；
出亭登觉路，山顶有许多禅和。

灵官殿

鞭下无情，打尔明中作恶；

① 王履升，字卓如，别号夷白山人，贵阳人，清嘉庆年间贡生。

头上有眼，看他暗里行奸。

培星亭 吕祖像

小梦记前因，喜道范重亲，且莫罔黄粱熟未？

名山留胜迹，有慈光普照，好共拜缘树阴余。

题黔灵山窌亭（集《庄子》句） 赵尔巽[①]

以息相吹，汝闻地籁；

自崖而返，心有天游。

[附记] 选自（清）康熙《黔灵山志（卷12）·艺文（下）》。

黔灵山 刘蕴良

空翠锁重重，任几番策杖前行，浑疑路断，看藤枯岩挂、苔润壁粘，云里蛇盘山径险；

浓青环曲曲，倏千仞振衣直上，陡觉天开，喜松韵涛翻、花香雨散，烟中鹤守寺门幽。

古佛洞[②] **刘蕴良**

骨竟如柴，我亦穷愁肥渐瘦；

胸无所蒂，君何潇洒苦能甘。

海螺亭[③] **刘蕴良**

窍窍皆通，始知窍妙虽穷，彼窍之中还有窍；

声声相应，转觉声闻俱泯，此声以外并无声。

---

① 赵尔巽（1844–1927），字公镶，号次珊，清末汉军正蓝旗人。同治年间进士。光绪十二年（1886）起，先后任贵州石阡知府、贵阳知府、贵东兵备道，后任户部尚书，湖广、四川、东三省总督。官至东三省总督。民国时期，任清史馆馆长，主编《清史稿》。

② 原注：在山麓，内有佛像，名苦行佛。

③ 原注：在半山，壁有数窍，吹之，音如海螺。

洗钵池 刘蕴良

云气浣从襟上过；

月光贮向钵中归。

山半草亭 刘蕴良

险中都觉平平过；

高处尤宜缓缓行。

半山磐陀岩① 刘蕴良

苔践云深留虎迹；

松含风细和莺吟。

山中大佛殿 刘蕴良

孽海太深沉，叹群生混过光阴，脚到急时方肯抱；

法门原广大，学我佛摆开尘垢，心于动处便宜降。

灵官殿 刘蕴良

魔焰太纷纷，愤俗也难鞭尽打；

神威虽赫赫，防身还要铠常披。

韦驮龛 刘蕴良

俗态易增嫌，休与我多多会面；

衰年难谈道，因劝他早早回头。

客堂② 刘蕴良

倚杖碧云深，跨鹿谁将黄术采；

---

① 原注：岩畔常有神虎守卫。

② 原注：山有白鹿一只，黄术为仙翁所遗；又山为赤松和尚所开，故云。

襟披香雾重，骖鸾依与赤松游。

禅院 刘蕴良

呗月经常翻野鸽；

嘘云钵屡咒潭龙。

[附记] 选自何静梧、龙尚学主编，贵阳市编纂委员会办公室编：《贵州联语两种》，贵州教育出版社，1999，第 6–7 页。

题弘福寺联① 严隽熙

兹山初祖何年，一掩一重劈开青玉嶂；

此地古人及我，三月三日邀入赤松家。

己巳（1929）上巳② 长宁梁正麟叔子书

[附记] 楹联碑嵌于云岩区黔灵山弘福寺大雄宝殿后碑廊，分刻于 2 方青石质碑（各高 1.80 米，宽 0.43 米）。题者严隽熙，江苏吴县人，光绪中任贵阳知府，在府任最久。爱惜人才，重视书院建设。书者梁正麟（1870–1951），字叔子，四川长宁人。清光绪丁酉科拔贡。清末曾官云南姚安知州、广西灵川知县；民国时任四川盐运使、长宁县参议长等职。有《二知堂联语偶存》存世。

黔灵山 向义

在城西北二里。寺曰“弘福”，康熙中，赤松上人所创，抚军曹申吉助修。山径盘纡，乔木参天，有泉一泓，大旱不涸，为黔中胜地。壁间有赤松及其弟子瞿脉草书诗句刻石。

---

① 原注：桂伯铸、向少方诸君旅游黔灵山寺，爱其深邃，题此以证。

② 上巳：即“上巳节”，俗称“三月三”。

其一

出西郭门缓步而来，入山不深，爱兹乔木幽阴，暇日来寻清静地；
自赤松子卓锡以后，宗风大启，近复丛林开放，何人更画辟支禅。

其二

飞锡度峰峦（朱庆余），似闻昨者赤松子（杜甫）；
题诗此岩壁（白居易），重见平生竺道人（刘禹锡）。

圣泉 向义

在黔灵山后，明镇远侯顾成甃石为池，上覆以亭，池中立石以验消长。泉自石穴中涌出，昼夜百盈百缩，一名百盈泉，又名漏汋泉。杨升庵慎有诗咏之。

一勺贮清泉，任百缩百盈，只在此山，不作风波于世上；
遐陬敷惠泽，念己饥己溺，当思有济，化为霖雨到人间。

[附记] 选自向义：《六碑堪联剩》（卷之上），载向行端编：《黔联璀璨》，贵州人民出版社，2003，第 5−6 页。

黔灵山窌亭① 向义

集韵商霖深远也，见张衡西京赋，但不单用。俗名海螺亭。

大音希声，岩穴从来皆静寂；
天工人代，笙簧犹自赖吹嘘。

黔灵山半山亭 向义

入林不密，入山不深，到此从客瞻胜概；
既缭而曲，既往而复，何须急遽叩云关。

---

① 窌（jiào）亭：位于黔灵山九曲径道旁石壁，有穴，大可容指，就而吹之，其声呜然，山鸣谷应。亭覆其前，名曰“窌亭”。窌（jiào）：窈窕。

圣泉 向义

百竭百盈（艺林伐山），圣之时者（孟子）；

一见一否（尔雅），孰为来哉（公羊）

又

何为其然也（论语）；

知几其神乎（易）。（神而明之·易）

[附记] 选自向义：《六碑堪联剩》（卷之上），载向行端编：《黔联璀璨》，贵州人民出版社，2003，第613页。

题洗钵池① 史从琛

弹琴惊鹤乘风起；

洗钵收龙带雨还。

[附记] 选自贵阳志编纂委员会编：《贵阳名胜楹联选》，1984，第1页。史从琛，字藜樵，清贵州贵阳人。

弘福寺 刘天经

夜郎非自大，筑国久可称雄；文学创舍人，尔雅是训诂鼻祖；赋才素称盛览，咨访相如；经术聿肇尹珍，师承许慎。谪来新建长庚，愈开风化；继起柴翁弭叟，共仰名儒。周渔璜巡阅江左，黎纯斋持节海东；屈指数英雄豪杰，截止古越今②。噫！定兴伯、果勇侯、状元赵夏、科甲仕宦、更无论矣，洵非地属边荒，徒说蛮苗仡僚。

黔山著神灵，禅林首开名胜；佛法传西域，白马号僧寺权舆；沙门辟于汉明，几回遗使；信教莫若梁武，三度舍身。话到东坡贾岛，雅好浮图；

① 原注：自窗亭而上，石径回，更历数级，崖开一罅，形似新月，终年贮水不涸，相传赤松和尚尝洗钵于此，名“洗钵池”。

② 有的书为“越古超今”。

溯至康乐元公，结为莲社。刘舍人僧舍雕文，王右丞摩诘为字。论身证香火因缘，说生前后世[①]。吁！洞中天、壶里月、囊内乾坤，怪诞神仙，姑妄存焉，应识行修净土，忘却富贵荣华。

[附记] 选自本书编纂委员会编，冉砚农主编：《中国对联集成·贵州卷》（上），贵州民族出版社，2003，第383页。刘天经（1875–1948），贵州遵义人，字纬生，晚年自号“一园老叟”，清末贡生。工书法，四体皆精，尤长真篆，糅大小篆汉隶书法自成一体。

弘福寺大雄宝殿 佚名

竹露松云得罗仙道无诤三昧[②]；

清风明月比栖霞岭更高一层。

[附记] 选自刘磊主编：《抗战期间黔境印象》，贵州人民出版社，2008，第73–77页。原载于《黔灵》月刊创刊号，1945年7月31日出版。

2. 圆通寺

圆通寺，位于今贵阳市云岩区圆通街，其地后改为小学。

圆通寺[③] 刘蕴良

一气融和而成圆，圆若智珠，亦圆若慧镜，机圆乃活，光圆乃澈，法圆乃精，圆愈妙，妙愈圆，圆之又圆，无所谓圆，无所谓不圆，无所谓不必甚圆，性体圆，命功圆，真相即圆，浑浑然圆照太虚，圆觉统归圆寂；

万缘朗彻以为通，通诸玄局，更通诸秘窍，义通斯贯，理通斯明，倡

---

① 有的书为“前生后世”。

② 无诤三昧：诤：直言劝人改正错误；三昧：佛教中定的别名，三思而行的处理事物方法，在处理事物过程中，不冒昧的戳伤对方！这种避免争执处世方法称为无诤三昧。

③ 原注：圆、通二字相串。

通斯悟，通尤灵，灵尤通，通彼难通，弗自觉通，弗自觉皆通，弗自觉皆非强通，已过通，未来通，漏尽俱通，洞洞乎通周元化，通神驯至通天。

又 刘蕴良

圆妙叩玄关，定龙飞永住华鬘，云端寿相金垂，修成佛果；

通明超紫殿，恰鹄立同瞻黼座，风里徽音玉唾，散作仙花。

[附记] 选自本书编纂委员会编，冉砚农主编：《中国对联集成·贵州卷》（上），贵州民族出版社，2003，第 389 页。

3. 檀香寺

檀香寺，原址位于贵阳新城新东门，其地即今贵阳市黔灵东路黔灵小学。

檀香寺[①] 刘蕴良

檀音结自丹霄，秀毓芝云开烂熳；

香篆飘从紫府，清和桂月散氤氲。

客堂 刘蕴良

余有宅在寺内。

拈花恰好频参佛；

看竹何须更问僧。

僧寮 刘蕴良

帘疏筛月碎；

窗破补云稠。

[附记] 选自何静梧、龙尚学主编，贵阳市编纂委员会办公室编：《贵

① 原注：檀、香二字冠首。

州联语两种》，贵州教育出版社，1999，第 69 页。

4. 大慈庵

大慈庵，在贵阳城东九华宫附近，其地现为贵阳市云岩区教师宿舍。

大慈庵① **刘蕴良**

功参两造以为大；

苦超六道之谓慈。

观音座② **刘蕴良**

观必以微音之妙，迨入微乎，果能法眼宏开，任观与音融，仍音宜观舍；

音惟有信观其复，斯准信矣，只在慧心默运，虽音由观谛，实观并音忘。

[附记] 选自何静梧、龙尚学主编，贵阳市编纂委员会办公室编：《贵州联语两种》，贵州教育出版社，1999，第 70 页。

5. 法云庵

法云庵，在贵阳西门外，其地即今贵阳八中所在地。

法云庵③ **刘蕴良**

法如可舍君须舍；

云本能闲我更闲。

---

① 原注：大、慈二字歇尾。

② 原注：观、音二字相串。

③ 原注：法、云二字冠首。

客堂 刘蕴良

衣惹稻花装作雪；

炉薰拍子篆成云。

6. 宝莲寺

宝莲寺原址位于北新区路。

宝莲寺 刘蕴良

宝、莲二字歇尾。

果之所证善为宝；

花能不染妙于莲。

宝莲寺送子观音 刘蕴良

我虽得证菩提，不过在大众跟前，能尽慈心一片；

汝既来求孩子，曷弗于双亲面下，先行孝道十分。

[附记] 选自何静梧、龙尚学主编，贵阳市编纂委员会办公室编：《贵州联语两种》，贵州教育出版社，1999，第 67 页。

宝莲寺送子观音殿① 司炳煃

知所亲爱，知所哀矜，为父母皆怵惕恻隐；

无不持载，无不覆帱，宜兄弟保子孙黎民。

[附记] 选自本书编纂委员会编，冉砚农主编：《中国对联集成·贵州卷》（上），贵州民族出版社，2003，第 388 页。

---

① 原注：《贵山联语》。

7. 般若寺

般若寺原址贵阳市云岩区北横巷，明天启时建，嘉庆二十一年（1816）添建大殿、拜台。1993 年，贵阳市旧城改造时拆除。

般若寺 刘蕴良

妙谛揭心经，即色即空观自在；

真传依口诀，非因非想竟云何。

观音座① 刘蕴良

观属明，观亦属聪，乃元音普应，观之以色，何如观之以音，观以色，理拘乎滞，观以音，理汇于通，始知音本非音，观并音忘，观斯止矣；

音无形，音尤无声，苟静观自得，音乎可听，顿觉音乎可观，音可听，神骛于纷，音可观，神敛于静，若果观不执观，音由观泯，音其妙与！

戏台 刘蕴良

声音虽神道可通，怎像他打的打、吹的吹，闹出那宗腔调；

游戏亦佛门不免，却亏尔扭几扭、捏几捏，搞成这样形容。

[附记] 选自何静梧、龙尚学主编，贵阳市编纂委员会办公室编：《贵州联语两种》，贵州教育出版社，1999，第 63 页。

8. 觉园禅院 慧海

六根清净住城如在深山；

一尘不染即身便是莲台。

---

① 原注：观、音二字相串。

大雄宝殿楹联

无我无人无众生寿者皆以无为法；

如露如电如梦幻泡影应作如是观。

9. 地藏寺、一宿庵、罗汉营、九华宫

地藏寺 刘蕴良

佛性罔非慈，合六道皆为所度；

阴曹尤重孝，统十殿而作之师。

[附记] 选自本书编纂委员会编，冉砚农主编：《中国对联集成·贵州卷》（上），贵州民族出版社，2003，第 387 页。该寺原址位于永乐路。

一宿庵 刘蕴良

建文帝逊国，在此一宿，故名。

乃祖弃僧而帝，乃孙逊帝而僧，潜龙其无用矣！问他花草六宫，可有羊车频入梦；

其君以客为家，其臣舍家为客，哀鸿何能止乎！慨彼星霜万里，并无蜗舍暂栖身。

[附记] 选自何静梧、龙尚学主编，贵阳市编纂委员会办公室编：《贵州联语两种》，贵州教育出版社，1999，第 42 页。

罗汉营 刘蕴良

禅门清净战场开，慨荼毗劫易轻遭，孽缘紧紧随身，大欢喜何曾欢喜；

佛界庄严魔境现，笑檀越法难永护，杀戒明明放胆，假慈悲岂果慈悲。

[附记] 选自何静梧、龙尚学主编，贵阳市编纂委员会办公室编：《贵州联语两种》，贵州教育出版社，1999，第 30 页。原址位于云岩区浣纱路。

九华宫戏台楹联 佚名
花深深，柳阴阴，听何处笙歌，且凉凉去；
风淡淡，月滟滟，数陋城更点，好缓缓归。

重宇顾东山，苍岩月上仙楼满；
当欢联筑国，大海风高古乐张。

[附记] 选自中国戏曲志编辑委员会：《中国戏曲志·贵州卷》，中国 ISBN 中心出版，2000，第 557 页。

（三）南明区、云岩区其他寺院

1. 华严寺 刘蕴良

华能朴返尘皆静；
严以宽施性本慈。

大殿 刘蕴良
性天具足圆明，虽圣与凡夫，初无差等；
品地各分应验，惟佛兼菩萨，顿即真空。

客院 刘蕴良
眉妍山竟窥窗笑；
心静云常绕榻眠。

[附记] 选自何静梧、龙尚学主编，贵阳市编纂委员会办公室编：《贵州联语两种》，贵州教育出版社，1999，第 45 页。

2. 罗汉寺 刘蕴良

顽性也通灵，喜了了法参，头应可点；
化身偏混俗，谅冥冥神降，口或能言。

[附记] 选自何静梧、龙尚学主编，贵阳市编纂委员会办公室编：《贵州联语两种》，贵州教育出版社，1999，第 46 页。

3. 吉祥寺 刘蕴良

吉祥寺，原址在贵阳府城内督学署前，明天启元年创建。清代两度修葺。

吉曜月临宵，恰蟾宫玉琯音调，素女迭闻天乐奏；
祥光云捧日，更螭陛[①]珠珰彩映，黄人统许地球瞻。

[附记] 选自本书编纂委员会编，冉砚农主编：《中国对联集成·贵州卷》（上），贵州民族出版社，2003，第 390 页。

贵阳吉祥寺戏台对联 佚名

千百年后，大家都是古人，趁此时立定脚跟，做一个忠臣义士，孝子贤孙，照样演来真好看；

廿四史中，细事皆成铁案，到今日编入曲本，将许多霸王雄君，朋奸恶党，和盘托出不容情。

你看这般人，以假作真，才上台就变脸色；
他因那件事，非名即利，未出脚煞费心机。

① 螭陛（chī bì）：雕有螭形的宫殿台阶。

4. 宝王庙 刘蕴良

（宝、王二字歇尾。）

圣世永昌，地弗爱其所宝；
善人是富，天乃锡以为王。

[附记] 选自何静梧、龙尚学主编，贵阳市编纂委员会办公室编：《贵州联语两种》，贵州教育出版社，1999，第 68 页。

5. 万缘庵[①] 刘蕴良

万有不齐，神妙总归一致；
缘无可了，精诚还证三生。

客堂[②] 刘蕴良

云拥螺鬟当户俏；
风飘鸟语隔城幽。

[附记] 选自何静梧、龙尚学主编，贵阳市编纂委员会办公室编：《贵州联语两种》，贵州教育出版社，1999，第 69 页。

贵州江南会馆 鲍源深

梵宇疏钟，排闼青山容我静；
平台落照，绕村黄叶向人飞。

贵州浙江会馆僧寮 佚名

慧炬光分罗甸月；

---

① 原注：万、缘二字冠首。

② 原注：庵于城邻。

梵中声隐浙江潮。

[附记] 选自解维汉编选:《中国衙署会馆楹联精选》,陕西人民出版社,2006,第220-222页。

(四)花溪区

青岩龙泉寺 佚名

龙腾紫气辉禅院,
泉漾清波映寺门。

[附记] 选自政协花溪区委员会编著:《高原明珠——花溪》,贵州人民出版社,2011,第89页。

青岩迎祥寺 佚名

白马摊经来佛国,光明普照;
红尘无梦到僧家,法轮常转。

[附记] 课题组实地采录。

花溪白龙寺 王思明[①]

爱国爱教;
弘法利生。

[附记] 课题组实地采录。

① 王思明,曾任贵州省政协副主席、省委统战部部长。

（五）乌当区

万松阁 刘蕴良

浓阴匝地皆清，云影飘来，槛外时酣鹤梦；

空翠参天无际，涛声卷起，座中尽作龙吟。

吕祖龛 刘蕴良

问仙踪何处飞来，结先生一段奇缘，忽月下飘飘，軿邀鹤降；

待凡骨他年换尽，寻故我三生旧梦，定云端袅袅，笛和鸾迎。

客厅 刘蕴良

襟边云堕全沾翠；

槛外尘飞不惹红。

廊柱 刘蕴良

举袂仙乎去；

挥弦意也消。

[附记] 选自何静梧、龙尚学主编，贵阳市编纂委员会办公室编：《贵州联语两种》，贵州教育出版社，1999，第 44 页。

洛湾阁（万松阁） 向义

在城东北二十五里，前临大河，境极幽邃。地多古松，时有白鹭千百巢于树间。

白鹤时来访子孙，万象各偃蹇①；

老松阅世卧云壑，与阁两峥嵘。

---

① 偃蹇（yǎn jiǎn）：安卧。

[附记]选自向义：《六碑堪联剩》（卷之上），载向行端编：《黔联璀璨》，贵州人民出版社，2003，第 11 页。

乌当川祖庙殿内金柱联[①] **唐炯**

大士降慈悲，从补怛[②]山头，婆心普洒杨枝露；

菩萨观自在，向竹王城[③]畔，妙手频翻贝叶风。

次间正脊联 佚名

明破九幽；

光浮三界。

千点真珠；

一轮明月。

[附记]选自贵阳市文化局编：《贵阳文物景点》，贵州教育出版社，2007，第 261 页。

宝鼎寺 佚名

定扒千载承万宗瑞气；

宝鼎百年映三界佛光。

---

① 此联为巡抚衔云南矿务大臣唐炯题于光绪二十年（1894）。唐炯（1829–1909），字鄂生，贵州遵义人，道光二十九年（1849）举人。光绪间官至云南巡抚，中法战争中，以山西、北宁失守，坐夺职，寻督办云南矿务 15 年后，以疾辞职。

② 补怛：补怛洛伽山，又译作布呾落迦、补陀落伽、普陀洛，意译为光明山、海岛山、小花树山，位于南印度提鲁内尔维利县境一座小岛（称巴波那桑山）。相传是观世音菩萨所居之地，中国的普陀山与拉萨的布达拉宫皆由此得名。

③ 竹王城：遗址位于福泉市城东凤山镇杨老驿东。此处借指寺院所在地。

（六）白云区西普陀寺

山门外侧

慈眼视众生，能为作依怙灭诸烦恼焰；

慧日破诸暗，具足神通力普明照世间。

山门内侧

大道漫云遥相期合觉离尘同皈我佛；

山居非耽静藉此潜修净念欲度人天。

天王殿外柱　藏青

头顶日月，肩负众生，脚踩大道来去自如；

横穿古今，心行菩提，尘寰度众普陀安身。

大雄宝殿内　何仕光撰　杨霜书

我心如浪潮，风生水起之时，映出五光十色皆成假说；

佛性似止水，心平气和过后，照见三世六道方显真知。

（七）观山湖区东林寺

东林寺位于贵阳市观山湖区金朱东路（养马村）。相传东林寺为明代“东林党”隐居之所，以躲避权奸之害。其实这个推断，不能成立。因为佛教寺院以“东林”为名的很多，如庐山东林寺、上海东林寺等，均与东林党无关。

东林寺[①] **刘蕴良**

莲社问前因，慨千秋不少名流，身当末路惟依佛；

竹疆寻旧梦，想一个犹存遗老，迹托空门尚恋君。

僧室 刘蕴良

笑中朝那识真才，啧啧蝇谗，仕路难平端自昔；

叹外域忽来异教，纷纷蜂起，佛门不幸甚于今。

客堂 刘蕴良

径随苔践羊肠翠；

泥带花衔燕嘴红。

山亭 刘蕴良

岩松叶秀荫千亩；

野藤花繁香四时。

[附记] 选自何静梧、龙尚学主编，贵阳市编纂委员会办公室编：《贵州联语两种》，贵州教育出版社，1999，第 49 页。

（八）清镇市

茅坡寺 刘蕴良

万山遥拱，寺外龙行数百里，势极雄峻，至此忽发奇想，为铁梅上人卓锡处，铁梅乃前明显宦，鼎革后居此。

龙脉郁千盘，宛图中仙管新描，势最高雄形最秀；

螺鬟纷万点，恰镜里新妆浓抹，姿尤淡雅态尤妍。

---

① 原注：寺创于高僧，前明复社中人也。

禅室 刘蕴良

元老问何归，绝怜他薇采山中、贞心独抱；

山灵欣有约，一任我梅探雪里、傲骨还撑。

廊柱 刘蕴良

山僻猿争路；

村寥鹤缔邻。

[附记] 选自何静梧、龙尚学主编，贵阳市编纂委员会办公室编：《贵州联语两种》，贵州教育出版社，1999，第 52 页。

云归寺 向义

在清镇城北二十里，山势孤高，而林木蓊蔚，白云常蔽其上，每至午间，则山顶云归，衣裳皆冷，洵胜地也。

出本无心归亦好（苏轼）；

山不在高仙则名（楼钥）[①]。

[附记] 选自向义：《六碑堪联剩》（卷之上），载向行端编：《黔联璀璨》，贵州人民出版社，2003，第 619 页。

巢凤寺楹联 李守恕（当代）

鸣应霞光，山川万类臻化境；

声传福报，市井千家享谐音。

又 陈争（当代）

妙相圆融，遍十方示观，本无相而相；

---

① 楼钥（1137–1213），字大防，又字启伯，号攻媿主人，明州鄞县（今属浙江）人。南宋大臣、文学家。官至太平知州。有《北行日录》。此句出自《寄题台州倅厅云壑》。

佛心究竟，致三界皈依，还空心即心。

又 何江（当代）

二分明月三重寺；

八百金身万卷书。

（九）息烽县

西望山 刘蕴良

层层望去层层高，山上采山山更回；

步步行来步步险，路间觅路路几无。

[附记] 选自本书编纂委员会编，冉砚农主编：《中国对联集成·贵州卷》（上），贵州民族出版社，2003，第 5 页。

凤池寺 向义

山在息烽城西三十里，高可十里，广袤数十里。山巅有凤凰池，阔里许；前有三峰。皆壁立万仞，苍松虬结。有生成叠石如浮图，又石笋数株，高插天际。踞岭绝险处有盘陀，石高数丈，可坐百人。去石数百武，有峰曰摸萝，石尤险峻。山中古寺，皆明季所建。凤池寺在主峰下，明末清初语嵩创建。

其一

越黔岭万重，欣看烟霭有无，何幸目游山水窟；

登此峰绝顶，绝爱蓬莱清浅，居然身到凤凰池。

其二

大江之渍，有怪物焉，远自龙场而来，看高山崇陵，绝险负涂，到此间蟠伏；

四时之景，乐无穷也，试从凤池一望，趁云归日出，晦明变化，作人外清游。

天门石 向义

摸萝石之左有小涧，水落悬崖间，辄成飞练。涧左有双石如柱，高数百尺，曰天门石。集柳文句。

是山崒然起于苍莽之中，尾蟠荒陬，虽古好事或示能至焉；
其石突怒偃蹇负土而出，争为奇状，以慰夫贤而辱于此者。

毗卢寺 向义

寺有一短碣，文曰“万古丛林”；其左署“永乐五年正月盟誓”八字。度为建文从亡诸臣所作，其署永乐年号者，避耳目也。

莫为之前，虽美弗彰，念独立苍茫，往迹云遥，犹识残碑丛林万古；
适从何来，遽集于此，慨卌[①]载漂泊，恢复无望，空存盟誓永乐五年。

[附记] 选自向义：《六碑堪联剩》（卷之上），载向行端编：《黔联璀璨》，贵州人民出版社，2003，第 21–22 页。

凤池寺上殿佛龛联 佚名

此处即是西山；
何须另觅南海。

[附记] 选自贵阳市文化局编：《贵阳文物景点》，贵州教育出版社，2007，第 294 页。

瞿昙寺 刘蕴良

寺外修竹，一碧无际。
尘洗胸中，绿竹高低千径绕；

---

① 卌（xì）：数目。四十。

云飞足底，青莲远近万峰朝。

客院 刘蕴良

苔边笔扫云皆润；

松下琴眠日更长。

山亭 刘蕴良

寺幽猿共守；

苔险鹿堪骑。

南望山① 刘蕴良

双鹤轻翔，南斗杓临头上近；

六鳌远策，西维腹展眼中宽。

玉皇阁 刘蕴良

廿四天首出为君，翘瞻穆穆皇皇，无声无臭；

三千众胞怀有众，默祐熙熙嗥眸，不识不知。

大殿② 刘蕴良

柱底乌江，喜黔壤胥安，山灵挺作南州镇；

支分鸦阁，想丹砂可采，仙侣飞从北极来。

客堂 刘蕴良

振袂手探红日近；

披襟肩裹绿云深。

---

① 原注：黔居坤位而属西维。

② 原注：山由鸦阁箐分结，俯临乌江，遍产殊砂。

廊院 刘蕴良

金嵌岩桂灿；

珠剖石莲香。

禅室 刘蕴良

魔因幻境先因眼；

佛在灵山即在心。

[附记] 选自何静梧、龙尚学主编，贵阳市编纂委员会办公室编：《贵州联语两种》，贵州教育出版社，1999，第17–19页。

息烽县普照寺①

省曰黔省，江曰乌江，神曰黑神，缘何地近南天，却占了北方正色；

地为大地，方为坤方，土为黄土，只因神游八极，皆和于九宫中位。

（十）修文县

潮水寺（又名知非寺，今名金凤寺），位于修文县城北观音山下，因旁有三潮水清泉而名。传建于南宋，明末更名知非寺，清代重修，复今名。现存山门、佛殿、斋房等。

三潮水 刘蕴良

一盈岂免一虚，其源实该于一；

三入宛然三出，有节必应乎三。

① 上联为明末清初时小寨坝黑神庙遗存，下联为现任住持妙乐法师请诗协诗人所写。

三潮水客堂 刘蕴良

惠泽潜敷霖可应；

词源倒泻峡能通。

[附记] 选自本书编纂委员会编，冉砚农主编：《中国对联集成·贵州卷》（上），贵州民族出版社，2003，第44—45页。

三潮水 向义

在修文城北五里，每日盈缩者三，潮则奔腾怒号，静则声响俱寂。

可使泉在山，静养此心如止水；

早知潮有信，漫云古井忽生波。

[附记] 选自向义：《六碑堪联剩》（卷之上），载向行端编：《黔联璀璨》，贵州人民出版社，2003，第619页。

潮水寺石牌坊

举足宜行中正路，

入门俱是过来人。

潮水寺 佚名

青狮吼，十王朝殿；

御鼓鸣，刘海戏蟾。

为盈不虚即水可鉴；

或潜或跃与时偕行。

连衍乾全，有幸浙潮应失色；

断分坤半，无灵湘水不知名。

[附记] 选自安顺地区诗词楹联学会编：《安顺名胜诗词楹联选》，贵

州人民出版社，1996，第146页。

潮水寺 王向规

三潮迎客至；

一水涌地来。

潮水寺 今人撰联

佛土庄严当以虚空而求实相；

自性清净本无圣贤安有凡夫。

潮水寺 今人撰联

一日三潮甘泉成池，洗尽过去尘劫消业障；

四大五蕴禅定知非，悟彻本来面目具佛心。

潮水寺 今人撰联

履山径之斜欹知非决不蹈前辙；

参水源于活泼动念释然悟化机

修文四明洞① 佚名

一尘不染；

四面皆通。

又 佚名

四明无限好；

双洞不胜寒。

---

① 原注：朱五义集录。

又 佚名

时有白云迷洞口；

常留黄月挂枝头。

[附记] 选自本书编纂委员会编，冉砚农主编：《中国对联集成·贵州卷》（上），贵州民族出版社，2003，第 37 页。

六广佛洞山寺① 陈醇

名碑与名山不朽；

古佛同古洞齐辉。

[附记] 选自政协贵州省委员会文史资料委员会《贵州旅游文史系列丛书》编委会编：《阳明胜境》，贵州人民出版社，2002，第 131 页。

题住持明山丹房 刘蕴良

插草善缘结福果，培成初胜地；

散花当念净灵根，证道回禅天。

[附记] 选自朱五义：《试析刘蕴良在修文的几副楹联》，载贵州省诗词楹联学会编《刘蕴良楹联研究文集》，贵州人民出版社，2013，第 185–186 页。

① 原注：朱五义集录。寺位于六广镇贾家洞，始建于明代。

二、六盘水市寺院楹联

（一）钟山区

观音寺

晨钟暮鼓，警醒名利客；
经声佛号，唤回迷路人。①

（二）盘州市

1. 丹霞山

丹霞山 向义

在盘县城南三十里水塘寨，孤峰插汉，霞气常腾，山顶有寺，俯视群峰，寺后绝壁，有雷火烧痕，宛然“天北丹山”四字。

高步超常伦（江文通），干青云而直上（孔稚圭）；
承风采余绚（谢玄晖），舒丹气以为霞（左太冲）。

[附记] 选自向义：《六碑堪联剩》（卷之上），载向行端编：《黔联璀璨》，贵州人民出版社，2003，第 17 页。

---

① 此联用得比较广，各联略有变化，基本含义相同：如“晨钟暮鼓，惊醒世间名利客；经声佛号，唤回天涯迷路人。”“晨钟暮鼓，惊醒红尘名利客；经声佛号，唤回迷途梦中人。”“晨钟暮鼓，惊醒世间名利客；经声佛号，唤回苦海梦迷人。”

丹霞山① **刘蕴良**

事纪阿香奇，迹俨魔驱，殿走雷霆惊霹雳；

文垂苍颉古，腕真神运，岩挥云管快淋漓。

[附记] 选自本书编纂委员会编，冉砚农主编：《中国对联集成·贵州卷》（上），贵州民族出版社，2003，第 6 页。

丹霞山藏经楼

门额“南天胜景”。

案上有经书，鸿来雁去皆朋友；

山中无甲子，花开花落定春秋。

大雄宝殿

胜景自天开，电掣雷轰，劈出四字丹书，留宛温第一仙迹；

奇峰拔地起，神呵鬼护，飞来万钧铜柱，铸真武丈六全身。

丹霞本炎霞，慎自尊，观三面朝山，龙虎交牙，龙奔水，虎生风，叠叠云峰标玉笋；

玄帝乃上帝，应化生，变七十二化，龟蛇耳令，龟执旗，蛇捧剑，轰轰烈烈助金莲。

山门

门额“第一山”。

头上去天真不远

眼前得地自然宽。②

---

① 原注：每春夏交，有雷霆扫殿之异。岩端有“天门丹山”四字，乃神书也。

② 原注：滇南钱壤于同治甲子孟冬在石柱上刻“第一山”。

[附记]选自政协盘县委员会文史资料委员会:《盘县文史资料乡镇专辑(第17辑)·丹霞山下的明珠——水塘》,2002,第104-108页。

观日楼 佚名

华堂悬寺匾,垂青京都八千里;

玉宇立峰巅,观日滇黔第一楼。

[附记]选自本书编纂委员会编,冉砚农主编:《中国对联集成·贵州卷》(上),贵州民族出版社,2003,第142页。

护国寺 今人撰联

登高觉路远,方知修行不易;

崇德苦参禅,何惧世事多艰。

上丹霞山始晓盘州秀;

等望日楼方知天下幽。

2.普福寺 佚名

普福寺位于盘州水塘镇水塘村上午屯营盘山麓,始建于明崇祯年间,布局为三进四合院式,前为关圣宫,中为大士庵,后为佛殿,三个院落渐次升高,别具一格。寺周松柏皆古,门立双石狮,石坎重叠,殿门悬普陀山西山和尚手书横匾。

酒是穿肠毒药,色是杀人钢刀,财是下山猛虎,气是惹祸根苗,算来四字无用,劝君一笔勾销。

无酒不成筵席,无色路断人稀,无财寸步难行,无气要被人欺,算来四字有用,劝君量体裁衣。

[附记]选自政协盘县委员会文史资料委员会:《盘县文史资料乡镇专辑(第17辑)·丹霞山下的明珠——水塘》,2002,第115页。

3. 大威寺、水星寺、碧云洞

大威寺客堂 佚名

只因树好方营室，

特放墙低为看山。

[附记] 选自本书编纂委员会编，冉砚农主编：《中国对联集成·贵州卷》（上），贵州民族出版社，2003，第393页。

水星寺[①] 杨子白

杨柳枝头甘露水；

琉璃瓦上佛光星。

[附记] 选自本书编纂委员会编，冉砚农主编：《中国对联集成·贵州卷》（上），贵州民族出版社，2003，第441页。

碧云洞古庙 佚名

沿溪行到水穷处；

小憩坐看云起时。

（三）六枝特区

郎岱题慈云洞联 孙清彦

古洞云深留客住；

空门月满听僧敲。

① 原注：《六盘水诗联》。

[附记] 选自郎岱古镇编委会编：《郎岱古镇》，大众文艺出版社，2013，第 408 页。一说此联题于织金慈云洞。见本书编纂委员会编，冉砚农主编：《中国对联集成·贵州卷》（上），贵州民族出版社，2003，第 36 页。

郎岱东山古寺　吕禾

祥光普照僧心净；

紫气东来佛殿香。

[附记] 选自郎岱古镇编委会编：《郎岱古镇》，大众文艺出版社，2013，第 416 页。

三、遵义市寺院楹联

（一）红花岗区

1. 湘山寺

位于红花岗区城区湘山上。始建于元大德年间，名护国寺（后毁）。清重建，更名为湘山寺。乾隆五十四年（1789）重建。清中叶至民国初年，湘山寺为遵义府僧纲司所在地。1985 年列为省级文物保护单位。遵义市和红花岗区佛教协会设于此。

湘山寺　杨文湘

平地起楼台，看四面云山，都向窗前留画本；

大江流日夜，听数声渔笛，好从渡口问桃源。

[附记] 选自何静梧、龙尚学主编，贵阳市编纂委员会办公室编：《贵州联语两种》，贵州教育出版社，1999，第 370 页。杨文湘（1871–1941），字泽生，号退庵，贵州遵义人。自幼喜好书法。得黄自元《九成宫》帖，日夜临摹，作书几乎可以乱真。民国五年（1916），随军入川参加护国讨袁。后任遵义财政局长、商会会长等职。

湘山寺　佚名

半榻茶烟论水月，

一帘花影写云山。

[附记] 选自何静梧、龙尚学主编，贵阳市编纂委员会办公室编：《贵州联语两种》，贵州教育出版社，1999，第370页。

又 佚名

湘山善意；

黔水清心。

又 佚名

山水穷天外；

禅香入画中。

又 佚名

风月观世态；

水镜证人心。

又 佚名

烟霞清静尘无迹；

水月空虚性自明。

又 佚名

普净福海除众苦；

广说佛道悟群生。

又 佚名

意静不随流水转；

心开还笑白云还。

又 佚名

明月在天，破六地九幽昏暗；

佛陀出世，开八万四千法门

又 佚名

罪天性空，般若光辉遍法界；

尘消境寂，菩提香蔽于人天。

又 佚名

慈心互起，胜迹千秋长在；

乐善捐资，昭垂百代流芳。

[附记] 选自本书编纂委员会编，冉砚农主编：《中国对联集成·贵州卷》（上），贵州民族出版社，2003，第 394–395 页。

又 佚名

弥勒化身，负布袋云游，近在神州传妙偈；

般若度众，有见编诵读，远从竺国听梵音。

又[①] 佚名

观音大士行深般若，照见五蕴皆空，空而不空，不空而空，皆空无碍，万度一切苦厄；

文珠善萨悟契缘生，了达诸法实相，相即非相，非相即相，实相圆融，方证究竟涅槃。

天王殿[②] 佚名

有功方受龙天供；

无德难消佛地斋。

[附记] 选自本书编纂委员会编，冉砚农主编：《中国对联集成·贵州卷》

① 原注：红花岗区群艺馆集录。

② 原注：陈腾集录。

（上），贵州民族出版社，2003，第 395 页。

观音寺 赵朴初

一色一香，供养十方如来，华藏庄严无尽愿；

千手千眼，救度众生苦厄，娑婆遍满大悲心。

［附记］选自赵朴初撰：《赵朴初韵文集》（下），上海古籍出版社，2003，第 768 页。

又 赵朴初

芬郁灵台，三际佛光常照彻；

华严觉地，十方法界总含融。

又 陈福桐

古寺传佛灯，照彻长夜沉迷梦；

祇园听梵唱，启悟世人行善心。

高山拜佛聆经还真性，激发良知皈行正道；

近岸回龙锁水醒众生，去除妄欲阻断横流。

2. 禹门寺

禹门寺，位于红花岗区新舟镇禹门山乐安江畔。原名沙滩寺。乐安江流经其下，回潭一碧，环山而东。寺为明万历初沙滩黎朝邦创建，顺治初高僧破山、丈雪相继来此开道场，后丈雪归成都，其徒继传衣钵。咸同间郑子尹、莫郘亭两先生尝泛舟乐安江上，相与把酒赋诗，今石刻尚存江岸。光绪中郡人黎莼斋出使日本归，重新寺宇，将所携日刊藏经庋置寺中。

禹门寺 蹇伯常

神禹凿何年，看此日波靖延江，八月乘槎逢汉使；

寺门留古迹，维我公[①]经携瀛海，千秋解带媲髯苏[②]。

禹门寺禅堂 丈雪

若不明心，坐禅徒增苦孽；

如能护念，骂佛亦是真修。

禹门寺禅堂 黎询

皇矣上帝，临下有赫；

大哉乾元，悠久无疆。

禹门寺关帝殿 郑珍

殿耸地樘千岁柏，

神归天倚万人刀。

禹门寺 向义

伽蓝自破山丈雪宏开，更看蔚起一庵，道继曹溪延正脉；

岩壁寻畊叟柴翁旧咏，何幸归来莼老，经携瀛海阐真传。

[附记] 选自向义：《六碑堪联剩》（卷之上），载向行端编：《黔联璀璨》，贵州人民出版社，2003，第 24–25 页。

禹门寺 丈雪、黎恂合联

临济棒喝，禹门寺启迪顽偶（丈雪）。

鸿儒根扎，振宗堂培育英才（黎恂）。

禹门寺 郑珍

殿耸地樘千岁柏；

---

① 我公：指黎庶昌。他曾两度出使日本，关心禹门寺建设。

② 指苏轼镇江解玉带以镇山门事。

神归天倚万人刀。

天生我材必有用；
神欲纵福难为功。

禹门寺 黎庶昌

雾锁山头山锁雾；
天连水尾水连天。

禹门寺 翁同龢

幽人自种千头橘；
稚子新畦五亩蔬。

禹门寺 赵以炯

登阁共看彭蠡水；
满瓶同圻惠山泉。

禹门寺 马寿杰

看延水西来，万里云山恰似楼台锁阻；
畅大江东旋，三滩斤竹全凭笙管吹开。

[附记] 选自贵州省遵义市新浦新区新舟镇沙滩村志编纂委员会编：《沙滩村志》，方志出版社，2019，第 171-172 页。

遵义茅衙寺① 蹇念典②

绝壁幻烟霞，岚翠空蒙时入定；

---

① 原注：杨祖集录。茅衙寺位于红花岗区。明朝播州宣慰土司杨应龙之妻张氏所居，舍宅建寺，地殊幽胜。

② 蹇念典，字伯常，贵州遵义人。同治己巳科（1869）举人，大挑授务川县学训导，以克复全黔功荐保试用知县。后参与修府志。办家塾。

祇园参色相，牡丹时节我重来。

又 郑珉

台榭全非，问衮衮英才安在，任残花历乱，阅尽繁华，只余几杵疏钟，唤醒人间清梦；

山川依旧，叹茫茫佛力无边，仗法雨覃敷，消磨浩劫，犹剩数椽精舍，长留物外奇观。

[附记] 选自本书编纂委员会编，冉砚农主编：《中国对联集成·贵州卷》（上），贵州民族出版社，2003，第 394 页。

3. 桃源山桃源洞

放鹤亭 汪炳墩

放鹤我频来，撒手秋空弄明月；

打鱼人宛在，棹头春水笑桃花。

桃源洞 蹇念典

万井熟黄粱，试领取个中滋味，谁识功名如寄，卢相国风景全非，欲携秘枕同欹，唤醒举世邯郸梦．

一声飞玉笛，又勾起无限新愁，何期水石为邻，李谪仙雪泥宛在，且把金樽放倒，与君高话洞庭秋。

又[①] 佚名

破衲蓬头方竹杖；

沽酒登高一典衣。

① 两联为徐昌照集录。

又 佚名

烟霞不看生前事；

水木空疑梦后身。

碧沙洞里乾坤别；

红树枝边日月长。

[附记] 选自本书编纂委员会编，冉砚农主编：《中国对联集成·贵州卷》（上），贵州民族出版社，2003，第 42 页。

桃源洞 蹇念典

擪[①]笛和飞仙，依然黄鹤楼头，曲谱梅花人宛在；

种桃寻道士，绝胜玄都观里，摩挲苔壁我重来。

会仙亭 蹇念典

世外俗尘牵，放棹归来，可许寻源者再；

山中明月古，举杯邀处，依然对影成三。

[附记] 选自贵州省楹联学会编：《联语九百》，贵州民族出版社，2012，第 56 页。

4. 桃溪寺

位于红花岗区忠庄乡治江河东岸，原名延禧寺。始建于明隆庆、万历年间。万历二十八年（1600），平定杨应龙叛乱时毁于战火。次年修复，易名桃溪寺。清光绪十五年（1889）住持禅心募化培修，增建屋宇，雕塑佛像。光绪三十二年（1906）遵义知府袁玉锡在荷花池畔增建卷棚式雅楼。1982 年，列为省级重点文物保护单位。

---

① 擪（yè）：用手指按压。

桃溪寺[①] **周渊龙**

桃树千花经雨洗；
溪山一雁带秋飞。

又[②] **舟来**

尊佛祖，敬菩萨，修道行善；
食素斋，饮清泉，增岁延年。

又 佚名

三途六道闻妙法；
四生十类蒙慈恩。

又 佚名

性修功德，心结圆明升兜率；
身护佛法，眼辨正邪愿禅宁。

又 佚名

献身净饭王宫，三界同尊慈父；
谈法灵山会上，十方共仰能人。

又 佚名

气慑双苍，威镇法门成佛子；
蕊寒月桂，打开魔杵见如来。

又 佚名

誓愿宏深，地狱未空，不取正觉；
密行广大，众生度尽，方证善提。

---

① 原注：谢尊修集录。

② 原注：以下为红花岗区群众艺术馆集录。

又 佚名

大慈大悲，救苦救难，信群共仰观自在；
千手千眼，度世度人，救劫早有明如来。

又 佚名

要住祖师道场，当继承祖师家业，才无愧称祖师徒众；
奉持如来使命，应荷担如来担子，方可作为如来儿孙。

[附记] 选自本书编纂委员会编，冉砚农主编:《中国对联集成·贵州卷》（上），贵州民族出版社，2003，第 395–396 页。

又 佚名

四面青山朝佛座；
一湾绿水空神心。

[附记] 桃溪寺提供。

5. 金鼎山

位于红花岗区金鼎镇。元代，播州杨氏土官在山上建避暑行宫，在山巅金桶处修建金桶寺。明崇祯年间，普济重建佛殿两幢。清代数度修葺。民国初年，缅甸佛教界赠周西成（时任贵州省主席）玉佛 1 尊，周转赠金鼎山，遵义官绅和佛教徒在山下建玉佛寺供奉。

山门内联 佚名

金桶玉泉耀东方，放眼雄关峻岭，百里云峰九龙朝拱，山外有山山不断；
顶天立地耸西部，畅怀强国富民，千秋伟业四海称扬，景中观景景长新。

山门后联 佚名

拱海龙囤之磅礴，永安今土；
援大板水之天然，长宣未来。

报恩寺灵官殿 佚名

黔北小峨眉；
佛地金鼎山。

松声竹声钟磬声声声自在；
山色水色烟霞色色色皆空。

普贤殿 佚名

天下无难事，广集同心，金鼎再跃；
地上有灵光，皆因群力，九龙腾欢。

弥勒殿 佚名

天雨虽多不湿无根之草；
佛门广大难度不善之人。

法器高擎照破九天长明；
慈航普渡导离苦海迷津。

大大肚能容万物；
微微笑看破群生。

佛堂中柱楹联

佛为一切智慧灯；
戒是天上菩提本。

财神庙大门外

金鼎圣地法音，声振三千界；

财神显灵护持，清净不二门。

一朝了却拜佛愿；
终生受用禅道心。

关公殿

手执金鞭驱邪除恶，国泰民安；
身骑黑虎招财进宝，人兴财发。

大门内

万道金光直射财神庙中；
一天星斗潜垂佛门殿内。

大庙正殿

芬郁灵台，三际寂光常照彻；
华严觉地，十方法界总合融。

[附记] 选自遵义市红花岗区地方志办公室编：《遵义佛影——遵义金鼎山》，2008，第 34–36 页。因原书未注名，但从内容看，楹联多为今人所撰。

又 佚名

此处即是南海岸；
何须去求普陀山。

又 佚名

九叠联珠三宝地；
二泉拥抱小峨眉。

又 佚名

山色淡随人入院；

松声静听客谈禅。

又 佚名

紫竹林中成正果；

白莲台上现金身。

又 佚名

西方竹本千年翠；

南海莲开九品香。

万佛寺对联

山不高有仙则名；

水不深有龙则灵。

又 佚名

举目瞻仰，何必生几分惧色；

回头猛省，还须存一点忠心。

又 佚名

南海非遥，转念慈航即渡；

西方自在，遐观法界皆春。

[附记] 选自本书编纂委员会编，冉砚农主编：《中国对联集成·贵州卷》（上），贵州民族出版社，2003，第 397–398 页。

6. 回龙山

回龙山 蹇念典

此地岂金山寺耶？四大皆空，内翰欲于何处坐；

到来闻木樨香否？万缘俱寂，使君常[①]悟上乘禅。

[附记] 选自本书编纂委员会编，冉砚农主编：《中国对联集成·贵州卷》（上），贵州民族出版社，2003，第13页。

又[②] 佚名

就餐莫忘千滴汗；

用斋珍惜一粒粮。

又 佚名

坛内诸佛归圣座，十方信士众生愿；

功德圆满送如来，九品莲花遍地开。

又 佚名

天下无难事，广集同心回龙再跃；

地上升灵气，福德群力雄狮腾欢。

[附记] 选自本书编纂委员会编，冉砚农主编：《中国对联集成·贵州卷》（上），贵州民族出版社，2003，第396页。

7. 法王寺

法王寺[③] 佚名

退一步天高地阔；

让一分心平气和。

---

① “常”，同书第396页为“当”。

② 原注：以下为红花岗区群众艺术馆集录。

③ 以下三联为红花岗区群众艺术馆集录。

又 佚名
事临头三思为妙；
怒上心一忍最高。

又 佚名
发菩提愿，开解脱关，践真实路；
普慈悲心，阐妙觉旨，证般若禅。

[附记] 选自本书编纂委员会编，冉砚农主编：《中国对联集成·贵州卷》（上），贵州民族出版社，2003，第 399 页。

（二）汇川区

1. 板桥中寺

中寺，原名云龙庵。寺中道光碑载："永三甲云龙庵，创自明时。"该寺位于汇川区板桥镇，前临平畴，古木蔽日，修竹连片，环境优美。

板桥中寺[①] 佚名
半窗修竹满；
一径白云封。

又 佚名
鸣琴幽谷里；
洗钵古松间。

---

① 原注：中寺，又名云龙庵，位于播州区板桥镇。始建于明代。1984 年坍毁，露台石槛有精美浮雕，前后殿基台护栏有多副石刻楹联。现为贵州省重点文物保护单位。葛镇亚集录。

又 佚名

明月流花径；

闲云满石床。

又 佚名

自得禅林趣；

而无车马喧。

又 佚名

石栏有尘雨洗；

禅门无锁云关。

[附记]选自本书编纂委员会编，冉砚农主编：《中国对联集成·贵州卷》（上），贵州民族出版社，2003，第399页。

2. 平安寺

位于新蒲镇320国道旁，距市区20公里，始建于清顺康年间。原为蚕神庙。民国30年（1941）改建为寺院，名为“莲花寺”。20世纪90年代重建，易名“平安寺”。

平安寺① 佚名

善恶分明归谛听；

因阳调度见慈心。

又 佚名

黄花翠竹皆佛法；

白云流水是禅心。

---

① 原注：以下为红花岗区群众艺术馆集录。

又 佚名

山门清静，佛法常显；

土地龙神，安像护法。

[附记] 选自本书编纂委员会编，冉砚农主编：《中国对联集成·贵州卷》（上），贵州民族出版社，2003，第 396 页。

3. 其他寺院

高坪报恩寺① 佚名

有志焚香，何必远求圣境；

诚心向善，此处即是灵山。

[附记] 选自本书编纂委员会编，冉砚农主编：《中国对联集成·贵州卷》（上），贵州民族出版社，2003，第 398 页。

板桥九龙寺大雄宝殿② 佚名

八圣同宫，为儒为佛为道③；

九龙共境，意古意今意奇。

[附记] 选自本书编纂委员会编，冉砚农主编：《中国对联集成·贵州卷》（上），贵州民族出版社，2003，第 399 页。

---

① 原注：葛镇亚集录。

② 原注：葛镇亚集录。

③ 八圣宫塑像：关圣帝君、文昌帝君、雷祖大帝、万天川祖、荣禄大夫、地母慈尊、观音大士、斗老元君；左面为药王天子、鲁班先师、牛王慈尊，右面为燃灯古佛、灶王府君、济公禅师。

玉皇阁 佚名

瑞霭琼楼非玉阶；

云飞峻阁亦凌霄。

[附记] 选自政协贵州省委员会文史资料委员会《贵州旅游文史系列丛书》编委会编：《巍巍娄山》，贵州人民出版社，1998，第194页。

（三）播州区

西来寺 向义

西来寺位于播州区龙坑镇八里村。康熙初，僧两生始开道场，名松邱禅院，手按大乘经字数种柏数十万株。县令高雪君奙映有《松邱缘起略》云："离寺三里许有洞焉，水从洞出，流八里复入他洞，是以得名。"寺后十里许有皋阴灌木，则名"九苍林"，其由来莫可究。诘奙映成文生于游，成游而后，知文之非其景也。文托心生，心随文幻，虚虚实实，言亦旦暮，遇之而已。

缘起志松邱，雪君本文成后游，漫云文实游虚，院宇宏开八里水；

道场饶柏子，两生按经言种树，岂谓经多树少，皋阴远接九苍林。

[附记] 选自向义：《六碑堪联剩》（卷之上），载向行端编：《黔联璀璨》，贵州人民出版社，2003，第25页。

西来寺[①] 佚名

圣主荣封，韦驮独坐[②]；

① 遵义县文化广播电视局集录。

② 韦驮独坐：该寺韦驮为坐像，据说为乾隆赐座；

藏天[①]法显，西来倒栽[②]。

[附记] 选自本书编纂委员会编，冉砚农主编：《中国对联集成·贵州卷》（上），贵州民族出版社，2003，第398页。

（四）赤水市

1.天台寺

山门楹联[③] **罗焕章**

横额“天上人间”。

纵目无边，河岳星辰凭俯仰，
会心不远，飞潜动植妙卷舒。

天台寺 罗焕章

横额“人间仙境”。

群山拱刹超凡界；
一水当门别有天。

[附记] 选自政协贵州省委员会文史资料委员会《贵州旅游文史系列丛书》编委会编：《黔北明珠》，贵州人民出版社，1999，第129页。

---

① 藏天，清顺治间该寺僧人。

② 西来倒栽：西来寺周围的柏香树上部枝叶长而且密，下部枝叶短而且疏，远观如倒栽一般。

③ 原注：谢尊修集录。天台山寺，位于赤水市天台镇赤水河畔，主峰海拔1000余米，诸山环拱，一峰突起，直插云端，山势险峻，天桥横空，丹霞石艳，瀑飞洞天。

天台山观音殿①　佚名

大道炼香山，修成正果；

慈航撑苦海，普度缘人。

天台寺②　佚名

天上楼台天上寺；

云边钟鼓云边僧。

天台佛寺③　佚名

庙貌仰巍峨，人杰地灵千古迹；

神佛昭熏濯，善男信女万代香。

又　佚名

元旦日无光，点九盏明灯，与乾坤壮色；

春阳雷未动，放三声火炮，助天地崔威。

又　佚名

僧居佛地原无酒；

客到寒山只有茶。

又　佚名

狮吼象鸣登法座；

龙吟虎啸上天台。

[附记] 选自本书编纂委员会编，冉砚农主编：《中国对联集成·贵州卷》（上），贵州民族出版社，2003，第 401–402 页。

---

① 原注：罗荣成集录。

② 原注：王光烈集录。

③ 原注：以下四联为罗荣成集录。

2. 其他寺院

赤水龙门寺[④] **肖春渠**[⑤]

我每欲求自在，开口敢问观世音，方令满目悲观，安得自在；

人皆喜谒如来，至心皈命舍利子，平昔一老莫会，怎见如来。

赤水天台金刚寺仙女壁山殿[⑥] **佚名**

丹桂飘香，天上适逢佳节；

蟠桃盛会，人间共谒虔诚。

赤水复兴敬宝山佛寺[⑦] **佚名**

心是佛，佛是心，心性寂灭；

色即空，空即色，色相变无。

又 佚名

无我无相观自在；

非空非色见如来。

赤水龙居寺佛殿[⑧] **佚名**

寂灭空无三尊佛；

虚灵缥缈一菩提。

赤水龙居寺弥勒殿 佚名

头顶灵天穹庐，开口喜笑，眉开眼笑，笑成笑败，笑古笑今，世事不由你不笑；

---

④ 原注：陈瑞熙集录。

⑤ 肖春渠，清末举人。

⑥ 原注：罗荣成集录。

⑦ 原注：以下两联为邬伯勋集录。

⑧ 原注：邬伯勋集录。

身坐乾坤布袋，坦腹包容，气爽神容，容是容非，容愚容智，宇内惟有我宽容。

赤水大同法王寺[①] **佚名**

法起佛门，理原平等；

王为神号，义取至尊。

[附记] 选自本书编纂委员会编，冉砚农主编：《中国对联集成·贵州卷》（上），贵州民族出版社，2003，第401−403页。

赤水大同法寺花园[②] **张朝阳**

石隐禅机头一点；

花沾饰性笑常含。

[附记] 选自本书编纂委员会编，冉砚农主编：《中国对联集成·贵州卷》（上），贵州民族出版社，2003，第83页。

（五）仁怀市

1. 玉屏寺

山门 佚名

暮鼓晨钟，惊醒世间名利客；

经声佛号，唤回苦海迷路人。

---

① 原注：赵小飞集录。

② 原注：彭成文集录。

天王殿 佚名

教场钟鼓山外寺；
门河石笋水中生。

凡身欲有为，须要同心，倘无惭可也；
作恶不曾改，纵来拜佛，岂能福之乎！

大雄宝殿

金阙居神圣，云山钟鼓呈丹霞奡①饰；
玉屏隐仙佛，门水葡萄献碧波琼浆。

符阳古寺史冠县，历三朝佰载；
仁怀新庵法承元，佑万类群生。

祖师堂

春云并岫；
秋月同辉。

福性永承莹一塔；
慈心长著宝三乘。

[附记] 选自政协贵州省委员会文史资料委员会《贵州旅游文史系列丛书》编委会编：《国酒之乡·仁怀卷》，贵州人民出版社，2000，第288-289页、第291页。玉屏寺始建于乾隆初年，毁于同治三年（1864）。光绪三年（1877）重修，次年秋竣工。

---

① 奡（ào）：矫健有力。

2. 太平寺

山门

法云广荫两千里符阳大地；
慧日高悬三百年仁怀古城。

言洁意诚定蒙善果；
语浊心邪必遭恶报。

观音殿

翠柏丛生隐宝刹，
慈航普渡居太平。

享怀城内外，香火供奉；
保亭坝上下百姓安宁。

[附记] 选自政协贵州省委员会文史资料委员会《贵州旅游文史系列丛书》编委会编:《国酒之乡 仁怀卷》，贵州人民出版社，2000，第291–293页。

3. 妙音寺

山门 毛国典①

佛道幽深直入圆通妙境；
法门广大普摄大千有情。

山门 传印②

妙音周法界；
乐利遍三千。

① 毛国典，中国书法家协会副主席。

② 传印，中国佛教协会名誉会长。

天王殿 妙乐

具戒清净参自性超凡入圣；

修德汪洋护三宝不堕轮回。

伽蓝殿 王怀德

威武难屈受遗教守护伽蓝；

神功叵测现雄勇摧邪扶正。

祖师殿 虚云

安规立矩以防己；

隐恶扬善而对人。

大雄宝殿 道生[①]

三世诸佛遍河沙；

四弘誓愿度有缘。

钟楼 虞立新

百八杵钟声撞醒痴梦；

五千言慧典参破禅机。

鼓楼 廖厚君

珠琳云树千山合；

宝刹楼台八面通。

念佛堂 传印

但一心念佛；

观万化如梦。

---

① 道生，普陀山全山首座。

僧寮

烟霞清静尘无迹；

水月空虚性自明。

讲经堂 妙乐

金相玉毫荡荡安国土；

清净甘露涓涓润群生。

[附记] 资料由妙音寺提供。

4. 其他寺院

营盘寺[①] 崔暕

是诸法空相，究竟无我；

度一切苦厄，真实不虚。

又 孟蓉裳[②]

不解笑者桫椤，何时参悟到此；

好领取为宰相，世间仿佛遇之。

[附记] 选自本书编纂委员会编，冉砚农主编：《中国对联集成·贵州卷》（上），贵州民族出版社，2003，第 403 页。

---

① 原注：《仁怀联语摭拾》。营盘寺，位于仁怀市鲁班场鹿鸣山麓。明末清初，一陈姓太守不堪清廷统治，在此结庵而居，削发为僧，法名云白。崔暕，字晦贞，湖南长沙人，光绪年间曾两任仁怀知县，善金石篆刻，通佛理，后在黄鹤楼出家。

② 原注：《仁怀联语摭拾》。孟蓉裳，清末鲁班场富绅子弟。聪慧好学，饶于辞章。

虚灵洞[①] **文定中**

虚无开百宝；

灵秀拥三峰。

又 佚名

武陵源世外春色；

寒山寺夜半钟声。

又 佚名

虚念吾生，一念慈悲即是佛；

灵根不昧，六根清净见如来。

[附记] 选自本书编纂委员会编，冉砚农主编：《中国对联集成·贵州卷》（上），贵州民族出版社，2003，第37页。

台圣寺 徐世珩

天边岚岫地面市廛，如张画稿供人赏；

江上清风山间明月，解向精蓝听法来。

[附记] 楹联由台圣寺提供。

（六）桐梓县

1. 天池寺[②] 温纶湛

种菊栽松，三径幽趣；

---

① 原注：三联均为吴大本集录。虚灵洞，位于马场镇新迎村老鹰岩之半崖中，洞分上下两层。1936–1938年建观音、关圣等庙于洞中。

② 原注：邓修身集录。

吟风咏雷，一路福星。

又[①] **佚名**

入长生法门，天地同寿；

登极乐世界，草木皆春。

又[②] **佚名**

鹫岭祇园称佛国；

银宫紫府是仙居。

[附记] 选自本书编纂委员会编，冉砚农主编：《中国对联集成·贵州卷》（上），贵州民族出版社，2003，第 399–400 页。

2. 其他寺院

三座寺[③] **佚名**

一山三座寺；

二水五栋桥。

观音寺[④] **佚名**

观机于尽，观色于空，早看破扰扰红尘，茫慈苦海；

音近而寂，音远而清，只听得声声暮鼓，点点晨钟。

[附记] 选自本书编纂委员会编，冉砚农主编：《中国对联集成·贵州卷》（上），贵州民族出版社，2003，第 400 页。

---

① 原注：张振波集录。

② 同上。

③ 原注：叶荫郊集录。

④ 原注：叶荫郊集录。

（七）绥阳县

枧坝宗峰寺① 佚名

风翻潭影云千里；

月挂松稍鹤一声。

[附记] 选自本书编纂委员会编，冉砚农主编：《中国对联集成·贵州卷》（上），贵州民族出版社，2003，第400页。

（八）正安县

1. 石笋峰观音寺

石笋峰观音寺② 佚名

护法三洲崇正法；

降魔一杵伏邪魔。

又 佚名

佛法巍巍消众劫；

慈风浩浩醒群迷。

又 佚名

缤纷金像离坐俗；

闪烁昙花带古香。

---

① 原注：刘光荣陈荣平集录。枧坝宗峰寺，清初僧五（悟）空建，殿宇工艺精湛，石塔林立（石木雕工为当地艺人杨洪章）。

② 原注：以下五联均为李继善集录。石笋峰观音寺位于正安县城南3公里龙头山上，石峰如笋直插碧空，寺内有大雄宝殿，南海殿，峰顶有玉皇殿。

内殿 佚名

明心见性皈禅教；

武胄成衣护法坛。

又 佚名

石笋峰有蓬莱仙境；

龙头山降南海甘霖。

[附记] 选自本书编纂委员会编，冉砚农主编：《中国对联集成·贵州卷》（上），贵州民族出版社，2003，第 400—401 页。

2. 其他寺院

合龙山观音塔 佚名

精苦济世，玉瓶不断甘露水；

灵应度人，佛法长兴合龙山。

[附记] 选自本书编纂委员会编，冉砚农主编：《中国对联集成·贵州卷》（上），贵州民族出版社，2003，第 119 页。

（九）务川自治县

务川涪洋鹅池寺[①] 申静庵

鹅可换经，摆脱那物外繁华，好向个中参大道；

池堪印月，照见我本来面目，须从此处悟前生。

---

① 原注：王治高集录。

[附记] 选自本书编纂委员会编，冉砚农主编：《中国对联集成·贵州卷》（上），贵州民族出版社，2003，第 401 页。

文武庙 佚名

古刹佛从红日转；

好山僧与白云分。

又 佚名

坐来白日心常静；

行看浮云世若轻。

又 佚名

青山绿水西来意；

翠竹黄花古佛心。

又 佚名

梦热五更天，几杵钟声敲不破；

神游三宝地，半山云影去无踪。

又 佚名

敢言[illegible]，不惹尘埃半点；

莫云禅堂小，堪容世界三春。

[附记] 选自本书编纂委员会编，冉砚农主编：《中国对联集成·贵州卷》（上），贵州民族出版社，2003，第 451−452 页。

（十）湄潭县

清虚洞 佚名

本乡僻，乃名山，入其中，岭岈怪裂，巉岩玲珑，乳液凝垂，水流激端，果然巧妙灵奇，直是生成清暑殿

配石门，作屏障，见乎外，宝刹堂皇，规模壮丽，檐牙高啄，金碧联辉，观此茗亭列锷，几疑步进广寒宫。

清虚洞 佚名

音亦可观，始信聪明无二理；

佛乃称士，方知儒释有同源。

[附记] 选自本书编纂委员会编，冉砚农主编：《中国对联集成·贵州卷》（上），贵州民族出版社，2003，第 36 页。

（十一）余庆县

他山大错庵 向义

他山，位于余庆县松烟镇蒲村。明永历时，钱邦芑为贵州巡抚，拒孙可望伪命隐于此，辟柳湖于蒲村之他山下。

湖上奇峰积（张说），山根野水交（姚合），可容名士乞归田（黄庭坚）；无端酒思催吟笔（朱熹）；

雨添花涧泉（周权），云塞石房路（贾岛），也知造物有深意（苏轼），所以镌凿无瑕痕（欧阳修）。

他山小年庵 向义

池波不动独看时（罗虬），聊复舣舟寻翠紫（苏轼）；

怪石尽含千古秀（罗邺），却向吟边逞锋芒（郑侠）。

[附记] 选自向义：《六碑堪联剩》（卷之上），载向行端编：《黔联璀璨》，贵州人民出版社，2003，第36页、第621页。

观音庙① **佚名**

永使苍生离苦海；

常教赤子快登舟。

[附记] 选自本书编纂委员会编，冉砚农主编：《中国对联集成·贵州卷》（上），贵州民族出版社，2003，第450页。

余庆古佛山② **罗华卿**

犀牛塘边，叹天下名山，好景多为僧占去；

马家营侧，问峰头仙石，灵丹可许我来封。

[附记] 选自本书编纂委员会编，冉砚农主编：《中国对联集成·贵州卷》（上），贵州民族出版社，2003，第14页。

余庆清华寺③ **佚名**

清净空门，一尘不染；

华丽紫府，四大皆空。

余庆小城寨观音寺④ **佚名**

净地有尘风自扫；

---

① 原注：罗敬先、张兴旺集录。

② 原注：罗敬先、张兴明集录。

③ 原注：张兴旺辑录。

④ 原注：罗敬先集录。

山门无锁日常开。

又[①] **罗华卿**

塘边有客捞明月；

山寺何人击暮钟。

内殿 佚名

明心见性皈禅教；

武胄成衣护法坛。

又 佚名

石笋峰有蓬莱仙境；

龙头山降南海甘霖。

金山寺[②] **张文蔚**

潜神梵宇培元气；

修道梅花悟己身。

[附记] 选自本书编纂委员会编，冉砚农主编：《中国对联集成·贵州卷》（上），贵州民族出版社，2003，第 400–401 页。

（十二）习水县

坭坝乡八字桥村庙宇联

善恶两辨，身后有余快缩手；

因果一脉，眼前无路早回头。

---

① 原注：张兴旺辑录。

② 原注：张修权、张兴旺集录。

坭坝乡八字桥村功德亭联

功在佛门，善举长存百世；

名垂青史，大义永著千秋。

[附记] 选自邓显江主编：《贵州省习水县坭坝乡八字桥村志》，2014，第 99 页。

四、安顺市寺院楹联

（一）西秀区

1. 东林寺

题安顺东林寺 陈恒安

万里春风拥古刹，新装如参南海；

五洲游侣访珠宫，玉瀑先到东林。

[附记] 选自安顺地区诗词楹联学会编：《安顺名胜诗词楹联选》，贵州人民出版社，1996，第114页。

又 佚名

兔角杖挑空界月；

龟头绳系树头风。

又 佚名①

历尽沧桑识觉路；

除却烦恼参法门。

又 佚名

佛自西来，黄卷贝叶宣奥典；

① 原注：以下两联为赵希仁集录。

法流东土，三藏经文醒群迷。

又 佚名①

明珠照傲天堂地；

金锡振开地狱门。

又 佚名

东土佛法无边，堪叹众生忘携手；

林山禅机有限，唤醒世人早回头。

东林寺②

正觉一瞬通佛国众生皈乐土；

彻悟万灵睿天龙八部护东林。

[附记] 选自本书编纂委员会编，冉砚农主编：《中国对联集成·贵州卷》（上），贵州民族出版社，2003，第 409–410 页。

2. 圆通寺

圆通寺 佚名

百尺楼中云衲聚；

三空室里慧灯燃。

光腾舍利辉晴日；

翠长旃檀霭瑞烟。

[附记] 选自本书编纂委员会编，冉砚农主编：《中国对联集成·贵州卷》（上），贵州民族出版社，2003，第 406 页。

---

① 原注：以下两联为邓吉生集录。

② 今人撰联东林寺提供。

圆通寺 胡拱辰①

云断客径林下路；
月明人倚塔边楼。

一帘花气分长昼；
半榻松阴占早秋。

3. 清泰庵

题安顺清泰庵② 吴惠山、郭石农③

清若问渠，唯向源头寻活水；
泰如登岱，更从绝顶看群山。

又④ 郭石农

胸开天地阔；
眼放古今虚。

喽芋轩 何威凤

且为小园盛红栗；
难得闲人话白云。

---

① 胡拱辰（1416–1508），字共之，明淳安胡溪（今梓桐镇）人。明正统四年（1439）进士。曾任历任贵州左参政，广官至南京工部尚书。两联选自胡拱辰《普定圆通禅寺》诗。

② 原注：上联为吴惠山集宋人程颢句，下联为郭石农集唐杜甫诗句。

③ 郭石农（1838–1919），贵州安顺人。本名郭临江，字春帆，别号石农等。曾在清泰庵、崇真寺等设帐教学，其弟子何威凤最为出名。编者按：1983年安顺市志编编纂委员会整理排印的《续修安顺府志》为20卷，另加附录；安顺市人民政府地方志办公室2012年整理点校出版的《续修安顺府志辑稿》为19卷，另加附录。两个版本略有不同。本书对两本书均有引用，分别标注。

④ 原注：郭石农《书斋偶兴》诗句为联。

客厅[①] **何威凤**

高居大士是龙象；

草堂丈人非熊罴。[②]

又 何威凤

俗累偶依僧忏悔；

尘嚣暂傍佛清凉。

又 何威凤

奇文金简重；

祖武玉台高。

又 何威凤

物我争存空世界；

乾坤不老一阿罗。

[附记] 选自本书编纂委员会编，冉砚农主编：《中国对联集成·贵州卷》（上），贵州民族出版社，2003，第 477-478 页。

清泰庵 郭德馨

未跨门栏，漫言休去歇去；

已登宝刹，那管船来陆来。

[附记] 选自（民国）《续修安顺府志辑稿（卷之 13）·祠祀志》。楹联为清嘉庆时里人郭德馨所书。

---

① 原注：《续修安顺府志》。

② 原注：集黄山谷诗句。以下均选自《安顺古楹联选》）。此联选自北宋黄庭坚《赠郑交》诗。

4. 华严洞

华严洞 任可澄①

华严楼阁；

福地洞天。

又 南星

二水分流归锁钥；

一宫耸峙灿云霞。

华严洞② **章履如**

云中高树红扶塔；

雨后好山青到门。

又 汪炳璈③

听残黄叶犹疑湿；

放罢白云辩不穷。

华严洞 佚名

一壑藏幽境，

群山绕梵宫。

风铎传空谷，

---

① 任可澄（1878-1946），贵州普定人。光绪癸卯科（1903）举人，任贵州教育总会会长等职。辛亥革命后，任大汉贵州军政府枢密院副院长。1920年被推为贵州代省长。1936年任云贵监察区监察使。曾主持续修《贵州通志》，编印《黔南丛书》（共7集，每集10册）。

② 原注：《贵州文史天地》。

③ 汪炳璈，字仙谱，湖南宁乡沩乌乡人。清道光举人。曾任贵阳、遵义、安顺、铜仁、镇远、大定等府知府。工吟善画，联语尤精，每到一处均有题咏。

松铙落梵音。

刻赏兴从闲处得，
留题句自静中来。

森然石室千层胜，
庶使鸿蒙一窍开。

当头古洞云舒卷；
半腹灵泉气吐吞。

近郭遥村云影外；
晨烟暮霭水烟中。

［附记］选自本书编纂委员会编，冉砚农主编:《中国对联集成·贵州卷》（上），贵州民族出版社，2003，第 38–39 页。

华严寺山亭　刘蕴良

寺幽猴共守；
苔险鹿堪骑。

［附记］选自本书编纂委员会编，冉砚农主编:《中国对联集成·贵州卷》（上），贵州民族出版社，2003，第 100 页。

题华严洞憩园　戴安澜

拾级以登，似锦江山来眼底；
顺流而下，如龙子弟拨云开。

［附记］选自安顺地区诗词楹联学会编:《安顺名胜诗词楹联选》，贵州人民出版社，1996，第 114 页。戴安澜（1904–1942），原名戴炳阳，字衍功、自号海鸥，安徽无为县人，抗日名将。1941 年春夏，他率第 200 师驻贵州安顺、曲靖一带补充训练。

华严洞 向义

在安顺城南里许，庙祀关帝，洞前绿野平畴，一望无际。

洞府启华严，看食德服畴，耕凿胥赖神明力；
河山资砥柱，论匡时济变，鼙鼓犹思将师功①。

[附记] 选自向义：《六碑堪联剩》（卷之上），载向行端编：《黔联璀璨》，贵州人民出版社，2003，第619页。

华严洞 道定通仁②

有道者得；
无心者通。

5. 金钟山

金钟山寺 汪炳璈

大夏乐无声，山竟一鸣开贵筑；
长春花不谢，我曾三次访蟠桃。

金钟山寺 汪炳璈

石梯百级沿苔藓；
宝殿三层夹桧松。

金钟山 冯少铁③

佛印重逢，愧我未曾留玉带；
尘心一觉，惊人不必扣金钟。

---

① 鼙（pí）鼓：古时军队中用的小鼓。

② 道定通仁，沩仰宗第十一代传人。1992年10月任华严洞住持。

③ 冯少铁，曾任知县。

金钟山寺 佚名

龙蟠钵底眠无数；

松照经台坐古稀。

[附记] 选自何静梧、龙尚学主编，贵阳市编纂委员会办公室编：《贵州联语两种》，贵州教育出版社，1999，第 367 页。

金钟山 刘蕴良

山寂寂，寺沉沉，鸡虽月下惊啼，衲子由来敲最懒；

漏迢迢，灯耿耿，鲸不云端怒吼，世人休怪唤难醒。

[附记] 选自本书编纂委员会编，冉砚农主编：《中国对联集成·贵州卷》（上），贵州民族出版社，2003，第 7 页。

6. 石霞山① 厂石②

坐破碧天月；

踏遍岭头云。

又 厂石

溪声便是长广舌；

山色无非清净身。

① 石霞山，位于西秀区城郊五官屯。

② 厂石（1643–1717），法名如圣，字厂石，习安（今安顺）人。四岁入圆通寺。弱冠随竺怀入滇，于昆明五华山寺半生门下受具足戒。返黔后住持玉真山寺、圆通寺、双柏寺、飞虹山云龙寺等寺。著有《厂石禅师语录》（2 卷）、《重修飞虹山云龙寺记》。厂：读“ān”。

又 厂石

阴气渐消，万里河山壮丽；
书云才到，一天爱日腾辉。

又 厂石

挥吹毛剑，十地三贤尽竖降旌；
挝涂毒鼓，六凡四圣齐立下风。

又 郭石农

洞外只烟云，悟得花香即是佛；
山中无甲子，听来叶落乃知秋。

[附记] 选自本书编纂委员会编，冉砚农主编：《中国对联集成·贵州卷》（上），贵州民族出版社，2003，第 29 页。

7. 静乐庵

安顺静乐庵① 佚名

宇宙尘俱扫；
乾坤夜不寒。

又 佚名

磬引佛香时入院；
法传心印独登台。

大殿 何威凤

静闻梵呗诸天诵；
乐睹金光大地铺。

---

① 原注：《安顺古楹联选》。原址位于西秀区清泰庵后。

[附记] 选自本书编纂委员会编，冉砚农主编：《中国对联集成·贵州卷》（上），贵州民族出版社，2003，第 477 页。

静乐庵 郭石农

门对野石偏，但曲径斜通，无非幽景；
桥横春水断，试隔溪遥望，只见白云。

[附记] 选自《续修安顺府志辑稿（第 18 卷）·艺文志·郭石农》。

静乐庵 佚名

嚣尘隔绝同避世，
车马不闻似隐居。

[附记] 选自郭华荣、王乃积主编：《中国佛教楹联精选》，北京燕山出版社，1997，第 460 页。

胸开天地阔，
眼放古今虚。

树色藏昏鸦，
钟声隐暮蝉。

屋漏滴时频警梦；
墙颓坏处几魂消。

灯昏夜静芭蕉雨。
户掩山深薜荔烟。

门前流水桃花放，
架上残书竹简开。

[附记] 选自金实秋编：《佛教名胜楹联》，宗教文化出版社，1997，第 982–983 页。

8. 石佛寺

石佛寺 佚名

寺远客稀到；
钟寒僧独闻。

又 佚名

树色藏昏鸦；
钟声隐暮蝉。

又 佚名

嚣尘隔绝同逃禅；
车马不闻似隐居。

[附记] 选自本书编纂委员会编，冉砚农主编：《中国对联集成·贵州卷》（上），贵州民族出版社，2003，第 407 页。

空林啼蜀魄，
古路入滇云。

[附记] 选自金实秋编：《佛教名胜楹联》，宗教文化出版社，1997，第 980 页。

9. 清凉洞

大雄宝殿 孙竹雅（孙清彦）

发四无量心，立见火宅清凉，莫道灵源来路远；

得大圆镜志，豁然山河开朗，方知绝顶少人参。

[附记]选自倪如锡：《我所记忆中的安顺市区内的一些对联、横批等名句》，载政协安顺市委员会：《安顺文史资料选辑》（第2辑），1984，第135页。孙清彦（1819—1884），字士美，号竹雅，清末书画名家。原籍云南呈贡。以军功保举，官至安顺知府。擅长书法，尤精行、草尤精。绘画最擅画竹。

清凉洞 邹星枢

寺阅千年，我来喜作名山客；

洞开一窍，穴处犹存太古风。

[附记]选自本书编纂委员会编，冉砚农主编：《中国对联集成·贵州卷》（上），贵州民族出版社，2003，第39页。周星枢，字炳文，曾任知县。

10. 云鹫山

云鹫山①　素奎（僧）

推开清静禅门，仰视西南胜景，了见万仙百佛，跨乘白鹤青龙，宛在云中观燕子；

抛弃凡尘嚣世，隐居东光名山，邀迎八寨七贤，约引天鹅海螺，同来岭上看牛蹄。

又②　佚名

尔有诚心，快上来有我接引；

吾持授语，速进去解你痴迷。

① 原注：《安顺古楹联集》。

② 原注：沈浩集录。

又 佚名

一丝岩溶一溪水；

半山风景半山亭。

云鹫山[①] 佚名

五百年前，我辈是同堂罗汉；

三千界里，问谁能安坐须弥。

[附记] 选自本书编纂委员会编，冉砚农主编：《中国对联集成·贵州卷》（上），贵州民族出版社，2003，第28-29；第460页。

11. 旧州贫寺联 黄映泉（文臣）

门联

粗茶淡饭布衣裳，方为佛门本象；

作揖烧香寻常事，要守和尚清规。

厨房联

我这里，全是菜根，来客不妨尝点；

你心中，想吃美味，请公还到那边。

客房

烧起圪蔸火，谈些古老话；

煮熟清稀饭，同过闹热年。

[附记] 选自本书编纂委员会编，冉砚农主编：《中国对联集成·贵州卷》（上），贵州民族出版社，2003，第28-29、第460页。又见《旧州镇志》编委会编：《旧州镇志》，贵州人民出版社，2003，第372页。黄映泉，

① 原注：邓吉生集录。

安顺旧州人。旧州过去有一寺一庙，寺贫而庙富。年关黄映泉为贫寺书此三联。

12. 将军山

山门联 佚名

石门额“无量法门”。

仰观云飞天不动；
静听风过树多声。

后殿匾“普陀非遥”。

南海驾慈航，看经诵鹦哥，法参龙女；
西山崇梵宇，欣荫垂紫竹，香送白莲。

[附记] 选自（民国）《续修安顺府志辑稿（卷之13）·祠祀志》。

将军山寺

门额“将军山”。

月到风来千峰绕；
水源云在万壑间。

门额“无量法门”。

仰观云飞天不动；
静听风过树多声。

[附记] 选自本书编纂委员会编，冉砚农主编：《中国对联集成·贵州卷》（上），贵州民族出版社，2003，第466页。

13. 双柏禅寺[1] 厂石[2]

山门

草鞋狞似虎的，也须向这里入；
拄杖活如龙者，亦未许你别行。

寺堂

有水皆含月；
无山不带云。

经室

狮子王路狮子窟；
凤凰儿逐凤凰群。

双柏禅寺

雨过山头绿，云来地上阴。
有水皆含月，无山不带云。

[附记] 选自本书编纂委员会编，冉砚农主编：《中国对联集成·贵州卷》（上），贵州民族出版社，2003，第 408 页。

14. 崇真寺

正门 郭临江

环海路非遥，正勿庸高探贝阙，别夸瑶岛；

---

① 原注：二联均选自《续修安顺府志》。

② 厂石（1643–1717），法名如圣，字厂石，习安（今安顺）人。四岁入圆通寺。弱冠随竺怀入滇，于昆明五华山寺半生门下受具足戒。返黔后住持玉真山寺、圆通寺、双柏寺、飞虹山云龙寺等寺。著有《厂石禅师语录》（2 卷）、《重修飞虹山云龙寺记》。厂：读“ān”。

大罗仙具在，好从此笑拍红崖，醉挹浮丘。

三清殿 罗绕典

民登大愿船，待扫除戎马干戈，水月光澄佛海；

我识无遮境，好借此斋鱼粥鼓①，嚣尘静洗蛮天。

祖师殿 赵德昌

统北极之星枢，何但蛇驯龟伏；

扫南黔之妖魅，谁非旗影剑光。

[附记] 选自本书编纂委员会编，冉砚农主编：《中国对联集成·贵州卷》（上），贵州民族出版社，2003，第 407 页。

15. 其他寺庙

云台山观音殿② 郭春帆 王玉笙

真实不虚，大慈悲度一切苦难；

意存无界，空色相现五蕴皆空。

观音后殿③ 佚名

立志修行，何须遍游东土；

诚心向佛，即此便是西天。

继十六字之薪传，心协春秋同不朽；

扶四百年之炎汉④，名与日月共争光。

---

① 斋鱼粥鼓：亦作粥鱼斋鼓。粥鱼：即木鱼。僧寺于粥饭或集聚僧众时敲之。斋鼓：报斋时之鼓。

② 原注：《续修安顺府志》。

③ 原注：《安顺古楹联选》。

④ 炎汉：汉代因尚火德而被称为炎汉。传说上古炎帝为汉族祖先，因称中国为炎汉。语出（唐）杜牧《洛中送冀处士东游》："四百年炎汉，三十代宗周。"

[附记] 选自（民国）《续修安顺府志辑稿（卷之13）·祠祀志》有“威镇云台”匾。云台山寺位于今西秀区杨家桥寨云台山。

观音山寺佛堂 郭石农

题额：拈花一笑。

洞外只烟云，悟得花香即是佛；
山中无甲子，听来落叶乃知秋。

[附记] 选自《续修安顺府志辑稿（第18卷）·艺文志·郭石农》。观音山又名石霞山，位于西秀区五官屯东侧。寺建于明末永历时，开山僧名自然，第二代即厂石。殿宇虽不宏大而庄严精雅，山径虽非高远而弯环曲折。

扶风山① 胡林翼

一片冰心，留住两间正气；
十分苦境，方成千古完人。

[附记] 选自本书编纂委员会编，冉砚农主编：《中国对联集成·贵州卷》（上），贵州民族出版社，2003，第29页。扶风山，在西秀区旧州城东，有天保桥，上建一亭曰“扶风”，故名。

莲社堂 佚名

地胜接雄区，远看溪山，云霞竹树三千里；
寺古称莲社，俯视城郭，烟火楼台十万家。

[附记] 选自何静梧、龙尚学主编，贵阳市编纂委员会办公室编：《贵

① 原注：《安顺古楹联选》。

州联语两种》，贵州教育出版社，1999，第 367 页。

潮音寺亭柱联

明末僧芳远建庙房一所，大殿二层，名潮音庵。咸同间培风补修。光绪初年南关乡团绅张玉阶复修鱼池、凉亭，改名为潮音寺。

花覆亭前，水流石下；
云飞天外，人在镜中。

[附记] 选自（民国）《续修安顺府志辑稿（第十三卷）·祠祀志》。

地藏寺[①] **杨天纵**

蒲团坐破空诸相；
禅板拈来接上机。

[附记] 选自本书编纂委员会编，冉砚农主编：《中国对联集成·贵州卷》（上），贵州民族出版社，2003，第 407 页。

张家坝观音庙[②] **佚名**

竹茂松苞，卅里红尘隔断；
山环水绕，四围绿荫天来。

[附记] 选自本书编纂委员会编，冉砚农主编：《中国对联集成·贵州卷》（上），贵州民族出版社，2003，第 466 页。

狮子林门联 **赵懋功**

地雄临北极，远望溪山，云雾竹树三千里；

① 原注：《续修安顺府志》。寺位于安顺城水洞街北头，北水关下。明崇祯年间建。

② 原注：《安顺古楹联选》。

寺古称莲社，俯首城郭，烟火楼台十万家。

[附记]选自安顺地区诗词楹联学会编：《安顺名胜诗词楹联选》，贵州人民出版社，1996，第113页。赵懋功，贵州安顺人，乾隆甲戌科（1754）进士，特用广西马平县知县。

潮音寺 郭临江

花复亭前，水流石下；
云飞天外，人在镜中。

[附记]选自安顺地区诗词楹联学会编：《安顺名胜诗词楹联选》，贵州人民出版社，1996，第111页。

杨圣庙佛殿 佚名

额曰：宝络庄严。

去六欲，得六通，悟七心之尽妄；
焚五香，清五浊，扫八垢而皆空。

[附记]选自（民国）《续修安顺府志辑稿（卷之13）·祠祀志》

飞虹山 厂石

云散长空，回出碧天明月皎；
霞生水面，掀开紫雾星斗悬。

又 厂石

日丽千山，大地沾尧天之瑞；
时临九夏，泉石增舜日之辉。

[附记]选自本书编纂委员会编，冉砚农主编：《中国对联集成·贵州卷》

（上），贵州民族出版社，2003，第 29 页。

香山寺[①] **佚名**

世出世间观自在，
空非空处洞常明。

剑为不平离宝匣，
药因救病出金瓶。

[附记] 选自本书编纂委员会编，冉砚农主编：《中国对联集成·贵州卷》（上），贵州民族出版社，2003，第 408 页。

龙王庙关音殿[②] **佚名**

誓愿宏深，处处现身说法；
慈悲广大，时时救苦寻声。

[附记] 选自本书编纂委员会编，冉砚农主编：《中国对联集成·贵州卷》（上），贵州民族出版社，2003，第 465 页。

（二）平坝区

1. 高峰山[③]

高峰山[④] **刘蕴良**

螺髻翠翘，云雄愈秀秀愈雄，积三千三寻以成高，浑疑鹤跨层霄，仙

① 原注：《续修安顺府志》。寺位于鸡场乡小底西。

② 原注：邓吉生集录。

③ 2014 年，贵安新区建立，高峰山所在地平坝县马场镇划归贵安新区。

④ 原注：高数千仞，乃南干大龙再起之少祖山也，奔行楚皖闽浙各省，逆大江而结金陵焉。

府清虚开玉阙；

羊肠青绾，雾曲弥幽幽弥曲，环九十九陇而为障，远看龙腾数省，神区壮丽瞰金陵。

面壁岩① **刘蕴良**

四十年坐守玄关，俨然我佛西来，精能石贯；

七千里迎归紫禁，其奈大师北去，踪竟烟迷。

客堂 刘蕴良

得意尚嫌云出岫；

会心恰喜月当门。

山亭 刘蕴良

山征仁者寿；

水得圣之清。

[附记] 选自何静梧、龙尚学主编，贵阳市编纂委员会办公室编：《贵州联语两种》，贵州教育出版社，1999，第 18 页。

高峰山 向义

泉水在山清，交流两派灵源，绕殿真成无垢佛；

烟霞平地起，罨霭②千章古柏，拨云尤爱自然僧。

[附记] 选自向义：《六碑堪联剩》（卷之上），载向行端编：《黔联璀璨》，贵州人民出版社，2003，第 12 页。

---

① 原注：为建文面壁处，上题“西来面壁”四字，并有“飘泊西南四十秋”之句。

② 罨（yǎn）霭：雾霭掩映。罨：罗网；覆盖。

高峰山 韦通玄

觉醒回头悟仙谛；

锐意修身光佛门。

又[①] 佚名

沧海成田，跑井不随千涧涸；

乾坤已老，白云独芥万山流。

又[②] 佚名

从静里寻源，参透本来真面目；

与群山说法，打开无限旧机关。

又[③] 佚名

本然性地皆空，无色无声无臭味；

定有佛光普照，自南自北自东西。

又[④] 佚名

风清月白烟霞古；

猿啸鸟啼色相空。

又 佚名

燃指济灾垂后世；

菩萨和尚继前贤。

---

① 原注：《安顺古楹联集》。

② 同上。

③ 同上。

④ 原注：赵希仁集录。

又 佚名

已往有何功，不过讲经说法；
再来无别事，依然吃饭穿衣。

高峰山达摩洞① 李光明

面壁九年，明心见性超三界；
胸怀一念，无我顿空了万缘。

又② 佚名

忆念西方登彼岸；
恒称圣号到莲邦。

又③ 佚名

众生度尽，方证菩提；
地狱来空，誓不成佛。

又④ 佚名

遍请英灵皈净土；
普招烈士受馨香。

卍华禅院⑤ 佚名

古寺踞高，黛色四围环佛地；
仙踪胜迹，清光一片印禅天。

---

① 原注：汪再源集录。
② 原注：赵希仁集录。
③ 原注：赵希仁集录。
④ 原注：汪再源集录。
⑤ 同上。

卍华寺[①] **佚名**

入法之门，于今可见；

学体之路，至此皆然。

又[②] **佚名**

石穴里一尾蟠龙，养头角于殿脚双流中，只待面壁功成，攀尔金鳞腾万里；

玉屏外千株古柏，培根本于平地烟霞内，常见莺啼枝上，点他苍翠壮高峰。

又[③] **法光（僧人）**

青老俯首撑圣塔，感应祥云照顶，佛陀宣化劝忠孝，诸恶莫作，为国报本定六合，风调雨顺，世界家家富裕，向西方捧旨，背揹极乐，怀四八宏愿，避师心地醒娑婆，任千秋纪念丰功伟绩；

白虎挺胸铺大道，瑞封玉带拴腰，供献精神讲慈悲，众善奉行，与民同欢守五戒，海晏河清，环宇户户康饶，回南普印觉，面对群生，携三九品莲，化道人间归净土，凭百代流芳胜景灵山。

面壁岩 佚名[④]

九年烹炼功修，不灭西来真面目；

片刻徘徊迤逦，屹然东峙护塔铭。

[附记] 选自本书编纂委员会编，冉砚农主编：《中国对联集成·贵州卷》（上），贵州民族出版社，2003，第 26–28 页、第 75 页。

---

① 原注：汪再源集录。高峰山，民国时期曾设佛学院。

② 原注：《安顺古联选》。此联含蟠龙、面壁、殿角、双流、玉屏、古柏、平地、烟霞八景。

③ 原注：汪再源集录。

④ 原注：相传为周渔璜撰。

2. 天台山

天台山 向义

在平坝城西南50里，于乱云断石中特起孤峰，俨若百丈金茎，石壁崭截，危磴接云，绝顶平正如台，故名。寺为白云上人所创，藏有牙笏、龙袍、佩剑等物，传为吴三桂所遗。

何时刘阮曾来，庐舍依然，笑流水桃花，俯仰真成梦境；
旧日将军安在，空山无恙，剩袍笏佩剑，摩挲认取前朝。

[附记] 选自向义：《六碑堪联剩》（卷之上），载向行端编：《黔联璀璨》，贵州人民出版社，2003，第12—13页。

天台山院门楹联 佚名

云从天出，天然石峰天生就；
月照台前，台中胜景台上观。

[附记] 选自安顺地区诗词楹联学会编：《安顺名胜诗词楹联选》，贵州人民出版社，1996，第130页。

天台山① 佚名

九天星宿山前现；
一轴烟霞门外披。

[附记] 选自本书编纂委员会编，冉砚农主编：《中国对联集成·贵州卷》（上），贵州民族出版社，2003，第409页。

---

① 原注：选自《贵州胜境》。

平坝水月庵[1] **佚名**

编篱花满径；
旁水竹成林。

钟传午夜千山静；
烟锁寒江两岸秋。

[附记] 选自本书编纂委员会编，冉砚农主编：《中国对联集成·贵州卷》（上），贵州民族出版社，2003，第 478 页。

平坝永佛寺

岁去青春灭，
愁来白发生。

[附记] 选自金实秋编：《佛教名胜楹联》，宗教文化出版社，1997，第 984 页。

（三）普定县

1. 玉真山

玉真山寺，位于普定县马官镇玉真山，明宣德五年（1430）建，清咸同年间毁于兵燹。光绪十三年（1887）重建，总面积约 840 平方米。有观音殿、斗母殿、玉皇殿等。

① 原注：《安顺古楹联选》。

玉真山寺① **黄桂望**

看君只手兴若个山门，可悟出莲花幻境；

笑我频年羡此间云壑，未能学桑下浮屠。

门联 释元正

寺前古树雄雄，迎来万里宾和客；

庙内钟声巍巍，惊动九重地与天。

[附记] 选自本书编纂委员会编，冉砚农主编：《中国对联集成·贵州卷》（上），贵州民族出版社，2003，第 29 页。清嘉庆七年（1802）该寺住持僧元正题撰。

玉真山门联 陈云纯②

真存寺若虚，四面云山拱向。

玉蕴峰含彩，千家烟火团栾；

又 佚名

杖悬日月长生佛，

芦贮乾坤自在仙。

[附记] 选自贵州省地方志编纂委员会编：《贵州省志·名胜志》，贵州人民出版社，1987，第 193 页。

---

① 原注：安顺黄太史桂望于玉皇阁题额“定华发果”四字，系跋云：“玉真山寺肇于明季。同治初毁于贼，镇东禅师锐力修复之。往岁予尝信宿云堂，迄今十年。天台再到，风景不殊，而寺之南添得巍然一阁，则元都观之桃花又是刘郎去后事矣。感劳人之爪迹，证我佛之因缘，为题一额、一联，聊以留镇山门，却愧坡公玉带耳。光绪癸巳孟春月跋。”又山悬岩上刻“峻岭”二字，笔走龙蛇，其大逾升。后人设法印出，乃嘉庆时僧海通书也。

② 安南（治今晴隆县城）儒学陈云纯题书于嘉庆戊辰年（1808）。

玉真山山顶寺门 释元正

寺外有崇山峻岭，
何时无明月清风。

[附记] 实地采录。

2. 莲花洞

莲花洞[①] 任可澄

水流花放；
岳耸莲披。

又[②] 胡锡侯

一窍有泉通地脉；
四时无雨滴天浆。

又[③] 佚名

花洞连天天连洞；
水潮来水水来潮。

又[④] 佚名

天窗月自来，玉琅岩浆蟠石柱；
莲磴泉常滴，生成罗汉拜观音。

---

① 原注：《普定县楹联集》。莲花洞，在普定县城关镇抄子堡村。

② 原注：伍政宪采集。

③ 原注：《普定县楹联集》。

④ 原注：《普定县楹联集》。杨德运集录。

又 佚名

一经品题，那些岩仿佛绝无仅有；

大千世界，这个洞依稀奇特异常。

又 佚名

天地之大，莫罄奇观，我笑这石头，未经混沌莲花现；

开辟以来，恒多异翠，你看那潭水，流入奇浆宝藏兴。

[附记] 选自本书编纂委员会编，冉砚农主编：《中国对联集成·贵州卷》（上），贵州民族出版社，2003，第41–42页。

3. 其他寺院

天龙山祥凤寺柱联 王世曦题书

大士发慈悲，救世人许多苦难；

真神修善果，积斯卉不少阴功。

[附记] 罗才林：《普定楹联石刻》，载政协贵州省委员会文史资料委员会《贵州旅游文史系列丛书》编委会编，杨元芳主编：《“穿洞”沧桑》，贵州人民出版社，2003，第284页。天龙山祥凤寺，位于马官镇下坝村。清乾隆四十二年（1777）建，占地面积约300平方米，尚存观音殿、弥勒殿等，并存塑像70余尊。

马官团洞 佚名

西方不二法；

南黔第一山。

添望旗观音阁　毛钺①

此地清风随我去；

一湾绿水任人游。

[附记] 选自本书编纂委员会编，冉砚农主编：《中国对联集成·贵州卷》（上），贵州民族出版社，2003，第 39 页、第 156 页。

题东华山山门　廖瑞平

东阁待朝曦，快睹满城春色；

华峰容夕照，迎来四面斜晖。

[附记] 罗才林：《普定楹联石刻》，载政协贵州省委员会文史资料委员会《贵州旅游文史系列丛书》编委会编，杨元芳主编：《“穿洞”沧桑》，贵州人民出版社，2003，第 283 页。普定县士绅廖瑞平题于民国三十三年（1944）。

（四）镇宁自治县

1. 环翠山

环翠山念佛寺② **佚名**

屹宇翠岚，神泽桑梓；

善堂峥嵘，佛法无边。

又　佚名

智慧宏开，法轮常转；

① 原注：《普定县楹联集》。阁位于普定城关添望旗村观音洞亭榭上，毛钺（时任普定县县长）1940 年撰。

② 原注：《镇宁诗词联选》。环翠山位于镇宁县城城北隅，又名真武山。

宗风永振，佛道宏扬。

又 佚名

暮鼓晨钟，惊醒世间名利客；

经声佛号，唤回苦海梦迷人。

又 佚名

佛土庄严，当以虚空而求实相；

自性清净，本无圣贤安有凡夫。

观音堂① 天然

毓秀钟灵天然福地；

庄严清净卓尔禅堂。

[附记] 选自本书编纂委员会编，冉砚农主编：《中国对联集成·贵州卷》（上），贵州民族出版社，2003，第459页。

2. 其他寺院

双明洞 周承勋

僧归洞静禅心静；

燕过泉寒佛骨寒。

[附记] 选自本书编纂委员会编，冉砚农主编：《中国对联集成·贵州卷》（上），贵州民族出版社，2003，第40页。

观音庙

东驾莲船，花开五湖荣世界；

---

① 原注：罗孝本集录。

西来法雨，露遍九州润苍生。

[附记] 选自本书编纂委员会编，冉砚农主编：《中国对联集成·贵州卷》（上），贵州民族出版社，2003，第 431 页。

（五）关岭自治县

灵龟寺

玄妙无穷弥宇宙，
浑沦有致遍山河。

[附记] 选自本书编纂委员会编，冉砚农主编：《中国对联集成·贵州卷》（上），贵州民族出版社，2003，第 458 页。

永兴寺

无事渡桥溪，洗钵归来云满袖；
有缘修法界，谈经妙处雨飞花。

三教同源，乃圣乃神，无非明心见性；
一衷是佛，分梦分觉，还须震坤惕乾。

庙貌巍峨，殿前法雨慈云，振济许多赤子；
神威赫濯，暗里除奸荡寇，屈承无数苍生。

屋宇壮观，地近东山同景仰；
奎光炳耀，星联北斗焕文章。①

好消息几时来，二月杏花、八月桂；

① 原注：观奎书屋。

实功夫何处下，三更灯火、五更鸡。[①]

观音阁[②] 吴寅邦

莫谓边山小楼难穷千里，试览全黔舆志，足踞镇远，腹横贵阳，至此特标顶站，如带如砺，巡检早设盘江，环视双塔矗烟、三狮拱象、七星悬洞、一部凌霄，喜得得圆光，真个是头昂遥天、眼看沧海；

尽有中州胜概来触寸心，尝读历代史书，卫寄安南、司分募役，于今统治查城[③]，维藩维垣，锁钥特重关岭，遐想晒甲丞相[④]、铸桥观察、殉父孝子、留节贤媛，怅悠悠往事，总勿忘士食旧德、农服先畴。

[附记] 选自金实秋编：《佛教名胜楹联》，宗教文化出版社，1997，第 974–975 页。

潮音寺 郭临江

花复亭前，水流石下；

云飞天外，人在镜中。

[附记] 选自安顺地区诗词楹联学会编：《安顺名胜诗词楹联选》，贵州人民出版社，1996，第 111 页。

---

① 原注：文章司命。

② 观音阁：又名培风阁，位于今关岭自治县永宁镇。始建于清乾隆五十二年（1787）。

③ 永宁之别称。

④ 晒甲丞相：相传诸葛亮南征在此遇雨，命部将关索率士兵于营后山巅晒盔甲。故名晒甲岩。

五、毕节市寺院楹联

（一）七星关区

灵峰寺[①] **佚名**

出云林，同泰岳；
毓俊秀，甲全黔。

灵峰寺 董朱英[②]

云影水光象外机缄自远；
松声竹韵个中消息难忝。

千竿翠竹风来舞；
一曲瑶琴鹤欲鸣。

松生灵境涛声静；
鹿到仙源芝兰多。

仙境□轩喜互映；
灵峰奎阁庆交辉。

漫言翠屏非全壁；
欲到灵峰已半途。

---

① 原注：葛发科、聂宗文集录。寺位于七星关区三板桥办事处灵峰村。

② 董朱英，字陶然，直隶顺天府人（原籍江南太仓州嘉定县）。乾隆四年（1739）己未科进士。乾隆十九年至二十二年（1754–1757）任毕节县知县。

璀灿交光绕紫极；
纡回仙境入灵峰。

莫谓神仙无异路；
须知高下有同归。

竺林寺（双井寺）

千叠波澜，两峰夹水江声远；
满庭苍翠，双井藏天夜月多①。

翔龙寺 洪永焯

屡经时局翻棋，无恙楼台，依然西向灵峰寺；
为问往来过客，此间风景，似否南明甲秀楼。②

翔龙寺 葛俩③

不须更上一层，看云飞鹫岭，波卧虹桥，仿佛十洲开画本；
何幸归来万里，正草际马嘶，柳边莺掠，宴游三月洗征尘。

[附记] 选自何静梧、龙尚学主编，贵阳市编纂委员会办公室编：《贵州联语两种》，贵州教育出版社，1999，第377页。

观音寺④ 佚名

利锁名缰，笼络几多好汉；
晨钟暮鼓，唤醒无数痴人。

---

① 原注：双井，即该寺之名，竺林寺又名双井寺。

② 原注：灵峰寺在城西五里，峰峰插天，奇特险怪，有雾即雨。上有寺，相传仙人炼丹于此，遗址犹存。

③ 葛俩，贵州毕节热。俩，音 fǎng。

④ 原注：熊廷清、聂宗文供稿。

观音寺① 佚名

座上莲花，占断西方三月景；

瓶中杨柳，分来南海一枝春。

又 佚名

古佛由来非女子；

慈航到处有婆心。

[附记] 选自本书编纂委员会编，冉砚农主编：《中国对联集成·贵州卷》（上），贵州民族出版社，2003，第410页。

（二）黔西县

1. 观音阁

观音阁② 向义

回樽落日劝湖山，觥筹交错，与众宾欢，循行郭张郭东，人从太守同其乐；

传语风光共流转，钟鐻③摩挲，为异世惜，借问巢经巢后，何处老翁来赋诗。

[附记] 选自向义：《六碑堪联剩》（卷之上），载向行端编：《黔联璀璨》，贵州人民出版社，2003，第21页。

---

① 原注：以下二联为沈氏藏本。武华、聂宗文采录。毕节观音寺一名泉寺，始建于明正统年间。

② 原注：在黔西城东五里，明季古寺。有土官安氏遗钟，款署“贵州等处承宣布政使司土官右参政安贵荣，正德庚午冬长至节后三日造”。郑子尹先生《巢经巢诗抄》有《安贵荣铁钟行》。

③ 钟鐻（jù）：亦作“钟簴”，钟虡。古代一种悬钟的格架。上有猛兽为饰。鐻，古代的一种乐器，夹置钟旁，为猛兽形，本为木制，后改用铜铸。

观音阁 佚名

色相皆空，证菩提果；

庄严如妙，供曼陀花。

观音阁正殿长联 熊渭泉

创建在一千年以上，于今甫拓奇观。君看：石绉黄云，神凝翠藓，塔凌碧汉，岫列青屏，到此尘嚣顿灭。阅金经，翻释典，明性理，了禅宗，我佛慈悲，须救彻众生苦恼；

凭临窥数百里而遥，何处更寻妙境。侬赏：池泛绿波，花绽红莲，阁接苍旻①，垣呈粉黛，来斯豪气浑增。调素琴，战撖枰，纵吟鞭，悟世味，兹方清净，终还胜那岸繁华。

[附记]选自本书编纂委员会编，冉砚农主编：《中国对联集成·贵州卷》（上），贵州民族出版社，2003，第152页。

观音阁飞殿联 方伯骞

瓶里有莲花，一念慈悲即是佛；

怀中存皓月②，此心明白可凭天。

[附记]选自黔西县政协文史组县志编委办公室：《水西文史资料（第2辑）·诗歌专辑》，1983，第100页。方伯骞（1879–1947），字孝恪，号人凤，笔名卣珠，贵州黔西州新民里（今属金沙县）人。宣统元年（1909）己酉科进士，清末文科进士，授云南大理府通判。民国时期曾任黔军第五师秘书长、金沙县参议会参议长等职。晚年在家乡从事教育。擅诗文、书法。

观音阁联 佚名

此间明月清风，不用一钱买；

---

① 苍旻（mín）：苍天。

② “存”，有版本作“呈”。

相约赤松黄石，待我十年来。

钟亭 佚名

古柏池清，鱼游水暖；

残钟音渺，月照亭幽。

[附记] 选自史宏拯：《观音阁与正德残钟》，载政协贵州省委员会文史资料委员会《贵州旅游文史系列丛书》编委会编：《水西鹃韵》，贵州人民出版社，1998，第162-163页。

观音阁 俞宽济

古寺换新垣，高塔残钟留胜迹；

名山构杰阁，丰碑芳冢寄遗踪。

黔西千手观音殿[①] 佚名

千手千跟化身，无非是提得起，放得下，见得到，做得出；

大慈大悲为感，但愿余存好心，行好事，说好话，为好人。

[附记] 选自本书编纂委员会编，冉砚农主编：《中国对联集成·贵州卷》（上），贵州民族出版社，2003，第82页、第431页。

2. 开元寺楹联

观音殿 佚名

音亦可观，方算聪明无二用；

佛能称士，须知儒释有同源。

① 原注：《黔西对联汇集》。

观音殿 佚名

把世事看穿，富贵功名，无非昙花泡影；

将人情识透，夫妻儿女，乃是俗务尘缘。

韦驮殿 佚名

金甲金神人，以一杆打开妖魔，不言护法方成护法；

铁围铁门限，能只身寻出路径，要说过关才算过关。

弥勒殿 佚名

日日携空布袋，少米无钱，却剩得大肚宽肠，不知众檀越，信心时用何物供养？

年年站冷山门，接张待李，总见他欢天喜地，请问这头陀，得意处是什么东西？

[附记] 选自本书编纂委员会编，冉砚农主编：《中国对联集成·贵州卷》（上），贵州民族出版社，2003，第 431 页。

前殿① 佚名

不生不灭，不垢净，不增灭，度十方苦，是名诸佛；

无我无人，无众生，无寿者，高一切相，方见如来。

前殿 佚名

一切有为法，如梦如幻，如泡影，如露珠，作如是观，法尚应舍，何况非法；

三昧诸相身，无人无我，无众生，无寿者，此何以故，身皆具足，乃名大身。

---

① 原注：以下均选自《黔西对联汇集》。开元寺，又名东山寺，坐落黔西东郊，清康熙初黔西知府王命来、总兵李如碧创建。

东壁 佚名

自在观，观自在，无人在，无我在，问此时自家安在？知所在，自然自在；
如来佛，佛如来，有将来，有未来，就这身如何得来？已过来，如见如来。

西壁 佚名

西土耶？东土耶？古木灵根不二；
风动也？幡动也？清池碧水湛然。

禅房 佚名

莫道是空门，要进来需踏着实地；
谨防有岔路，走错了便堕入深坑。

经堂 佚名

贝叶翻经龙听去；
天花作供鸟啣①来。

藏经楼 佚名

吾道非耶，岂复出山为小草；
此身休矣，乃知阅尽世沧桑。

二门 佚名

能度众生，岂独潭龙知听讲；
愿闻一喝，长教海水不扬波。

弥勒殿 佚名

你眉头作甚焦，但能守分安贫，便收得和气一团，常向众人开口笑；
我肚皮这般大，总不愁穿虑吃，只讲过包罗万物，自然有事放心宽。

---

① 啣（xián）：同“衔”。

弥勒殿 佚名

法演莲台，入定参禅，莫放三心有扰；
化行葱岭，存神炼气，直教五蕴皆空。

大殿 佚名

甘露洒诸天，现清净身，说平等法；
慈航超彼岸，以自在力，显大神通。

禅门无住始为禅，但十方国土庄严，何处非祇园精舍；
度世有缘皆可渡，果一念人心回向，此间即慧海慈航。

[附记] 选自本书编纂委员会编，冉砚农主编：《中国对联集成·贵州卷》（上），贵州民族出版社，2003，第404页。

3. 大关坡海会寺楹联

海会寺 蒋松华 ①

鸟语忽惊人，到此须防泥滑滑②；
鼠牙宜息讼③，于今正直道平平。

又 蒋松华

把盏凭栏，远岫白云连雅庄；
开怀纵目，一河碧水接长天。

又 蒋松华

锦簇花团，三县风光归眼底；

---

① 原注：《黔西对联汇集》。寺位于大关坡丰山。蒋松华，昆明人，清光绪时黔西知州。

② 泥滑滑：山鸟名。

③ 鼠牙，语出《诗经·国风·召南》："谁谓雀无角，何以穿我屋"。鼠牙：原指因为强暴者的欺凌而引起争讼。后比喻打官司的事。

星移物换，千年兴废在心头。

又 蒋松华

放开眼孔，看晓日才上，夜月正圆，山而欲来，溪云初起；
洗净耳根，听林鸟争啼，寺钟答问，渔歌唱晚，牧笛吹归。

[附记]选自本书编纂委员会编，冉砚农主编：《中国对联集成·贵州卷》（上），贵州民族出版社，2003，第405页。

4.其他寺院

永洪寺① 佚名

楚宫创建明初，推梓里禅林第一；
月溪溯源宋末，为水西佛地无双。

[附记]选自本书编纂委员会编，冉砚农主编：《中国对联集成·贵州卷》（上），贵州民族出版社，2003，第403页。

小关坡观音阁② 佚名

一湾绿水渔舟小；
万里青山佛寺幽。

观音阁③ 佚名

色相皆空，证菩提果；
庄严如妙，供曼陀花。

---

① 原注：《黔西对联汇集》。寺坐落黔西东部穿心寨河下游河谷（磨刀溪），建于明初，毁于清代。月溪，元末明初高僧。

② 原注：《黔西对联汇集》。该阁坐落小关坡半山峭壁下。

③ 原注：《黔西对联资料汇集》。该阁始建于明正德年间，现阁为民国初重建，已列为县文物保护单位。

[附记]选自本书编纂委员会编，冉砚农主编:《中国对联集成·贵州卷》（上），贵州民族出版社，2003，第 152 页。

挑水弯观音庙 佚名

若不回头，谁替你救难救苦；

倘能转念，何须我大慈大悲。

滥泥沟观音庙 佚名

瓶添净水剩将月；

袖树松梢惹浮云。

桂箐观音庙 佚名

鸟识玄机，衔得春来花上弄；

鱼穿地脉，抱将月向水边吞。

谷里观音庙 佚名

我门中缔结福缘，岂止在一炷信香，几声佛号；

你心里能全善果，必然的秋生桂实，冬茁兰芽。

钟山观音庙 佚名

石穴里一尾蟠龙，养头角于殿阁细流中，只待面壁功成，攀尔金鳞腾万里；

玉屏外千秋古柏，培根本在平地烟霞内，常听莺帝树上，占它苍翠壮群峰。

又 佚名

推开清净禅门，仰视西湖胜景，了见万仙石佛，跨来白鹤青龙，齐在云中观燕子；

抛却凡尘嚣事，隐居东海名山，邀迎八寨七贤，约到海螺天鸽，同来调内看犀牛。

九龙山庙 佚名

儒诚心，释明心，道修心，心心相应；

天覆物，地载物，人养物，物物皆同。

洪水观音庙 佚名

河声洗耳，山色萦怀，到此地万念俱空，转觉入海波涛未醒晨梦；

跨鹤仙亭，降龙佛在，问几个六根清净，能够僧房岁月共证枯禅。

金坡观音庙 佚名

一念同光，化爱河而成净土；

六根返本，安苦海以作慈航。

又 佚名

绿柳一枝，丝丝皆济人甘露；

莲花千朵，片片乃度世慈航。

古佛堡 佚名

端坐谈空，法无四相；

静观入定，果证三乘。

[附记] 选自本书编纂委员会编，冉砚农主编：《中国对联集成·贵州卷》（上），贵州民族出版社，2003，第 444-448 页。

蛇场南明寺[①] **佚名**

先觉后觉，非觉无觉；

人圆我圆，不圆亦圆。

---

① 原注：《黔西对联汇集》。寺位于黔西市金碧镇。

又 佚名

借一蒲团，请我佛向低处说法；

擎九莲瓣，问世人从哪里寻根。

又 佚名

救百千万劫，具大慈悲，湖山无恙；

现三十二相，说妙功德，物我同春。

回龙寺[①] 佚名

为定慈，为声闻，布金地于祇园，六通朗彻；

或净明，或圆觉，转法轮于鹿苑，五蕴圆融。

空桐树正觉寺[②] 佚名

法力无边，念上方书传贝叶，果证善提，三宝庄严观自在；

佛光有象，忆囊替经演祇园，功多妙谛，一务灯火领升平。

[附记] 选自本书编纂委员会编，冉砚农主编：《中国对联集成·贵州卷》（上），贵州民族出版社，2003，第404页、第414页。

九峰寺

九顶文峰，连络一贯结佛果；

十八罗汉，俱足两旁显神通。

[附记] 选自金实秋编：《佛教名胜楹联》，宗教文化出版社，1997，第987页。

---

① 原注：《黔西对联汇集》。寺位于黔西市城东门河畔。

② 原注：《黔西对联汇集》。

七星关观音阁坊 董朱英①

千里飞来，百尺青天留福地；

七星环拱，万家烟火庆南天。

[附记] 选自解维汉编选：《中国牌坊书院楹联精选》，陕西人民出版社，2007，第 68 页。

（三）织金县

1. 东山寺

东山寺 胡捷西

览景要留心，望对西山，莫误白岩为旱雪；

乍临当注意，名同东鲁，须知赤地号织金。

月影朦胧千树合；

钟声嘹亮万鸦归。

[附记] 选自黄贵先：《漫话“东寺晚钟”》，载贵州省织金县文化局编，朱邦才主编：《织金文物》（第 1 集），1984，第 123 页。

东山寺② **佚名**

山空无欲染，

洞僻有云浮。

---

① 董朱英，字陶然，直隶顺天府人（原籍江南太仓州嘉定县）。乾隆四年（1739）已未科进士。乾隆十九年至二十二年（1754–1757）任毕节县知县。重视地方建设，重修《毕节县志》，并捐俸禄刻版刊印。此坊清乾隆二十二年（1757）董朱英建。

② 原注：《中国佛教楹联精选》。

[附记]选自本书编纂委员会编，冉砚农主编:《中国对联集成·贵州卷》（上），贵州民族出版社，2003，第406页。

2. 鱼山

禅房（集句联） 吴纯武

四面常时对屏峰①；

万方多难此登临②。

藏经楼 喻友山

且把鱼山添二酉③，

好同蝉窟映三潭④。

济赈亭 喻友山

此间便是蓬莱，有名禅论道，好鸟兴歌，陶情美景，怡之娱之，使我超然物外；

你看亭称济赈，想沧浪妙词，醉翁佳句，修禊⑤良辰，悠也久也，令人乐在其中。

[附记]选自罗大胜:《蝉噪林愈静，鸟鸣山更幽——织金纪游之四》，载贵州省织金县文化局编，朱邦才主编:《织金文物》（第1集），1984，第85–86页。

济赈亭 孙绍中

人来亭楼，四面云山入眼底；

---

① （唐）元稹《以州宅夸于乐天》:“四面常时对屏障，一家终日在楼台。”

② （唐）杜甫《登楼》:“花近高楼伤客心，万方多难此登临。”

③ 二酉句：鱼山山名，为织金四大名山之一二酉。

④ 三潭句：三潭，即三潭滚月，为织金著名的风景。

⑤ 修禊：古代的一种习俗。农历三月上旬巳日，到水边游乐采兰，可以祛除不祥，谓之修禊。

客临池畔，一般俗虑去心头。

禅房

晚钟侧听，早雪静观，到此间，俗虑俱忘，学几谱古板道琴，聊增逸兴；
文浪北腾，墨峰远峙，入后面，尘嚣悉避，玩一番青山绿水，却尽愁烦。

且住亭 喻友山

步步登高，于斯且住；
摇摇直上，别有可观。

碧琉璃精舍① **黄承宣撰 黄春岩书**

为访仙踪来院里；
欲观佳景上楼台。

四大皆空，到此方知天地窄；
一层更上，置身恍在画图中。

遍地荆棘，欲寻桃源何处去；
满城烟景，要开眼界此间来。

水无波处鱼游泳；
树有声时鸟倦还。

[附记] 选自陈良修：《忆“鱼山”》，载贵州省织金县文化局编，朱邦才主编：《织金文物》（第 1 集），1984，第 111–112 页。

---

① 碧琉璃精舍建于民国六年（1917），是当时的织金县长吴树松主持修建的。

3. 三甲慈云洞、保安寺

织金慈云洞 孙清彦

古洞云深留佛住；

空门月满听僧敲。

[附记] 选自贵州省地方志编纂委员会编：《贵州省志·名胜志》，贵州人民出版社，1987，第253页。慈云洞位于织金县三甲白族乡政府所在地。孙清彦（1819–1884），字士美，号竹雅，清末书画名家。原籍云南呈贡。以军功保举，官至安顺知府。擅长书法，尤精行、草。绘画最擅画竹。传世之作以《画竹册》为精品。《画竹册》全名《平安花信之图》，是同治七年（1868）秋在郎岱为女婿段少青所作。原包括画竹24幅，今存15幅，藏于贵州省博物馆。

三甲慈云洞 佚名

色即是空空即是色；

天化开景景化开天。

又 佚名

月朗云开，让我举杯邀明月；

浪平风静，听人还棹唱渔歌。

[附记] 选自本书编纂委员会编，冉砚农主编：《中国对联集成·贵州卷》（上），贵州民族出版社，2003，第13页。

三甲保安寺① 易梧冈

古洞云深留佛住；

山月满门听僧敲。

---

① 原注：严成方集录。此联与上联同，应为书，而非撰。

[附记] 选自本书编纂委员会编，冉砚农主编：《中国对联集成·贵州卷》（上），贵州民族出版社，2003，第 431 页。易凤庭，字梧冈，广西灵川县人。嘉庆壬戌（1802）进士，任平远州（治今织金县）知州。学养深醇，清廉素著，培植人才，振兴书院，薄赋轻徭。

4. 其他寺院

西灵山　喻培兰

欲邀月影来前面，
要听风声在后头。

机杯钟声风送耳；
满城灯火月当头。

[附记] 选自陈良修：《西山早雪》，载贵州省织金县文化局编，朱邦才主编：《织金文物》》（第 1 集），1984，第 125 页。

圭峰观音岩

灵山开觉路，
宦海凌善□。

[附记] 选自程礼钧：《圭峰笏峙》，载贵州省织金县文化局编，朱邦才主编：《织金文物》（第 1 集），1984，第 107 页。

奇缘洞[①]　佚名

东川迎旭辉异景；
西壁飞光照奇缘。

① 原注：此二联为吴大荣、何继坤集录。

又 佚名

石壁云开，现一地山河，三千世界奇缘结；

水帘风卷，露半天里衢，十二重接古洞开。

[附记] 选自本书编纂委员会编，冉砚农主编：《中国对联集成·贵州卷》（上），贵州民族出版社，2003，第 41 页。

西山 谌云书

几杵钟声风送耳；

满城灯火月当头。

欲看月色来前面；

要听风声去后头。

[附记] 选自本书编纂委员会编，冉砚农主编：《中国对联集成·贵州卷》（上），贵州民族出版社，2003，第 13 页。

（四）威宁自治县

1. 涌珠寺

涌珠寺① 向义

月到天心处，风来水面时②，载得明珠十万斛；

衣上白云多，眼中沧海小③，别开法界一千年。

---

① 原注：在威宁城北里许，为元代古刹，殿前有珍珠泉，滥为方池，宽七八丈，泠然清澈，累累若贯珠，黔中珠泉十数无逾此者。院内有珍珠泉约 17 米左右，水珠涌，终日不绝，为黔中珠泉之最大者。

② 此句出自（北宋）邵雍《清夜吟》诗："月到天心处，风来水面时。一般清意味，料得少人知。"

③ "眼中沧海小，衣上白云多"，出自嘉靖年间林世壁游福州鼓山五律诗。

[附记] 选自向义：《六碑堪联剩》（卷之上），载向行端编：《黔联璀璨》，贵州人民出版社，2003，第 18–19 页。

殿楼[①] 佚名

十里红尘飞不到；

一方清气晓来多。

又 佚名

若要一身清俗虑；

好从五夜听钟鸣。

又 佚名

惊心鼓震幽冥界；

揽胜人游波浪天。

又 佚名

出山犹似在山间，回看塔影波光，水溅葡萄增逸兴；

去年哪有今年好，忽闻渔歌樵唱，雪飞杨柳动归思。

[附记] 选自本书编纂委员会编，冉砚农主编：《中国对联集成·贵州卷》（上），贵州民族出版社，2003，第 142 页。

涌泉寺戏台对联 佚名

地隔红尘，鼓选胜登临，恰好楼台刚近水；

歌传白室，看柳明花暗，如闻莺燕共调春。

[附记] 选自中国戏曲志编辑委员会：《中国戏曲志·贵州卷》，中国

① 原注：此三联皆为魏朝真集录。

ISBN 中心出版，2000，第 558 页。

2. 凤山寺

凤山寺 陈小甫[①]

俯仰天人大怀抱；

味游山水古风流。

凤山寺 佚名

蓬岛依稀在人间，好凭它长虹引去；

指点山城如画里，莫认之大蜃吹来。

凤山寺 徐仁龙[②]

慧海明珠，龙光射斗三千丈；

灵山丽日，凤翼连云十万家。

[附记] 选自贵州省地方志编纂委员会编：《贵州省志·名胜志》，贵州人民出版社，1987，第 259 页。

（五）大方县

回龙寺[③] **宋蛟**

馆借六龙，莫辜负凤岭朝云、凰山夕照；

春回万象，犹记得流花诗草、洗砚纹波。

---

① 陈小甫，云南人。

② 徐仁龙，云南宣威人。

③ 原注：陈萌波集录。回龙寺，在大方县六龙场，习称大庙。

兴隆寺[①] **何思贵**

圣世平□，得有大方成显郡；

吴公杀虎，为无荷政转伤人。

[附记]选自本书编纂委员会编，冉砚农主编：《中国对联集成·贵州卷》（上），贵州民族出版社，2003，第409页。

（六）金沙县

高岩寺[②] **卓问渔**[③]

玉屏金宝拥高岩，曲水悠悠，青岚抹野，隐椅开襟，凡尘都涤净；

绿竹白云参古刹，层峦莽莽，碧色连天，凭栏远眺，壮气自升华。

金龙寺[④] **今人撰联**

金铸沙溪，百里山川开慧眼；

龙吟古镇，万家忧乐仰慈心。

座上莲花，占断西方三月景；

瓶中杨柳，分来南海一枝春。

西方贝叶千秋翠；

南海莲花九品香。

随处化身，不生不灭；

---

① 原注：原载《大定府志》。簸罗脊，位于大定县（今大方县）城南30公里处。此地之兴隆寺有碑曰“吴公杀虎处”。碑载：“吴公名廷龙，浙江山阴人。簸罗管旧有虎患，行者恒罹其害。寺僧如松收白骨掩之。康熙间吴公为武官征滇过此，逐虎杀之，其患乃绝。”据此，清咸道间黔西人何思贵题联于寺门。

② 高岩寺，位于金沙县城关镇大定村长征组。

③ 卓问渔（1916–1997），贵州省黔西县打鼓新场（今金沙县城关镇）人。著名画家。

④ 金龙寺，位于金沙县城关镇大定村胜利组。

寻声救苦，大慈大悲。

观空有色西江月；
听世无风南海潮。

[附记]选自政协贵州省委员会文史资料委员会《贵州旅游文史系列丛书》编委会编：《玉水金山》，贵阳：贵州人民出版社，2005，第18页、第21页。

六、铜仁市寺院楹联

（一）铜仁梵净山

敕赐梵净山重建金顶亭联 李芝彦

天心池、金沙池、九龙池，倒泻银河无异临海之挂鹤[①]；

太子石、青阳石、金子石，高标玉笋不让陈仓之鸣鸡[②]。

[附记] 选自贵州省铜仁地区文化局、贵州省铜仁地区诗词楹联学会编：《梵净联韵·中国对联集成·铜仁地区卷》，2002，第 31 页。李芝彦，明万历戊午（1618）时任户部朗中。

梵净山承恩寺门联 佚名

秋雨苍茫，不润无根之草；

佛门广大，难佑不善之人。

[附记] 选自贵州省铜仁地区文化局、贵州省铜仁地区诗词楹联学会编：《梵净联韵·中国对联集成·铜仁地区卷》，2002，第 42 页。

---

① （南朝·宋）孙诜纂《临海记》：“郡西有白鹤山，山上有池，泉水悬溜，远望如倒挂白鹤，因名挂鹤泉。”

② 此句源于典故“陈宝雉鸣”。见《史记·封禅书》。秦穆公时，陈仓人掘地得到一个非猪非羊的怪物，将献给穆公，路上遇到二童子，说此物名叫“媦”，必须杀掉。媦说这两个童子叫陈宝，得到男孩能成王，得到雌女孩可称霸。陈仓人舍媦而追逐之，二童子化为雉飞去。陈仓人将此事告知秦穆公，后穆公打猎，果然得到雌者，因以立祠，名曰陈宝祠。

梵净山① **刘蕴良**

梵韵月中飘，跨迎虹狮凤以称雄，七星俨北斗扪来，高凌上界；

净光云里现，控邛竹蛮荆而挺险，一柱竟南天撑起，俯瞰中原。

金刀峡 刘蕴良

（峡与桥通，遥与二酉山相抗。）

险劈五丁携鬼斧；

高凌二酉接仙桥。

客堂 刘蕴良

来忽去，去忽来，或去或来，去去来来忙迫迫；

坐又行，行又坐，且行且坐，行行坐坐闹纷纷。

[附记] 选自何静梧、龙尚学主编，贵阳市编纂委员会办公室编：《贵州联语两种》，贵州教育出版社，1999，第16页。

梵净山② **向义**

梵天王何时曾来，万里风烟，中峰插霄汉；

辟支佛此间小住，千年香火，遗迹永河山。

[附记] 选自向义：《六碑堪联剩》（卷之上），载向行端编：《黔联璀璨》，贵州人民出版社，2003，第41页。

承恩寺（上茶殿） 佚名

烽烟六载平凶曜；

---

① 原注：迎虹、狮凤诸山俯出，其下山麓毗连川楚。

② 原注：在铜仁乌罗司北，一名月镜山。绵亘百里，群峰耸峙，分为九支。中涌一峰曰“金刀峡”，突兀陡绝，其高千仞，中如斧划，劈为两顶。上连石桥长数十丈，陟者皆攀纽上下，如蹈空而行，多望而却步。寺在极顶，风峭不可，瓦冶以铁，千里风烟，一览而尽。山后有九龙池，相传有辟支佛遗迹。

香火万家奉福星。

[附记] 选自政协铜仁地区工作委员会编著：《中国梵净山佛教文化文物研究》，贵州人民出版社，2011，第 7 页。此联为石刻对联，位于承恩寺正殿右侧门。

梵净山 （明）喻政

古殿灯燃长白昼；

危楼钟动欲黄昏。

[附记] 选自贵州省铜仁地区文化局、贵州省铜仁地区诗词楹联学会编：《梵净联韵·中国对联集成·铜仁地区卷》，2002，第 9 页。

梵净山 李连碧

清江雨露千秋润；

金顶光明万象新。

梵净山 廖云鹏

金刀劈破佛分地；

铁索牵扶人上天。

又

舞凤昂头翔并日；

游龙仰首啸吞烟。

又

山向昆仑寻发脉；

水从湘泽溯源头。

又

慈云法雨天无暑；
翠竹黄花地不秋。

又

拜石不忘呼太子；
摩岩何幸晤观音。

又

莲花有座瓶生露；
梵净无尘峡放烟。

放胆重临金佛顶；
皈心再拜石龙头。

观音竹老竿竿翠；
罗江松□处处春。

[附记] 选自贵州省铜仁地区文化局、贵州省铜仁地区诗词楹联学会编：《梵净联韵·中国对联集成·铜仁地区卷》，2002，第 9–11 页。

（二）碧江区

1. 东山

东山　汪炳璈

山不在高，万变沧桑留柱石；
我非来暮①，一天花雨到蒲团。

---

① 来暮：本为东汉蜀郡百姓对太守廉范的颂辞，后用为赞扬地方官德政之典。

[附记]选自贵州省楹联学会编：《联语九百》，贵州民族出版社，2012，第56页。

东山寺[1] 向义

水中明月卧浮图，每向铜人话畴昔；

江上青山横绝壁，来与弥陀共一龛。

[附记]选自向义：《六碑堪联剩》（卷之上），载向行端编：《黔联璀璨》，贵州人民出版社，2003，第41页。

东山 李元国

登临喜云树依然，记廿年把酒题诗，此地尚余鸿爪雪；

文字为江山生色，看一样长天秋水，何人得趁马当风。

[附记]选自贵州省楹联学会编：《联语九百》，贵州民族出版社，2012，第55页。

东山寺门 佚名

慧眼遥观，英雄好汉今何在；

晨钟暮鼓，击醒忠良古来多。

[附记]选自贵州省铜仁地区文化局、贵州省铜仁地区诗词楹联学会编：《梵净联韵·中国对联集成·铜仁地区卷》，2002，第38页。原注：清代楹联。铜仁市杨九昌收集。

---

① 原注：东山寺位于城东隅，突兀奇绝，俯瞰铜仁江，绝壁上有“云影江声”四大字。明嘉靖中，太守李资坤建大观亭于山顶，康熙间改建东山寺。

2. 其他寺院

飞山庙观音殿[1] **张伟堂**

不弃恶从善，恕我慈航难普渡；

能革面洗心，保你苦海自有边。

[附记] 选自本书编纂委员会编，冉砚农主编：《中国对联集成·贵州卷》（上），贵州民族出版社，2003，第409页。

铜仁莲池庵[2] **佚名**

高抬头，银光碧照；

远放眼，春色全收。

[附记] 选自本书编纂委员会编，冉砚农主编：《中国对联集成·贵州卷》（上），贵州民族出版社，2003，第479页。

（三）玉屏自治县

三箭寺[3] **洪其哲**

三箭寺前三座塔；

五台山上五重峰。

[附记] 选自贵州省铜仁地区文化局、贵州省铜仁地区诗词楹联学会编：《梵净联韵·中国对联集成·铜仁地区卷》，2002，第29页。洪其哲，贵州玉屏人。清乾隆时期翰林。

---

① 原注：铜仁市吴刚集录。

② 原注：张兴文集录。

③ 标题为选录者加。原注：玉屏自治县姚绍坤收集。

水月庵 洪其哲

横额“胜景增辉”。

水月寺鱼跃兔走；

山海关虎啸龙吟。

[附记] 选自郑德诩：《玉屏古寺院》，载政协玉屏侗族自治县委员会文史资料委员会：《玉屏文史资料》（第 2 辑），1989，第 154 页。

玉屏紫气山① 佚名

紫气山顶微星照；

㵲水河畔太阳红。

[附记] 选自贵州省铜仁地区文化局、贵州省铜仁地区诗词楹联学会编：《梵净联韵·中国对联集成·铜仁地区卷》，2002，第 29 页。

玉屏飞凤山庙联 佚名

相传鹿皮仙翁云游至此，选翠竹数竿制成平箫名扬天下；

据说袈裟和尚身处绝境，得白米一窝□□性命贻笑人间。

[附记] 选自贵州省铜仁地区文化局、贵州省铜仁地区诗词楹联学会编：《梵净联韵·中国对联集成·铜仁地区卷》，2002，第 42 页。原注：明代楹联。玉屏自治县姚绍坤收集。

① 原注：民国时期楹联。玉屏自治县龙必先收集。

（四）思南县

观音阁 李渭

山色溪光羁客坐；

花香鸟语寄诗怀。

[附记] 选自金实秋编：《佛教名胜楹联》，宗教文化出版社，1997，第 987 页。

许家坝双坝莲台寺 佚名

到处是名山，喜殿前古树环生，俨若游三州蓬岛；

此间真福地，看寺外诸峰罗列，巍然耸一座莲台。

县城永祥寺 佚名

议场不比战场，那里地头说那话；

会址原系庙地，当天和尚撞天钟。

沙河乡福寿寺 佚名

福寿寺，大地山河三千世界；

玉皇楼，半天云阁十二栏杆。

[附记] 选自贵州省铜仁地区文化局、贵州省铜仁地区诗词楹联学会编：《梵净联韵·中国对联集成·铜仁地区卷》，2002，第 37 页、第 39 页。原注：清代楹联。思南县汪育江收集。

万佛钟声 黄少瑜

左临洞口，右据桥头，看寺院重重，恰培一场风水；

晨听钟声，暮闻鼓响，觉香烟渺渺，共托万佛慈悲。

[附记]选自政协思南县委员会文史资料研究委员会编：《思南文史资料选辑》（第8辑），1985，第119页。黄少瑜，清思南府学附生。

（五）印江自治县

1.天庆寺

天庆寺联　深持（僧）①

于昭于天②，仗兹佛力宏深，普度群民离苦海；
欣然有庆，愿汝灵根不昧，大家一道上慈航。

天庆寺山门　佚名

云海深藏僧寺立；
梵音广播法源清。

[附记]选自政协铜仁地区工作委员会编著：《中国梵净山佛教文化文物研究》，贵州人民出版社，2011，第16页。

天庆寺③　**虚堂**

古迹尚存石级梯登，视天庆宏观，宛若上清仙境；
前生是我蒲团静坐，缅深持道行，居然出世奇人。

[附记]选自本书编纂委员会编，冉砚农主编：《中国对联集成·贵州卷》（上），贵州民族出版社，2003，第410–411页。虚堂，天庆寺38世住持。

---

① 深持（1637–1705），天庆寺三十五世主持，清康熙时重修天庆寺殿堂。

② 语出（先秦）《大雅·文王》："文王在上，于昭于天。"

③ 原注：杨再荣集录。

2. 木黄鱼泉寺

鱼泉寺

古寺蒲牢惊梦醒；
鱼泉活水养心灵。

明意菩提心境静；
菜羹麦饭钵盂香。

鱼悟化机参活泼；
泉开幽境自清凉。

[附记] 选自贵州省铜仁地区文化局、贵州省铜仁地区诗词楹联学会编：《梵净联韵·中国对联集成·铜仁地区卷》，2002，第39–40页。原注：清代楹联。印江自治县杨再荣收集。

鱼泉寺 佚名

携去芒鞋手里功成征象力；
敲来檀板云中声隐助鱼泉。

[附记] 选自印江自治县文化体育广播电视旅游局编：《印江土家族苗族自治县文物志》，2012，第215–216页。鱼泉寺位于印江自治县木黄镇燕子岩村鱼泉村民组。县级重点文物保护单位。

3. 青云寺

青云寺三重堂柱联 若虚

画阁三层掩梵宇；
青灯一盏照如来。

[附记] 选自肖忠民编注：《印江前史拾遗》，中国炎黄文化出版社，2012，第 337 页。若虚，住持僧。

青云寺　陆晏平

拾级步青云，人在仙山忘下世；

披襟赏明月，我来佛寺悟前因。

[附记] 选自印江自治县文化体育广播电视旅游局编：《印江土家族苗族自治县文物志》，2012，第 216 页。陆晏平，曾任思南知府。青云寺位于新寨乡大云半村，始建于明嘉靖三十八年（1559），有上殿下殿和厢房。1959 年后，由学校使用。

4. 其他寺院

枕江亭联　柳元翘

枕簟[①]月明时，古寺蒲牢惊梦醒；

江城梅落后，高楼玉笛有人吹。

[附记] 选自贵州省铜仁地区文化局、贵州省铜仁地区诗词楹联学会编：《梵净联韵 · 中国对联集成 · 铜仁地区卷》，2002，第 33 页。原注：印江自治县魏敦全收集。

河缝石龛中肖观音像　肖剑斗

利斧辟荆榛，日照月临，亿万民颂张侯治绩；

奇崖成坦道，山长水远，百千里通禹贡车书。

[附记] 选自何静梧、龙尚学主编，贵阳市编纂委员会办公室编：《贵州联语两种》，贵州教育出版社，1999，第 42 页。肖重望，字剑斗，明万

① 枕簟（diàn）：枕席。泛指卧具。

历丙戌科（1586）进士，官至都察院左佥都御史。

大圣磴揽月亭联 佚名

兴致托青莲，举杯欲邀明月共；

猖狂怀阮籍①，披襟长啸彩云间。

[附记] 选自贵州省铜仁地区文化局、贵州省铜仁地区诗词楹联学会编：《梵净联韵·中国对联集成·铜仁地区卷》，2002，第32页。原注：清代楹联。印江自治县杨再荣收集。

峨岭镇木黄大兴阁 佚名

是谁敲月下门，紧闭禅关静坐，漫研黄石录；

有客题庵中壁，独抒己见豪饮，喜得碧纱笼②。

[附记] 选自贵州省铜仁地区文化局、贵州省铜仁地区诗词楹联学会编：《梵净联韵·中国对联集成·铜仁地区卷》，2002，第54页。原注：清代楹联。印江自治县杨再荣收集。

朗溪司玉皇阁墙柱 田沐素

愿将佛手双垂下；

摹得人心一样平。

[附记] 选自本书编纂委员会编，冉砚农主编：《中国对联集成·贵州卷》（上），贵州民族出版社，2003，第160页。原注：清代楹联。印江自治县王正纲收集。

---

① 猖狂：谓随心所欲，无所束缚。阮籍（210–263），字嗣宗，陈留（今属河南）尉氏人，三国时期魏诗人，竹林七贤之一。八岁可写文章。酷爱儒家，崇奉老庄之学。

② 将别人题在壁上的诗，用碧纱笼罩，加以保持。典源：（五代）王定保《唐摭言·起自寒苦》："王播，少孤贫，尝客扬州惠昭寺木兰院，随僧斋餐，诸僧厌怠，播至已饭矣。后二纪，播自重位出镇是邦，因访旧游，向之题已皆碧纱幕其上。"

朗溪观音阁联 佚名

占断西湖三月景；

分来南海一枝春。

[附记] 选自肖忠民编注：《印江前史拾遗》，中国炎黄文化出版社，2012，第 337 页。

西岩寺联 佚名

寻来峡口桃花，问避秦人，当日不知谁作主；

步上西岩古寺，拜莲座佛，前生安见我非僧。

[附记] 选自贵州省铜仁地区文化局、贵州省铜仁地区诗词楹联学会编：《梵净联韵·中国对联集成·铜仁地区卷》，2002，第 37 页。原注：宋代楹联。印江自治县杨再荣收集。

毛寨三星寺拥壁联 任焕奎

盖拥紫云朝托钵①；

花飞红雨夜谈禅②。

[附记] 选自贵州省铜仁地区文化局、贵州省铜仁地区诗词楹联学会编：《梵净联韵·中国对联集成·铜仁地区卷》，2002，第 41 页。原注：民国时期楹联。印江自治县魏敦全收集。

观音寺联

南海驾慈航，普度众生超苦海；

西天悬慧日，光照群庶乐尧天。

---

① 此句出自（南宋）唐仲友《元应善利真人祠》：“紫云拥飞盖，知是真仙来。”

② （唐）殷尧藩《襄口阻风》：“鸥散白云沈远浦，花飞红雨送残春。”

[附记] 选自本书编纂委员会编，冉砚农主编：《中国对联集成·贵州卷》（上），贵州民族出版社，2003，第454页。

护国寺 黎培敬

护国镇威灵，回忆十数年前，蛮瘴纷披，狼烟竞起，犹幸棨帏暂驻，拾蚕虫，开鸟道，化草木以回春，从此梵贝宣和，万家长隶慈悲域。

黔山滋保障，纵横千百里外，澧沅横带，衡岳相望，深惭履屦未临，扶天星，窥月窟，撼风云而变色，谨记卮颜献瑞，一派齐歌雅颂声。

[附记] 选自印江土家族苗族自治县志编纂委员会：《印江土家族苗族自治县志·梵净山志》，贵州人民出版社，1992，第1042页。政协铜仁地区工作委员会编著：《中国梵净山佛教文化文物研究》，贵州人民出版社，2011，第13页。黎培敬，字简堂、开周。湖南湘潭人。咸丰十年（1860）进士。同治年间任贵州学政、贵州布政使。光绪元年（1875）升贵州巡抚。官至江苏巡抚。一说此联为清光绪年间贵东道道员易佩绅所撰。易佩绅，湖南龙阳人，咸丰八年（1858）举人。光绪三年至五年（1877–1879）任贵东兵备道，后官至江苏布政使。博学多才，著述颇丰，尤工书法。

（六）德江县

潮砥观音阁 黎文璧

禅心同月白；
法相得天清。

环二江为带，远眺近瞻，入目云路波回峰转；
依一山而立，前呼后拥，倾耳激流雷出地奔。

意静不随流水转；
心闲还逐白云飞。

禅林空色相；
石刹焕嵬峨。

[附记]选自贵州省铜仁地区文化局、贵州省铜仁地区诗词楹联学会编：《梵净联韵·中国对联集成·铜仁地区卷》，2002，第55–56页。原注：清代楹联。德江县黎世宏收集。黎文璧，贵州德江人。举人。

香炉山莲花寺莲 田茂颖

爪鳞飞动烟云气；
头角分明造化功。

篆烟袅袅随云住；
修竹亭亭带露浓。

日暖樵歌来万树；
月高梵语落孤桐。

[附记]选自贵州省铜仁地区文化局、贵州省铜仁地区诗词楹联学会编：《梵净联韵·中国对联集成·铜仁地区卷》，2002，第40页。原注：清代楹联。德江县王治平收集。

德江县傩戏戏台 佚名

三清圣驾临凡境；
四府高僧降宝坛。

[附记]选自解维汉编选：《中国戏台乐楼楹联精选》，陕西人民出版社，2008，第204页。

（七）沿河自治县

观音崖观景亭[①] **周恩寿**

此地即慈航，莫只看帆樯[②]上下；

当窗有明镜，须领略水月澄清。

待渡亭 覃梦松

待驾慈航成普渡；

且看只手挽狂澜。

[附记] 选自本书编纂委员会编，冉砚农主编：《中国对联集成·贵州卷》（上），贵州民族出版社，2003，第 117 页。周恩寿（荫棠），清代贵州沿河人。光绪丁酉（1897）科优贡。

禅堂联 佚名

禅杖能挑沧海月；

袈裟可接祖师风。

[附记] 选自本书编纂委员会编，冉砚农主编：《中国对联集成·贵州卷》（上），贵州民族出版社，2003，第 485 页。

（八）松桃自治县、江口县、石阡县

松桃培风寺 佚名

月映江水江映月；

① 原注：此二联均为刘之禄集录。

② 樯（qiáng）：桅杆。

山隐佛寺佛隐山。

[附记]选自政协铜仁地区工作委员会编著：《中国梵净山佛教文化文物研究》，贵州人民出版社，2011，第62页。培风寺位于苗族自治县大路乡寨冠村两河，清朝康熙十二年（1673）建。

江口县城香山寺　佚名

要成法界开源处；

此是禅宗第一关。

[附记]选自政协江口县委编著：《梵净神韵·江口卷》，贵州人民出版社，2006，第206页。

石阡白马寺　佚名

五色珠光成舍利；

三生金粟悟如来。

[附记]选自政协铜仁地区工作委员会编著：《中国梵净山佛教文化文物研究》，贵州人民出版社，2011，第82页。白马寺位于石阡县白沙镇白马坡下。始建于明朝，依山而建。1958年建白沙中学时拆除。

七、黔西南自治州寺院楹联

（一）安龙县

玉泉寺[①] **佚名**

绿水青山，随处可通觉路；

松风花雨，触来尽是禅机。

观音寺 佚名

观去本皆空，看山前花放水流，无非幻境；

音从何处起，听门外渔歌樵唱，尽是天机。

[附记] 选自何静梧、龙尚学主编，贵阳市编纂委员会办公室编：《贵州联语两种》，贵州教育出版社，1999，第 382 页。

（二）普安县

鹦鹉寺 蔡毓荣

一峰天半闻鹦语；

万籁松间只鸟啼[②]。

---

① 玉泉寺位于安龙县城区东隅。原注：玉泉寺，今俗呼为大佛寺，明初建。寺中有明末永明王赐月幢禅师之架裟、鹤顶珠。月幢禅师，详《方外传》。康熙五十年（1711），通判杨某为定寺租。五十七年（1718），通判张士佳修。嘉庆二年（1797），知府曹廷奎重修。

② 鸟啼，一说为马蹄。

[附记] 选自贵州省楹联学会编：《联语九百》，贵州民族出版社，2012，第 58 页。蔡毓荣，字仁庵，汉军正白旗人。康熙初，任刑部侍郎，先出任湖广四川总督、湖广总督加兵部尚书、云贵总督。多次上疏言四川招民垦荒事宜。康熙十四年（1675）率军平定吴三桂叛乱，功绩卓著。

鹦鹉寺① 向义

御风天际行，正探云海苍茫，陇口忽闻鹦鹉语；

寻幽方外去，那禁泽家懊恼②，山前怕听鹧鸪声。

[附记] 选自向义：《六碑堪联剩》（卷之上），载向行端编：《黔联璀璨》，贵州人民出版社，2003，第 16 页。

（三）兴仁市

积园寺 佚名

日为宝镜天天照；

月作明灯夜夜光。

[附记] 选自本书编纂委员会编，冉砚农主编：《中国对联集成·贵州卷》（上），贵州民族出版社，2003，第 441 页。寺位于兴仁市城建国路。

殿堂走廊抱柱楹联 陈福桐③

感悟禅机，来来往往众生缘；

---

① 原注：在普安县西 25 里，地名鹦哥嘴。盖山形如鹦，寺适当其喙，遍山皆松。为旧日驿道所经，征途过此，不啻身游黄山云海中也。

② 语出（前蜀）韦庄《鹧鸪诗》：“懊恼泽家非有恨，年年长忆凤城归。”自注：“懊恼泽家，鹧鸪之音也。”

③ 陈福桐（1917–2010），笔名梧山，贵州遵义人，贵州著名历史学家、书法家。

欲释佛义，去去留留明法性。

几卷经，半窗月，穿栏竹影透禅机；
一派水，数重山，出岭钟声添佛韵。

市语尘啸，觉悟玄妙机缘；
月影松声，修为空灵品性。

[附记] 选自本书编纂委员会编，冉砚农主编：《中国对联集成·贵州卷》（上），贵州民族出版社，2003，第 441 页。寺位于兴仁市城建国路。

八、黔东南自治州寺院楹联

（一）凯里市

香炉山 刘蕴良

斫剑地频摧，恨如此□□，从古每教□虏据；

焚香天可告，慨蕤兹井里，于今常愿圣人生。

[附记] 选自何静梧、龙尚学主编，贵阳市编纂委员会办公室编：《贵州联语两种》，贵州教育出版社，1999，第 28 页。

大风洞① **刘蕴良**

仙境媲桃源，俨偕渔父重游，别开天地；

妖氛销竹壤，愿与山灵有约，永靖风雷。

僧舍 刘蕴良

佛耳不嫌松曳韵；

仙心却喜桂飘香。

[附记] 选自何静梧、龙尚学主编，贵阳市编纂委员会办公室编：《贵州联语两种》，贵州教育出版社，1999，第 20-21 页。

---

① 原注：洞中常闻风雷之声，故名。昔有数人裹粮携烛，穷洞之所尽，忽花柳成村，别有天地。

新峰寺大雄宝殿

喜今朝，罗汉山前金容紫殿，翠柏苍松，叩玉磬，鸣金钟，沉檀缥缈，曾几何时云集诸方佛子结殊胜因缘，修慧修福、竭诚竭智缔造妙悟乐园，护持禅悦静境，但求得亿劫流香，传灯后起隆绍法门恒开人天盛会。

看此刻，龙头河上竣宇高楼，红妆彩缨，吹芦笙，击铜鼓，铃坠叮当，四十五载聚凝百万农商成亲密整体，载歌载舞、同德同心建设新兴城市，洋溢民族风情，正不断一层更跻，放眼将来宏观世界壮大苗侗名都。

二零零一年十二月吉日洪寅撰联　陈福桐书

（二）黄平县

1. 飞云岩（月潭寺）①

飞云岩② 赵尔巽

太古閟林泉，笑仙亦好名，流水忽教迎客至；
遐陬望霖雨，问佛能济世，白云肯放出山无。

又 赵尔巽

天入黔中青，安得胜游约东野；
地藏云里寺，莫教飞去占西湖。

[附记] 选自贵州省楹联学会编：《联语九百》，贵州民族出版社，2012，第 54 页。

---

① 黄平飞云岩，也称飞云崖、东坡山、月潭寺、飞云洞。

② 原注：二联均系贵阳胡嗣芬（宗武）代笔。

飞云岩 李沄[①]

从何处飞来，乃有斯峥嵘头角，压倒群峰，试问前身，得无是韩昌黎[②]所称怪物；

到此间蟠伏，尽凭尔磊落心胸，包余荒徼，不逢青眼，可能如杜工部[③]之拔奇材。

又 李沄

不证仙源游福地，那知尘世劳人，梦里荣枯，如云之幻；

待寻佳处占精庐，又恐山灵恼我，夜来风雨，拔宅而飞。

又 佚名

此地有崇山，左竹右松饶雅致；

共门通曲径，清风明月证禅心。

[附记] 选自贵州省楹联学会编：《联语九百》，贵州民族出版社，2012，第 67 页。

飞云岩 张世准

洞口飞云泉答响；

山坳补堞月添高。

[附记] 黎平主编：《黄平自助游系列丛书之三·黔南第一洞天飞云崖》，中国文联出版社，2004，第 88 页。张世准，字叔平。湖南辰州人。光绪初举人。喜爱金石，能诗善画。寓居遵义时，守令长官及文学社相与订交，

---

① 李沄，字稚存，曾官知府。

② 韩昌黎：韩愈（768–824），字退之，自称郡望昌黎。河南河阳（今河南孟州）人，唐代杰出的文学家、政治家。他“觝排异端，攘斥佛老”，但同时又多与佛、道两教人士接触。表现出思想与行为的矛盾性。

③ 杜工部：杜甫（712 — 770），字子美，自号少陵野老，世称“杜工部”，河南府巩县（今河南省巩义市）人，唐代伟大的现实主义诗人。

后至贵阳设馆卖画。著有《播州诗草》，与遵知府倪应复著《克斋诗草》合刊为一册。

月潭寺　李经羲①

边域晦奇材，云水无私成此石；

灵岩挟飞势，风雷在抱蔚为霖。

飞云岩　田联（清代）

绝好洞中云，会际良辰都出岫；

当为天下雨，偕来胜地且随车。

飞云岩　佚名（清代）

飞高飞下凭谁定；

云来云去任自由。

飞云岩　龚学海②

洞辟几时，抚孤松而不语；

云飞何处，输老鹤以长闲。

[附记] 黎平主编：《黄平自助游系列丛书之三·黔南第一洞天飞云崖》，中国文联出版社，2004，第 87–88 页。

飞云洞③ **刘蕴良**

似云毕竟非云，俨同云起山腰，沛甘霖而遍天下；

无洞还如有洞，绝好瀑飞洞口，流清泉以到人间。

---

① 李经羲，安徽合肥人。字仲轩，李鸿章侄。清光绪间，历任广西、云南、贵州巡抚及云贵总督。民国初年，袁世凯任为政治会议议长，后任北京政府国务总理兼财政总长。参与张勋复辟，后退职。

② 龚学海，字醇斋。湖北天门人。乾隆进士。历官湖南道，以事降同知，发贵州丹江。

③ 原注：怪石层叠如飞云，有瀑布飞挂其上。

[附记] 选自何静梧、龙尚学主编，贵阳市编纂委员会办公室编：《贵州联语两种》，贵州教育出版社，1999，第 17 页。

客堂 刘蕴良

驻雕鞍遍访山灵，恰片时茶话相逢，权来坐坐；

脱玉带欲参佛子，奈千里萍踪未定，又去行行。

[附记] 选自何静梧、龙尚学主编，贵阳市编纂委员会办公室编：《贵州联语两种》，贵州教育出版社，1999，第 18 页。

飞云崖牌坊 刘蕴良

入径秀凝目，云影不随花影散；

到门清拂耳，瀑声常带树声来。

洞挂水为帘，忆桃花几度嫣红，还来故我；

岩撑云作盖，问芝草何年挺翠，更遇仙翁。

飞云崖三教殿 刘蕴良

儒教正心，释教明心，道教修心，心境由妙境而开，蕴空中一片氤氲，霭然若此；

圣宗率性，佛宗见性，仙宗养性，性源为灵源所汇，显当下十分活泼，逝者如斯。

[附记] 黎平主编：《黄平自助游系列丛书之三 黔南第一洞天飞云崖》，中国文联出版社，2004，第 90、94 页。

次柱楹联 李承栋①

竞从碧落飞，天际好随神物去；

不灭壶峰秀，岩间定有羽人居。

中柱楹联 韩鸣皋②

此地有崇山，左竹右松绕雅趣；

其门通曲径，清风明月证禅心。

次柱楹联 佚名（民国时期）

大道东行，突入西天佛地；

鸿恩北至，打开南国禅关。

[附记]黎平主编:《黄平自助游系列丛书之三·黔南第一洞天飞云崖》，中国文联出版社，2004，第 91–92 页。

飞云崖小官厅内壁书联 云岩随缘子海澜氏

此地有清泉怪石；

其人如野鹤闲云。

[附记]黎平主编:《黄平自助游系列丛书之三·黔南第一洞天飞云崖》，中国文联出版社，2004，第 94 页。海澜，清未民初飞云崖月潭寺僧，属临济宗紫衣堂第 29 代。其法名取于“法海波澜，泛之者未易”之语。

月潭寺（中柱楹联） 瞿鸿锡

丹崖皓月护千年，竟幻作莲花世界，听流泉漱石响答鸣琴，苍翠亦留人，

---

① 李承栋（1871–1930），贵州黄平人，桂林法政学堂毕业。曾代理广西马坪知县。后任黄平县修志局局长，主集（民国）《黄平县志》。著有《寄奎轩诗文稿》。

② 韩鸣泉（1896–1969），名鹤宗。贵州黄平人。1920 年贵州省师范学堂毕业。擅书法，为严寅亮弟子。其中医造诣亦深。

知此间固别有天地；

南海慈云飞一片，赖重新竺国琳宫，况几杵梵钟撞醒尘梦，光明原觉物，统斯民而再拜神仙。

[附记]选自吴纯俭著:《筑城纪事》，贵州人民出版社，1995，第269页。瞿鸿锡（1844–1918），字子浚，湖南善化（今长沙县）人。监生，清光绪十三年（1887）补授黄平知州，曾先后三履黄平州任。后又任署贵东兵备道等职。

2. 其他寺院

华严寺[①] 刘蕴良

看仙翁手拍云端，浑疑桂苑高凌，约汝三清游上界；

待老子昂头天外，漫道竹疆远隶，让他五岳镇中邦。

[附记]选自何静梧、龙尚学主编，贵阳市编纂委员会办公室编：《贵州联语两种》，贵州教育出版社，1999，第18页。

重安江观音寺 刘星岑

火宅[②]忽回身，问法雨慈云，救得群生无量苦；

铁桥重到眼，听朝钟暮磬，不须再画辟支禅。

八千里鸟道巉岩，念般若真如，时向南溟求宝筏[③]；

廿二根铁梁稳固，守边疆重地，每依北斗望神京。

[附记]选自何静梧、龙尚学主编，贵阳市编纂委员会办公室编：《贵州联语两种》，贵州教育出版社，1999，第366页。刘星岑，名湝焴，字星岑。

---

① 原注：山有八庙，兵燹后仅存其二。仙人峰即在寺后。

② 火宅：佛教喻烦恼的俗界。

③ 向南溟：比喻归隐。宝筏：比喻引导众生渡过苦海到达彼岸的佛法。

盐山人。咸丰五年（1855）举人。官内阁中书，擢员外郎、知府。

（三）镇远县

镇远青龙洞 汪炳璈

瓮里天，洞中仙，谁造个石头，未经混沌先开窍；

马蹄云，帆脚雨，我笑这溪水，一出江湖莫问津。

[附记] 选自贵州省楹联学会编：《联语九百》，贵州民族出版社，2012，第54页。

中元洞[①] 刘蕴良

花扫石林深，忆仙翁一梦初酣，化蝶风前飘栩栩；

萝攀云磴曲，幸故我三生可问，蛰龙月下悟玄玄。

青龙洞[②] 刘蕴良

井底任浮沉，绝怜他雾隐千年，遁迹依然嗟止坎；

云端终变化，还随我霖施万国，飞身暂尔庆乘龙。

[附记] 选自何静梧、龙尚学主编，贵阳市编纂委员会办公室编：《贵州联语两种》，贵州教育出版社，1999，第23页。

青龙洞山门石坊联 佚名

文笔临溪，二水潆洄环古刹；

香炉鼎峙，万家灯火接丛林。

---

① 原注：洞内有石林，相传张三丰仙师高卧于此。

② 原注：洞有深井，龙潜其中，故名。

[附记]选自贵州省地方志编纂委员会编：《贵州省志·名胜志》，贵州人民出版社，1987，第319页。

青龙洞 佚名

问何处飞来，凤翥鸾翔，看飘缈翠微聚秀，居然南海；

从此间上达，星辉云烂，知峥嵘碧落弥高，尚有东山。

青龙洞玉皇阁 佚名

德浦思宽，佛光遍满在三界；

功成道备，妙相卓贯于诸天。

[附记]选自本书编纂委员会编，冉砚农主编：《中国对联集成·贵州卷》（上），贵州民族出版社，2003，第34页、第149页。

华严洞① 向义

妙相庄严，从知佛法无边，弹指现空中楼阁；

洞天深邃，恍觉仙灵可接，置身在世外桃源。

[附记]选自向义：《六碑堪联剩》（卷之上），载向行端编：《黔联璀璨》，贵州人民出版社，2003，第621页。

（四）岑巩鳌山寺

寺门② 思旸黄尔亭

佛典清空，佛法皈依征庶汇；

① 原注：在镇远城西三十里大道旁，洞口宏敞，石乳凝结成大士像，左右罗汉像，惟妙惟肖，入内渐狭，中有天窗，日光下烛，再进为水所限，不能穷其究竟。

② 鳌山寺：位于水尾镇长坪村鳌峰上，传建于唐天保年间（742–756），1946年毁于山火（现已修复）。

鳌峰挺秀，鳌头独占荷群生。

头殿东门

动念时，民安物阜；

起心处，海宴河清。

西门

是真佛只说家常；

非名山不晋仙住。

正殿石门

化一劫尘缘，倏焉稳步菩提路；

指三生石迹，久矣安居般若门。

正殿东墙石门

万□九□，何少济人宝筏；

四生十类，许多谒我名山。

二殿西门

法力并西天，梵净昭然观自在；

朝宗依南海，普陀相待大慈悲。

[附记] 选自岑巩县志编委员会办公室、岑巩县旅游资源开发领导小组办公室编，黄透松编著：《思州风物志》，1986，第31-32页。

（五）黎平县

南泉山寺：位于城南南泉山上，始建于明初，后毁，万历三十四年（1606）重建，清嘉庆元年（1797）重修。现存大佛殿、灵官殿、宝顶寺正殿及夕佳阁、天香阁、南泉亭等古建筑。

南泉山寺山门

有匾额“雅若祇园”。

马足车尘，世路不知何处尽；
山花洞月，禅心应自此中生。

[附记] 选自贵州省黎平县志编委会编：《黎平县志》，巴蜀书社，1989，第658页。

大佛殿

十方来，十方去，十方共成十方至；
善人施，善人舍，善人同结善人缘。

造绝顶千重，尚多福地；
登此山一半，已是壶天。

观音殿

沛法雨而挹注南泉，佛道其南，举黎南九股生苗，宏开觉路；
竖宝梵以遥临北塔，神恩自北，统郡北三江众庶，普渡慈航。

夕佳阁　明代李思忠

晚山堪买醉，
明月几凭虚。

天香阁　清代方时乾

非色非空非相，
此山此水此人。

[附记] 选自金实秋编：《佛教名胜楹联》，宗教文化出版社，1997，

第 976–977 页。

（六）锦屏县

题王寨步云寺 吴学海①

曲径通幽，迈开步履登古寺；

大江在望，推倒清朝启文明。

题龙里司下庵 宋英才②

佛法妙无边，一瓶甘露人离苦；

禅林真有趣，数曲清流水接天。

欧阳昌烈赠吴玉环联③

守延陵家规，争庐陵门面；

奉南海佛教，传渤海遗风。

[附记] 选自锦屏县地方县志编纂委员会编：《锦屏县志：1991–2009》（下），方志出版社，2011，第 1605 页。

（七）天柱县

三门塘复兴桥碑亭联 佚名

额题“德永江流”。

锡杖勤飞，惟念行人病涉；

慈航普渡，永无过客迷津。

---

① 吴学海，锦屏县钟灵乡人，清末廪生，民国初贵州自治学社成员。

② 宋英才生卒事迹不详。

③ 吴玉环，嫁新化司欧阳家，青年寡居。延陵系吴氏第号，庐陵为欧阳氏第号。

[附记] 选自袁显荣编：《三门塘》，中国旅游出版社，2003，第 177 页。复兴桥位于天柱县坌处镇三门塘村。

题赠老僧联

竹影松涛弄雪梅，
风清月明捻髭僧。

黄峭山寺

曲径通幽游客扫；
晨钟醒梦老僧敲。

[附记] 选自龙昭斌搜集整理：《我县部分名胜楹联、名联》，载政协贵州省天柱县文史资料编辑委员会：《天柱文史资料》（第 3 辑），1988，第 127 页。

（八）麻江县

夏同龢撰联

无力放生先戒杀；
已能明德更新民。

[附记] 选自（清）夏同龢著：《夏同龢文辑》，凤凰出版社，2013，第 271 页。夏同龢（1874–1925），字季平，号用清，又号狮山山人，贵州麻哈州（今麻江县）人。清光绪戊戌科（1898）状元。1904 年，东渡日本留学，入法政大学法政速成科第一班学习法政。1913 年，任国会众议院议员，1917 年 9 月 8 日，任江西省实业厅厅长。

九、黔南自治州寺院楹联

（一）福泉市

月山寺[①] 向义

南来越云岭万重，纤纤皎皎，皓魄当空，今时月犹古时月；

此地去眉州千里，莽莽苍苍，遥岑不断，黔山青接蜀山青。

[附记] 选自向义：《六碑堪联剩》（卷之上），载向行端编：《黔联璀璨》，贵州人民出版社，2003，第29页。

月山寺 佚名

月色润三涧；

梵音澈九天。

潮音阁 佚名

石梁北起南伏，群舞翰墨，阵阵涌白雪；

沙河西来东往，众听潮音，声声颂阳春。

朝仙阁[②] 佚名

如来现形，佛在心中，不假极乐武胜境；

邋遢遗影，神留宇宙，果真夜雨洒金桥。

---

① 在福泉城南，山形如月故名。下有月山古刹。

② 朝仙阁，位于福泉城南武胜关前诸梁江边，始建于明嘉靖初年。

莲花寺 刘剑魂

人在青莲花瓣里；

日照赤城紫霞升。

朝阳寺① 李近三

头上有天，顶天行事得天眷；

心即是佛，与佛前因证佛缘。

古佛庵② 佚名

能容宇宙万物；

普度天下众生。

地藏庵③ 佚名

众生度尽，方证菩提；

地狱不空，誓不成佛。

西门坡刘家庙④ 佚名

乘凉遮阴好去处；

烧香拜佛多有灵。

三教寺⑤ 佚名

宇宙肇形，曰儒曰释曰道；

洪蒙初判，分天分地分人。

---

① 原注：《福泉对联集成》。寺位于高坪乡。此联作于 1933 年。

② 原注：《福泉对联集成》。庵位于福泉中街南侧，建于明代。

③ 原注：载《福泉对联集成》。庵位于福泉城北九华山上，建于清代。

④ 原注：载《福泉对联集成》。此庙位于福泉城西门坡，始建于清代，民国年间改作过往行人乘凉歇脚用。

⑤ 原注：载《福泉对联集成》。庵位于福泉城北九华山上，建于清代。

福泉佛院[1] 章时化

只许清风归道院；

更无色相到禅扉。

[附记] 选自本书编纂委员会编，冉砚农主编：《中国对联集成·贵州卷》（上），贵州民族出版社，2003，第154页、第441－442页、第461－463页。

（二）贵定县

1. 阳宝山

阳宝山 刘蕴良

前后二山相联，千里云山，一望无际。

云联一片寺前寺；

雾拥千层山外山。

如来座 刘蕴良

如乃象之虚，虚无假虚，惟运实于虚，以浑乎太虚，如即真现；

来为机所动，动非妄动，因守静忽动，而俨若不动，来可复观。

文殊师利座 刘蕴良

文以独绝而殊，会得真经不藉文传，斯能文与心通，回殊乎众；

师若相资则利，为因秘诀须由师授，只要师尝顶记，即利于人。

普贤座 刘蕴良

普者无弗周也，遍十方以度群迷，法期于通，则缘期于普；

① 原注：载《张仙遗迹内外编》。

贤哉不可及乎，超亿劫而该众妙，释谓之佛，即儒谓之贤。

客院 刘蕴良

鹤惊竹摇风外铎；

龙吟松拂月中琴。

曲廊 刘蕴良

松颓青挂壁；

藤矫翠逾墙。

后洞 刘蕴良

跨虎曾闻仙早去；

骖鸾或许我重来。

[附记] 选自何静梧、龙尚学主编，贵阳市编纂委员会办公室编：《贵州联语两种》，贵州教育出版社，1999，第15–16页。

阳宝山 向义

在贵定城北十里。山势自西北而来，巍然独尊，诸峰率立，皆环向此山如侍卫然。前山有祠祀真武，有邱庶子禾实擘窠书“千岩万壑”四字刻石，字径三尺许，极其遒劲。山后为佛寺，明万历八年，僧白云再创丛林。山以产茶名，寺僧时以款客。

远势从西北而来，千岩万壑，压倒群峰，摩挲太史遗碑，剧怜边徼荒残，久无朝士赓游屐；

丛林阅明清两代，后寺前祠，尽饶胜概，问讯白云何处，剩取旗枪尚在，艳说山僧爱斗茶。

[附记] 选自向义：《六碑堪联剩》（卷之上），载向行端编：《黔联璀璨》，贵州人民出版社，2003，第28页。

莲花寺[1] **佚名**

义薄云天垂千古；

忠昭日月著春秋。

又 佚名

月明午夜书声逸；

露冷三宵佛号峈。

[附记]选自本书编纂委员会编，冉砚农主编:《中国对联集成·贵州卷》（上），贵州民族出版社，2003，第412页。

2. 牟珠洞

牟珠洞[2] **刘蕴良**

灵区数竹壤为多，穹凿鸿漾，泄十二万年之秀；

仙迹比桃源更胜，岩悬蜿曲，标一百八景而奇。

洞口客亭 刘蕴良

行脚太匆匆，回思客里风霜，指说些一二名区，当面都教错过；

停肩稍缓缓，历算黔中山水，首推这百八仙景，留心且请看来。

禅院 刘蕴良

壶中夸日永；

槛外笑云忙。

① 原注：季兆秋集录。

② 原注：洞石玲珑，凡山川人物花鸟器具莫不毕肖，共计108景。

卧佛山 刘蕴良

浊界总昏昏，此老至今犹懒起；

名山空负负，阿侬何日也鼾眠。

达摩像座 刘蕴良

达以充其明，由无不明返乎无，无明暨乎无，无明而尽，达本该明，何曾着相；

摩则妙于想，因非有想溯诸非，非想穷诸非，非想之微，摩虽设想，岂或凭虚。

客堂 刘蕴良

茶呼鹤采留仙饮；

松学龙腾待我骑。

圃亭 刘蕴良

瘿悬枫渐瘦；

拳挺蕨初肥①。

石谱② 刘蕴良

想补天剩自神炉，烦他米老衣冠，也难拜遍；

喜匝地凿之鬼斧，费尔倪迂笔墨，那得描全。

[附记] 选自何静梧、龙尚学主编，贵阳市编纂委员会办公室编：《贵州联语两种》，贵州教育出版社，1999，第 20–21 页。

① （南宋）汪应辰《蕨初生》有“一拳打破地皮穿，拿住春风不放拳”。

② 原注：怪石千百，匝地成林。画所难形，取名以此。

（三）瓮安县

1. 后岩观

后岩观　向义

在瓮安城北二十里草塘之北。高八九丈，山麓周围五亩，四面石壁嶙峋。东面有洞高八尺，仅容人入，三折始出洞外。循岩转西，更入岩洞，中有穴漏日光，由此曲折数转渐升而上，蹑石蹬过石桥，曲折乃达其顶，正面为真武殿。岩之顶平正不过二亩许，奇峰峭石，拔地极天，丛列错布，秀锐瘦削而又间以古树怪藤，疏密掩映，备极丘壑之美。钱开少尝居于此，有记志其胜。

是为大错和尚遁世所栖，嘉木立，美竹露，奇石显，当前路转峰回，独喜竟日寻幽足乐；

安得柳州刺史挥豪作记，山之高，云之浮，溪之流，一带崇台延槛，尤以中秋观月为宜。

[附记] 选自向义：《六碑堪联剩》（卷之上），载向行端编：《黔联璀璨》，贵州人民出版社，2003，第36-37页。

后岩观[①]　叶应甲

阁峻惹风声，几点红尘扫去；

山间悦鸟性，一行白鹤飞来。

① 原注：万森伟集录。后岩观，位于瓮安县草塘镇下司。始建于明代。明末钱邦芑曾弃官为僧，寓居于此，著有《草塘后岩记》。

又① 赵因培

龙自洞中眠，云气茫茫，吸来绿野田头水；

峰从天外落，仙凤渺渺，吹透黄粱梦里人。

又 佚名

一山杰然特起，普建真武、文昌、三清诸殿阁，古寺净土，邀来御史修行，进士韵赞；

巨岩嶙峋屹立，曾题天外、蓬莱、五老众山峰，宝地石林，呼唤僧人祈祷，庶民熏香。

[附记] 选自本书编纂委员会编，冉砚农主编：《中国对联集成·贵州卷》（上），贵州民族出版社，2003，第 481–482 页。

2. 观音堂

观音堂② 王效成③

烟火万家，城郭幸余尘劫后；

慈悲一念，菩萨还在我心头。

又④ 王效成

流水当门，人过横桥听贝叶；

尘露隔岸，天留净土种昙花。

又⑤ 佚名

拄杖依长桥，碧霭新收，绿杨城市泽如绘；

---

① 原注：柴若愚、夏坤仲集录。

② 原注：柴若恩、夏坤仲集录。观音堂位于瓮安县城西门桥，联原为木刻金字（已损坏）。

③ 王效成，瓮安县知县。

④ 原注：徐乾章集录。

⑤ 原注：柴若恩、夏坤仲集录。

开轩澄一水，红尘隔断，紫竹禅宫素似秋。

又[①] **佚名**

西水滔滔，淘尽几多英杰，何不禅心颂法语；

东山巍巍，湮没无数凡夫，宜当忏身虔修行。

又[②] **王效成**

出西门迤逦而来，众山环列，一河前横，林际磬悠扬，知道岩际远有寺；

自南海流传此教，贝叶斜翻，旃檀静燕，蒲团香袅绕，将开世界净无尘。

[附记]选自本书编纂委员会编，冉砚农主编：《中国对联集成·贵州卷》（上），贵州民族出版社，2003，第442页。

3. 其他寺院

花竹山寺[③] **佚名**

长啸一声，山鸣谷应；

举头回顾，地阔天空。

又[④] **佚名**

幽竹照林峦，藤穿破石罗云补；

眠鹤惊静夜，花送飞泉带月流。

① 原注：柴若恩、夏坤仲集录。

② 原注：柴若恩、夏坤仲集录。

③ 原注：花竹山位于瓮安、福泉交界处，高旷绝尘，花竹杂生。旧时称“花竹天泉”为瓮安八景之一，山上原有寺。

④ 原注：邱兆熙、黎星湖集录。

银水寺[①] **朱勋**

白云飞去，长流秋月连天净；

雀鸟归来，偶带松花满地香。

[附记]选自本书编纂委员会编，冉砚农主编：《中国对联集成·贵州卷》（上），贵州民族出版社，2003，第440页。

（四）长顺县

白云山[②] **刘蕴良**

采芝径访山灵，依依十里烟霞，喜螺拥犹存真面；

倚柏如思帝子，渺渺千秋风雨，慨龙潜难问遗踪。

龙潜庵[③] **刘蕴良**

碧草故宫秋，慨云罔龙兴，卅载风尘应有悔；

青枫荒徼晚，讶月常鹃唳，六朝金粉总思归。

跪井[④] **刘蕴良**

双腕运来勤，还须双膝兼施，勤勤曲运；

一肩担得稳，全仗一心加慎，稳稳平担。

禅室 刘蕴良

仙界有天皆绿绕；

---

① 原注：万森伟集录。银水寺，位于瓮安银盏镇。

② 原注：原名螺拥山，建文遁迹于此，手植双柏犹存。此联另记为："采芝径访仙灵，十里烟霞嘉螺拥，犹存真面；倚柏空思帝子，千秋风雨慨潜龙，难问遗踪。"载何静梧、龙尚学主编，贵阳市编纂委员会办公室编：《贵州联语两种》，贵州教育出版社，1999，第368页。

③ 原注：祀建文。

④ 原注：水须跪汲乃得，故名。

俗尘无地可红飞。

客堂[①] 刘蕴良

曲邀山鸟风前奏；

棋唤潭龙月下敲。

山亭 刘蕴良

山腹龙穿泉倒泻；

岩腰蚁旋路空悬。

莲花山 刘蕴良

仙蕊散瑶池，应烦太乙乘来，轻堕行疆留胜迹；

灵根分玉井，谁遣神丁移至，高凌华岳现真形。

寺楼 刘蕴良

路曲廊皆依涧转；

楼高梯每借岩登。

禅室 刘蕴良

真空须即空，空元所空，却空而不空，盖灵空回异顽空，空归诸实；

大觉因悟觉，觉之又觉，反觉如罔觉，惟圆觉能统妙觉，觉混于忘。

[附记] 选自何静梧、龙尚学主编，贵阳市编纂委员会办公室编：《贵州联语两种》，贵州教育出版社，1999，第15–16页。

① 原注：山产异鸟，声如箫簧。俗传潭龙化为书生，尝与建文对奕。

白云山[①] **向义**

白云在望，老佛曾来，抚兹乔木参天，萧条此意一千载；

玉漏无声，百官何处，剩有群鸦噪晚，漂泊西南四十秋。

[附记] 选自向义：《六碑堪联剩》（卷之上），载向行端编：《黔联璀璨》，贵州人民出版社，2003，第 13 页。

（五）都匀市、龙里县、罗甸县、独山县、惠水县、平塘县

都匀观音寺 佚名

几曲江声环宝刹；

群峰山色耸危楼。

[附记] 选自金实秋编：《佛教名胜楹联》，宗教文化出版社，1997，第 976–977 页。

龙里云台山普贤寺 佚名

四面烟霞供啸傲；

一天斗宿刊心胸。

[附记] 选自莫开荣：《云台山传奇》，载政协贵州省委员会文史资料委员会《贵州旅游文史系列丛书》编委会编：《神奇龙里》，贵州人民出版社，2003，第 127 页。云台山，位于谷脚镇毛堡村。

① 位于长顺县广顺镇东，层峦叠嶂，白云常覆故名。相传明建文帝尝遁迹于此，题诗三章，有“漂泊西南四十秋，玉漏无声水自流”及“百官此日归何处，惟有群鸦早晚朝”等句。

罗甸八达观音阁[①] **王槐**

座上莲花，占断西湖三月景；

瓶中杨柳，分来南海一枝春。

镜屏山观音阁[②] **宋世裕**

曲水带云归海去；

乱花随雨落岩来。

独山翁奇奎文阁[③] **杨应云**

佛性善，不佑为非之辈；

神成严，无亏积善之家。

[附记] 选自本书编纂委员会编，冉砚农主编:《中国对联集成·贵州卷》（上），贵州民族出版社，2003，第153—154页。

惠水九龙寺[④] **古源（僧）**

黔南钟灵无双地；

昆仑发出第一山。

[附记] 选自政协贵州省委员会文史资料委员会《贵州旅游文史系列丛书》编委会编：《涟江神韵》，贵州人民出版社，1999，第71页。

平塘六洞观音阁关帝庙[⑤] **佚名**

南海恩泽远，□□□□，保三春风调雨顺，乞保华国将士驱倭寇；

观音灵应长，□□□□，佑四时国泰民安，求佑黎庶子孙洗靖康。

---

① 原注：林昌华集录。此阁在罗甸县茂井镇，建于清光绪年间。此联又见于杭州栖霞寺。

② 原注：万森伟集录。此联在外省亦有使用。

③ 原注：袁朝阳集录。

④ 原注：《惠水文史资料》。

⑤ 原注：石显才集录。此联作于1937年日本侵华期间。

[附记]选自本书编纂委员会编，冉砚农主编:《中国对联集成·贵州卷》（上），贵州民族出版社，2003，第 437 页。

参考文献

一、志书

[1]（清）咸丰《遵义府志》

[2]（民国）《续修安顺府志辑稿》

[3] 贵州省文管会编：《贵州文物志稿》（第 1 集），贵州省文管会，1982。

[4] 黔南布依族苗族自治州文化局编辑：《黔南文物志稿》（2），1985。

[5] 贵州省地方志编纂委员会编：《贵州省志·名胜志》，贵阳：贵州人民出版社，1987。

[6] 黔南布依族苗族自治州史志编纂委员会编：《黔南布依族苗族自治州志·文物名胜志》，贵阳：贵州民族出版社，1989。

[7] 中共贵州省铜仁地委办公室档案室、贵州省铜仁地区志党群编辑室整理：《铜仁府志》（据民国缩印本点校），贵阳：贵州民族出版社，1992。

[8] 印江土家族苗族自治县志编纂委员会：《印江土家族苗族自治县志·梵净山志》，贵州人民出版社，1992。

[9] 贵州省铜仁地区地方志编纂委员会编：《铜仁地区志·城乡建设环境保护志》，贵阳：贵州人民出版社，2001。

[10] 贵州省地方志编纂委员会编：《贵州省志·文物志》，贵阳：贵州人民出版社，2003。

[11] 镇远县政协文史资料研究室编：《镇远府志》（第 4 册），贵阳：贵州人民出版社，2014。

[12] 贵州省铜仁地区地方志编纂委员会编：《铜仁地区志·城乡建设环境保护志》，贵阳：贵州人民出版社，2001。

二、著作

[1]（清）梁章巨：《楹联丛话》。

[2] 安顺地区文化局编：《安顺文物》，1982。

[3] 丁福保编：《佛学大辞典》，北京：文物出版社，1984。

[4] 政协贵州省平坝县委员地文史资料研究委员会：《平坝文史资料选辑》（第1辑），1984。

[5] 政协安顺市委员会：《安顺文史资料选辑》（第2辑），1984。

[6] 贵州省织金县文化局编印：《织金文物》（第1集），1984。

[7] 周渊龙著：《中国名胜楹联注释》，光明日报出版社，1986。

[8] 政协盘县特区委员会文史资料研究委员会编：《盘县特区文史资料》（第11辑），1989。

[9] 德江县政协文史资料委员会编：《德江文史资料》（第5辑），1990。

[10] 毕节地区地方志编纂委员会编：《毕节地区志·文物名胜志》，贵阳：贵州人民出版社，1994。

[11] 安顺地区诗词楹联学会编：《安顺名胜诗词楹联选》，贵阳：贵州人民出版社，1996。

[12] 金实秋编：《佛教名胜楹联》，北京：宗教文化出版社，1997。

[13] 遵义市志编纂委员会编：《遵义市志》，北京：中华书局，1998。

[14] 政协贵州省委员会文史资料委员会《贵州旅游文史系列丛书》编委会编：《巍巍娄山》，贵阳：贵州人民出版社，1998。

[15] 铜仁地区诗词楹联学会编：《梵净山诗词选》，1998。

[16] 政协贵州省委员会文史资料委员会《贵州旅游文史系列丛书》编委会编：《水西鹃韵》，贵阳：贵州人民出版社，1998。

[17] 何静梧、龙尚学主编，贵阳市编纂委员会办公室编：《贵州联语

两种》，贵阳：贵州教育出版社，1999。

[18] 政协贵州省委员会文史资料委员会《贵州旅游文史系列丛书》编委会编：《黔北明珠》，贵阳：贵州人民出版社，1999。

[19] 贵州省委员会文史资料委员会《贵州旅游文史系列丛书》编委会编:《㵲阳仙都》，贵阳：贵州人民出版社，1999。

[20] 政协贵州省委员会文史资料委员会《贵州旅游文史系列丛书》编委会编：《锦江飞虹》（铜仁卷），贵阳：贵州人民出版社，2000。

[21] 中国戏曲志编辑委员会：《中国戏曲志·贵州卷》，北京：中国ISBN 中心出版，2000。

[22] 政协贵州省委员会文史资料委员会《贵州旅游文史系列丛书》编委会编：《牂牁风情》，贵阳：贵州人民出版社，2001。

[23] 赤水市风景旅游管理委员会：《赤水旅游》，2001。

[24] 本书编纂委员会编，冉砚农主编:《中国对联集成·贵州卷》（上），贵阳：贵州民族出版社，2003。

[25] 向行端编：《黔联璀璨》，贵阳：贵州人民出版社，2003。

[26]《旧州镇志》编委会编：《旧州镇志》，贵阳：贵州人民出版社，2003。

[27] 印江土家族苗族自治县诗词楹联学会编：《印江遗韵》，2003。

[28] 黎平主编：《黄平自助游系列丛书之三·黔南第一洞天飞云崖》，北京：中国文联出版社，2004。

[29] 宋先伟编：《佛教楹联精选》，北京：大众文艺出版社，2004。

[30] 政协息烽县委员会编：《胜景佛天——息烽西望山》，贵阳：贵州民族出版社，2005。

[31] 乌当区文联、乌当区作协编:《山情水韵·黔中秘境——自然乌当》，贵阳：贵州人民出版社，2006。

[32] 贵阳市文化局编：《贵阳文物景点》，贵阳：贵州教育出版社，2007。

[33] 绥阳县旅游产业发展委员会编：《绥阳旅游》，贵阳：贵州人民出版社，2007。

[34] 贵州省黎平县地方编纂委员会编：《黎平县志》（上册），贵阳：

贵州人民出版社，2009。

[35] 王惕著：《佛教艺术概论》，上海；上海辞书出版社，2009。

[36] 阿莲著：《佛教文学观——文以载道》，北京：宗教文化出版社，2009。

[37] 徐兆仁编：《儒佛道修持实践与核心思想探源》，天津：天津古籍出版社，2011。

[38] 政协铜仁地区工作委员会编著：《中国梵净山佛教文化文物研究》，贵阳：贵州人民出版社，2011。

[39] 政协平坝县委员会编，谢发忠主编：《陈法诗文集续》（点校本），贵阳：贵州人民出版社，2011。

[40] 星汉编著：《图文佛教大百科》，北京：中国华侨出版社，2011。

[41] 徐兆仁编：《儒佛道修持实践与核心思想探源》，天津：天津古籍出版社，2011。

[42] 政协花溪区委员会编著：《高原明珠——花溪》，贵阳：贵州人民出版社，2011。

[43] 肖忠民编注：《印江前史拾遗》，北京：中国炎黄文化出版社，2012。

[44] 刘祥斌主编：《镇远名胜古迹》，2012。

[45] 骆锦芳著：《楹联文化通论》，北京：人民出版社，2013。

[46] 贵州省诗词楹联学会编：《刘蕴良楹联研究文集》，贵阳：贵州人民出版社，2013。

[47] 李新华著：《明心见性——超越二元悟入原本的真实》，北京：中央编译出版社，2015。

[48] 贵州省遵义市新浦新区新舟镇沙滩村志编纂委员会编：《沙滩村志》，北京：方志出版社，2019。

[49] 贵州省佛教协会编：《贵州省佛教中国化研讨会论文集》，2020。

下　篇

贵州 100 座寺院介绍

一、贵阳市（25 座）

（一）大兴国寺

大兴国寺，原名大庆寺，简称大兴寺，原址位于今贵阳市中华南路大十字南侧，是贵阳最早的佛教寺院，建寺距今六百余年。

元至正年间（1341–1368），庐陵（江西）商人彭如玉创精舍，名普安堂。后僧人真贤继承其业，拓故址建大雄殿、毗卢阁，庄严设像，遂名大庆寺。

明洪武二十年，长沙云游僧南宗至寺，苦行修持，悉心葺造，构四大天王殿、山门、寮舍，塑西方三圣、毗卢诸佛及观音、地藏、十八罗汉等像，并五十三参于壁。经镇远侯顾成改赐今名。明永乐八年，贵州宣慰使奏准设僧纲司于此，授住持慧智为都纲，政府在贵州设僧官管理佛教至此始。

清康熙三十一年，巡抚阎兴邦重修关圣殿。据《贵阳府志》载："大兴国寺在府城中大街，武庙居其中。有头门、二门、两庑，旁为诸佛殿。"此为大兴国寺之名见于地方文献之始。清雍正年间创修毗卢殿。乾隆年间建大士殿、盂兰殿、三元宫。道光十四年，建准提殿。

大兴寺自明初迄清中叶，不断修建，殿阁多重，寺宇壮观，香火旺盛。僧纲司设其内。时有名僧如彻空、如登、法印等驻锡。寺中铜炉为贵州提督本深于康熙元年铸造。清中叶以后，大兴寺各佛殿年久失修，相继毁损，

正殿尚完好，唯香火冷落，住僧甚少。清嘉庆八年，设于城北般若庵的义学移入寺内；清道光二十四年初，设于花牌坊的成章义学复辗转迁此，清光绪三十二年改为官立第九初等小学堂。民国年间，贵州省立师范学校附属小学亦设于寺。正殿前原建有木坊。上题“大兴国寺”，战乱时被驻军摧毁作薪。民国二十年（1931），门外石坊、石墙遭毁，改建为明星电影院。抗日战争期间，寺宇被三民主义青年团部占用。

1949年以后，寺址先后被新黔日报社、市检查院、市二轻局使用。历经变乱，所藏文物，除铜钟移至弘福寺外，余均荡然无存。1985年落实宗教房产政策，将由国家经租的部分居民房产权交市佛教协会管理，收取少量房租。后由政府征用建贸易中心大楼（新百货大楼智诚名店）。

鉴于大兴国寺为贵阳最早开建的佛教寺院，恢复迁建大兴国寺，让其重放异彩，成为有识之士和贵阳广大佛教信众的共同愿望。2010年，开始办理相关手续。此举得到省委、省政府，市委、市政府和区委、区政府领导以及有关部门领导的鼎力赞同和支持，决定在花溪区青岩古镇小西冲迁建大兴国寺。根据建设大兴国寺总体规划，大兴国寺用地面积22万平方米，总建筑面积3.23万平方米，殿宇建筑基地面积1.65万平方米；资金总投入2亿多元。

大兴国寺于 2010 年 4 月 30 日奠基，历时五载，功成告竣。先后建成大山门、放生池、天王殿、观音殿、藏经楼、大雄宝殿、钟鼓楼、方丈苑，以及盛世宝塔、九龙壁、法堂、客堂、五观堂、素餐馆等建筑。寺院殿阁多重，结构典雅，廊庑广阔，亭台遍布，清幽古雅，庄严恢宏。进入寺内礼佛观光，令人有梵宫深邃、庄严肃穆之感。

（二）弘福寺

弘福寺位于贵阳黔灵山群峰中心，紧邻市区，是十方丛林。寺院殿堂结构典雅、规模宏大、廊庑广阔、亭台遍布、清幽古雅。春天莺歌燕舞、百花争艳；秋日丹桂飘香、红豆生辉。主要建筑有法华塔、九龙壁、大山门、钟鼓楼、弥勒殿、天王殿、地藏殿、大雄宝殿、观音殿、玉佛殿、藏经楼、法堂、五观堂、五百罗汉堂、客堂、念佛堂及方丈苑；有碑廊、塔林等大小建筑 72 座，加上放生池与阅览室，占地近 1.14 万平方米。

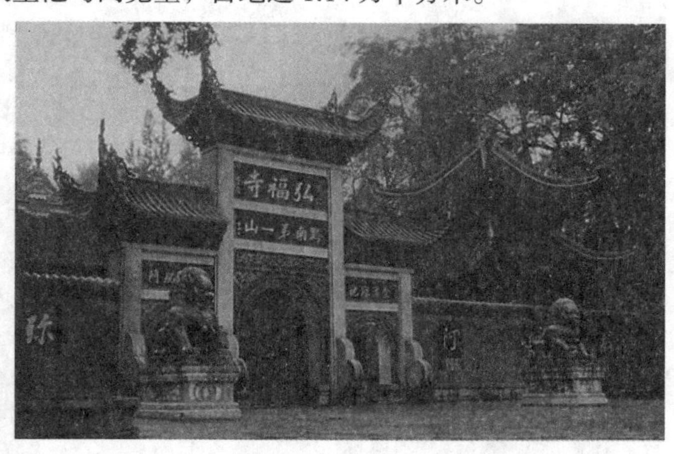

清康熙十一年（1672），赤松和尚云游来筑，结茅庵于山中，继而募化四方，建成此寺，名曰黔灵山弘福寺，“弘福”二字乃“弘佛大愿，救人救世；福我众生，善始善终”之意。赤松和尚为开山始祖，佛法为临济一系之正宗，乃禅门五宗之一。清乾隆四年（1739），清廷颁赠《大藏经》一部，清雍正特许开期传戒。民国十八年（1929），果瑶法师于此创建贵州佛学院。

中华人民共和国成立后，怀一法师主持法锡，躬耕自食，修头陀行。“文化大革命”期间，寺废僧散，院与他用。

1983 年，弘福寺被列为国务院公布的全国重点开放寺院之一，同时定为省级重点文物保护单位。1987 年 7 月慧海法师主持寺务，经过 10 余年诛茅觅础、苦心经营，恢复了弘福寺殿堂以往庄严恢弘的气象，成为省内庄严雄伟、道风纯正、禅门临济中兴祖庭。师之功绩，堪与赤松和尚媲美。

赤松法师于康熙十一年（1672）创建黔灵山弘福寺，大阐临济宗风，成为黔灵第一代开山祖师，临济三十三代正宗传人。瞿脉乃赤松法嗣，于康熙四十三年（1704）继主黔灵法席，复增益弘福寺规模，继振黔灵芳尘，遂为黔灵第二代方丈，临济三十四代正宗传人。参之和尚于雍正三年（1725），继瞿脉出主法席，为主黔灵第三代方丈，临济正宗三十五代传人。参之主黔灵后，遂以大法自任，身体力行，操劳巨细，亲自讲法。他讲法常引孔孟为连类，要在阐明佛道而不废人伦责任，启迪后学，藉资慧悟。闻者一接机锋，无不当下晓然。参之禅师门下嗣法弟子，有兰浦、圆慧、圆奇等

多人，兰浦有修禅日记，载有参之圆寂前偈言。而最著者则为圆慧与圆奇。二人俱为圆字辈，皆得参之心印，同是黔灵第四代。乾隆十四年（1749）参之示寂后，由圆慧主黔灵。乾隆四十一年（1776）复由圆奇接主，二人均为临济正宗三十六世传人。圆奇和尚（1727–1805），字惺慧，圆奇乃其释名。惺慧禅师在黔灵法席任上，倡导农耕并重之风。清理侵田，偿还积债，自耕自食，寓禅于农。同时多方奔走，四处呼吁，恳请永远免除山寺差徭，要求保护黔灵植被、竹林。又以为众缘具备，百废可兴，于是建方丈、修钟楼，土木金碧，处处成就。而白云、法云诸刹，亦因其力得以兴修，故时人称创兴黔灵者赤松，振兴黔灵者惺慧也。经过惺慧和尚二十余年惨淡经营，弘福寺愈加成为西南巨刹，其门下嗣法弟子大彻普闻、巨容普门等，亦多为一时之选。嘉庆八年（1803）惺慧自以为年寿已高，心愿已足，自愿退守白云寺，遂将法席传与法徒大彻普闻（1746–1824），大彻和尚住持弘福寺，仰体初祖创辟苦心，阐扬佛光，调和两序，一时生面别开，海众云蒸，宗风丕振。又谨慎忍辱，身心勤劳，增置寺内常住，引缘重修梵刹。主黔灵期间，开堂说戒，随机应问，逗接来学，度脱者千余人，拈花推出者不可胜数。

此后，历代住持有文亮广弘、真一广智、昆老和尚及光灿宗徽、华峰宗泰、佛云宗杲、湛然性书、柏青明盛、慈云妙顺，以及智明、觉崇、持省、竹青、永常、圆辨、仁参等。

1949 年，怀一（1920–1985）拟前往缅、印参学[①]，惟假道贵阳受阻，从此即留此弘法，直至终老圆寂。初在贵阳大觉精舍（即华家阁楼）闭关阅经。中华人民共和国成立，与尘空和尚组织佛教学习委员会，主讲《社会发展史》，创办佛新织袜社，组织僧尼参加生产劳动，以求自食其力。1953 年，中国佛教协会在北京成立，怀一作为贵州代表出席了大会，并当选为中国佛教协会理事。返黔后即住弘福寺，开展讲经说法活动。1956 年，黔灵山正式辟为黔灵公园，弘福寺列为重要景点，产权亦归公园所有。次年，怀一被错划为右派，白天参加劳动改造，晚上则在寺内整理明版大乘藏经。1966 年“文化大革命”爆发，弘福寺遭受严重破坏，佛像捣毁，法物失散，

① 怀一（？–1985），号济众，原法名能慈，因读《永怀录》，仰慕弘一大师高德，遂改为怀一。

殿宇倾圮，僧徒四散。值此浩劫，怀一独留孤寺，以劳动修头陀行，虽屡遭批斗，仍素行不改，暗中撰述不辍，惜其著作今不知去向。1985 年 7 月 30 日，怀一示寂于弘福寺。

“文化大革命”结束后，宗教政策落实，弘福寺重由僧人接管。慧海和尚任弘福寺住持，圣中法师为监院、首座。慧海和尚到贵阳后，暂驻锡于黔明寺，旋即与黔灵公园洽谈，并达成了弘福寺交接协议，于是亲率续才、果华、益法等僧众及男女居士数人进行接收。自此，弘福寺重新回归僧人管理。慧海方丈主持修复和重建。十年之间，经慧海方丈和两序大众之艰苦努力，弘福寺各重大殿都修葺一新，增构了新的建筑。1991 年农历四月十五佛吉祥日，弘福寺为新塑佛像举行开光供养及方丈升座典礼，慧海和尚说偈云：“赤松开法席，道演天童禅；棒喝明佛性，涅槃扩本山。沧桑多变故，承乏于艰难；中兴佛道日，国泰全民安。美载大千界，处处乐天然；我今初上堂，佛法本无边。”同时又在赤松祖师旧塔前，新增建一纪念塔，每年农历四月初六日，慧海法师均亲率四众弟子为祖师扫塔，以酬开山法乳之恩，表本木水源之意。黔灵之振兴，慧海实有力焉，故时贤盛称：“前有赤松，后有慧海”，譬为大乘菩萨乘愿再来。慧海和尚主宰黔灵山弘福寺 18 年，使赤松祖师事业大得振兴，弘福寺真正成为名副其实之十方丛林，贵州首刹，日益显示其全省佛教活动中心和旅游胜地之地位与作用。2012 年 6 月 9 日，慧海和尚示寂于弘福寺。

多年来，寺院广泛开展海外联谊活动，为祖国的统一大业作出积极贡献。全面复兴的弘福寺，新姿焕发，宗风丕振，两序大众在慧海等老一代方丈率领下，持续发扬爱国爱教的精神，多方开展弘法利生活动，义诊赠药、赈灾救危、扶贫助残以及支援希望工程等无不慷慨捐资。巍巍功德，有口皆碑。寺内香火益旺，信众游客、流连其间，成为筑城一大景观。2013 年弘福寺被评为全国“首届创建和谐寺观先进集体”。2014 年被评为贵州省“首届创建和谐寺观先进集体”。2022 年至 2023 年，寺院进行整体修缮，修缮后的弘福寺焕然一新。在今后的健康传承中，在各级党委政府的关心、支持和领导下，在妙果方丈的带领下，弘福寺将坚持以习近平新时代中国特色社会主义思想为指导，坚持以社会主义核心价值观为引领，充分发挥佛教界优势，爱党爱国爱社会主义，造福一方，为社会服务。

（三）黔明寺

黔明寺位于贵州省贵阳市南明河畔阳明路，是贵州佛教重要的活动场所之一。贵州省佛教协会、贵阳市佛教协会均设于寺内。黔明寺是国务院首批公布的 142 座全国重点佛教寺院之一，是省级文物重点保护单位。

黔明寺始建于明末，清乾隆三十六年（1771）重修，显笃禅师驻锡于此，弘传禅宗。清末战乱，住僧离散，由士绅舒某代管，舒某私将寺院改名“舒家祠堂”，其两个女儿皈依贵阳东山栖霞寺方丈广妙法师，居家修行，在祠堂照料香灯。1932 年，广妙法师在栖霞寺住持届满，舒氏二贞女迎养于家祠。后因增修禅房，从地下掘出清乾隆三十六年重修黔明寺碑记 3 块，广妙法师据此诉请地方法院受理舒某私占黔明寺一案，得贵阳名人平刚、向义等支持，舒氏始将寺院退还，恢复黔明寺名。广妙法师任住持，多方募化，增建弥陀殿，成为举行佛教仪式的主要殿堂，内供丈六阿弥陀佛像；新建藏经楼，藏有宋版影印《碛砂藏》一部共 593 册，《频伽藏》一部共 414 册。弥陀殿后为地藏殿。其他如方丈室、客堂、僧寮均修建齐全。广妙曾开期传戒二次。

1946 年广妙法师圆寂后，续宽法师继任住持，先后开期传授具足戒、沙弥戒各一次，本市及外地僧尼来此求戒者甚众。每逢佛教重大节日或农历朔望，黔明寺都对信众举行受三皈依仪式，每次数十人或数百人。重大节日如释迦牟尼诞辰及每年三次观音会，参加活动的四众弟子约数千人。抗日战争时期，高僧太虚长老和禅宗大德虚云长老均在寺内讲经说法，听众踊跃。1943 年在寺内开办过两期战时僧尼训练班。1944 年，佛学月刊《海潮音》由上海迁到黔明寺发行，曾出版两期，后迁回上海。1949 年初，中国佛教协会贵州分会设于黔明寺，向全市僧尼颁发会员证及徽章；又设黔明佛学院在寺内上课，后因经费拮据停办。

黔明寺坐北朝南，建有山门、照壁、大雄宝殿、观音阁、藏经楼及客堂、斋堂等建筑，占地 3000 多平方米。主体建筑之一的大雄宝殿为三开间单檐歇山琉璃顶，内供释迦牟尼佛，外墙张贴《佛祖故事》连环画。大雄

宝殿后方为三重檐八角攒尖琉璃顶观音阁，供奉观世音等菩萨塑像，阁前“大悲阁”黑漆金匾为著名书法家、时任中国佛教协会会长赵朴初书；“誓愿宏深处处现身说法；慈悲广大时时救苦寻声”楹联为著名书法家、贵州省博物馆名誉馆长陈恒安撰。观音阁前左右两厢分别为面阔3间、上下两层之客堂和斋堂。斋堂前檐悬挂巨型木鱼，长2米许。观音阁后方为三重檐歇山琉璃顶藏经楼，楼内存放《大藏经》等诸多佛教典籍和若干书画精品，具有重要文物价值。

黔明寺地处贵阳主城区中心的南明河畔，毗邻人民广场，闹中取静，古韵通幽，是贵阳重要的佛教活动场所。近年来，接待美国、英国、德国、奥地利、丹麦、加拿大、卢森堡等国外宾和我国港、澳、台同胞数千人，曾多次为港、澳、台同胞举行经忏佛事。黔明寺居于繁华闹市，却不染尘垢，予众生方便，使信众无涉千山万水、不经露宿风餐即可亲近佛法、聆听梵音，是黔中广大佛教信众修学佛法、感沐佛恩的净土。

黔明寺历经数代，传承如来家业，知名的方丈有显笃、行之、广妙、宗满、妙果等高僧大德。

（四）东山寺

东山寺，又名栖霞寺，位于贵阳东山（又名老王山）。与西面的黔灵山以其地理形胜，生态宜人，人文荟萃，环境优美，成为贵阳之“东西二胜”，前人每每以“东龙”“西虎”褒之喻之。东山在明代位居贵阳十景之首，到清代依然荣列贵阳八景，成为贵阳人登高望远的胜地，登高远眺，高峰霞举，峻岭云回；俯视城郭，万家烟火，历历在目。

明洪武六年（1373），宏宗游方至此，创建寺院，名三省寺，后易名为法昙寺，自明成化二年（1466）起改称“东庵”，明万历三十年（1602）和明崇祯二年（1629）曾二次重修，明万历年间山寺逐渐扩大，东山成为“贵阳十景”之首，即“东山胜概”。清康熙二十四年（1685）后，梅溪福度、霞章海伟、绍南真解等重建东山寺各殿，增修藏经楼、关圣殿等，更寺名为栖霞寺。嘉庆十六年（1811），改建关圣殿。光绪十八年（1892），寺中失火，客堂损毁。后本川经十余年修复。宣统三年（1911），本川改栖霞寺为十方丛林。1935年，本川和尚圆寂，众举铁肩和尚任方丈。抗战军兴，军队常驻扎东山，寺庙多有损毁。铁肩和尚出面周旋，栖霞寺得以保全。1936年，铁肩和尚圆寂，东山寺日渐凋零。抗日战争期间，国民党贵州省防空司令部将东山寺作为防空监视哨，在此驻扎警卫，以挂灯笼的支数，表示空袭飞机的架数，后又成为国民党军队过境临时驻地。

中华人民共和国成立后，人民政府将东山寺作为一类寺院加以保护，1952年、1959年、1961年3次拨款维修。在佛教革新运动中，组建了农工业组，进行织布、织毛巾、开荒等生产劳动。1953年，成立六和素菜社，经营豆花饭、面、茶等饮食。1956年，参加公私合营，1959年由河滨公园接管，纳入国营企业。“文化大革命”中，东山寺被摧毁殆尽，仅存屋基。石阶两旁悬崖峭壁上，有摩岩石刻多处，现大多已损毁。

东山至今仍保存着诸多摩崖、碑刻、诗赋，诸如明朝末年，贵阳人杨大宾（字君山）少时读书东山上，后任浙江省吴兴县知县，因天旱助民抗租而慷慨自刎，时人钦其节义，刻有“君山读书处”于东山山顶；清康熙、

乾隆年间刻有“天然奇妙”“云深处”；光绪年间刻有“云坡”“一览众山小”；清光绪七年（1881）彭思所题“栖霞岭”三字，刻于山间；清同治年间赵德昌手书草书“龙”字，与黔灵山之“虎”字遥遥相对；1959年，朱德元帅与陈毅元帅到贵州考察工作，曾健步登上东山，并作诗以纪游兴。朱德诗云：“登峰直上画楼台，春色满城眼底开。四面青山围屋海，花溪绿水向东来。”陈毅诗云：“闲步跑上东山头，贵阳全景一望收。新城气旺旧城尽，不愧雄奇冠此州。”

2011年5月，贵阳黔明寺方丈妙果法师发心在原址重建东山寺，经过两年的艰苦努力，基本恢复了东山古寺原貌。恢复重建的东山寺以南北为中轴线，自南向北，主殿建有山门、天王殿、大雄宝殿、法堂、藏经楼等，配殿有僧房、香积厨、斋堂、茶堂、执事堂等，接连着延伸到蟠桃宫的步道，亭廊相连，美不胜收，是黔中佛教圣地。值得一提的是藏经楼，高约56米，共五层，雕梁画栋、斗拱飞檐、庄严肃穆、富丽堂皇，与文昌阁、甲秀楼相辉映，处势高远，贵阳主城尽收眼底，彰显着中国建筑庄严、含蓄、古朴、和谐的美学特征，是贵阳主城区佛教标志性建筑代表。

东山寺方丈肇始于宏宗，知名方丈有梅溪、霞章、绍南、仓遥、本川、广妙、铁肩等高僧大德。妙果法师为恢复重建后的中兴第一代方丈，陕西西安人，1968年出生，历任贵州省政协民宗委副主任、贵阳市政协常委、黔东南州政协常委、南明区政协常委、凯里市政协常委，贵阳市青年联合会副主席、贵阳市和谐促进会副会长，中国佛教协会副秘书长兼居士委员会副主任、贵州省佛教协会会长、贵阳市佛教协会会长、黔东南州佛教协会首任会长等职务。

1981年，东山寺被贵阳市人民政府列为贵阳市文物保护单位。

（五）西普陀寺

西普陀寺位于贵阳市白云区云峰大道龙井路8号，占地面积78亩，建筑面积4.28万平方米。寺院整体建筑为明清风格，中轴线为公众朝礼区，从山门进入依次为天王殿、露天弥勒、钟楼、鼓楼、大悲殿、大雄宝殿、卧佛殿及藏经楼依山而建的白衣观音、送子观音阁、滴水观音洞、财神洞；东侧为文化建设宣传及僧众生活区，南北依次为法物流通处、贵宾楼、传统文化阅览室、僧寮、无尽藏、办公区等；西侧为素食文化区及禅修念佛区，南北依次为素食文化园、五观堂、福慧苑、培训中心、禅堂、般若讲堂、念佛堂、离尘楼、后山养心亭等。

西普陀寺原名白云寺，始建于清康熙六年（1667）以前，迄今已有三百余年历史。史料记载，临济正宗天童密云圆悟大师嗣法弟子灵药慧安禅师传法黔中，广行度化。其法嗣西识老和尚开山创建贵阳白云寺，而密云圆悟大师法嗣破山海明禅师之再传弟子赤松老和尚开山创建了贵阳黔灵山弘福寺，成为康熙年间贵州弘法的两段佳话。清末民初，白云寺毁于战火。

2005年，藏青法师发愿恢复白云古寺，在政府相关部门的支持和社会各界及各族信众的帮助下，历时十六载建成西普陀寺现有规模。为彰显观音菩萨大慈大悲的精神，使观音菩萨东、南、西、北四方道场圆满，恢复后的寺院定为观音菩萨道场。征得政府领导及广大信众同意，将恢复后的白云古刹更名为——西普陀寺。

西普陀寺是整体规划、分步实施的建筑，符合佛教传统，整齐开合，收放自如而不乱；张弛有序，视野开阔而不挤。殿堂大气庄严，庞而不拥。

2007年，依山门牌坊而进中轴线上三座大殿落成。第一重殿为天王殿，金琉璃单檐歇山顶两侧各附一室，主殿前供伽蓝菩萨、后供韦驮菩萨、两侧供四大天王。第二重大殿为大悲殿，是整个寺院占地面积最大、设计最为精美的殿堂，须弥座台基，重檐歇山顶，金琉璃八角飞檐，清式精美彩绘。大悲殿中主尊供奉千手观音、两侧为观音菩萨三十二应，靠后为文殊、普贤。第三重大殿为大雄宝殿，须弥台基上为重檐歇山顶金琉璃瓦覆盖，大殿内正中供释迦牟尼佛拈花坐像，两胁侍为迦叶尊者和阿难尊者，两边为玉佛坐像。殿堂两侧为六百罗汉红木浮雕。

2008 年三大殿落成庆典后，西普陀寺便对外开放，接受信众的参观朝拜。东侧各个功能区域的建筑，均采用卷棚顶青琉璃瓦覆盖，主次分明，佛殿金顶威严，功能区厚重务实；规整有序，广场宽阔，合而疏朗，分而不散。2010 年，中轴线上最后一重大殿落成。大殿为组合型结构，中间主体三层，三楼为藏经楼、一楼为卧佛殿（法堂）、二楼为法堂，重檐歇山顶金琉璃覆盖，组合殿堂东为药师殿，内供东方三圣；西为弥陀殿，内供西方三圣；至此，加上钟楼（一楼为地藏殿）和鼓楼（一楼为伽蓝殿），寺院主体建筑完成。东侧五观堂、法物流通处、云房的建成；随后，无尽藏、办公楼、莲花池以及山体景观的打造有条不紊地开展着；寺院足以满足相关宗教活动的开展和信教群众的宗教生活需求，藏青法师于二月十九、六月十九、九月十九三个观音菩萨纪念日为广大信众举行皈依法会，带领常住于中秋佳节进行传灯法会等，并于 2010 年、2011 年、2012 年，连续三年举行了法界圣凡冥阳两利水陆大法会。

2013 年 9 月 12 日，西普陀寺举行全堂佛像开光法会、上藏下青法师升座庆典暨中国首届西普陀观音文化论坛。诸山长老海会云集，藏青法师按照佛教仪轨，在仪仗队的引领和法师们的护持下依次在山门、天王殿、大悲殿、大雄宝殿拈香说法。妙江法师在大雄宝殿为藏青法师送位，印顺法师在卧佛殿为藏青法师送座。

在印顺法师、妙江法师、妙果法师、心广法师、印空长老尼、如意法师、藏青法师等高僧大德的带领下，举行了全堂佛像开光法会。并在大雄宝殿前举行了庆典仪式。会上还举行了西普陀寺“观音文化研究院”“观音慈善功德会”揭牌仪式。

八年艰辛，西普陀寺初具规模，藏青法师成为白云古刹中

兴西普陀寺开山尼祖。2013年10月启动禅堂建设，2019年建设完成，为两层三重檐四角攒尖顶建筑，覆盖青琉璃瓦，一楼为禅堂，二楼为般若讲堂。

2015年和2016年，西普陀寺举行了两届在家居士菩萨戒传戒法会。并举行地藏七、观音七等法会，接引大众，精进修学。时隔四年，禅堂前面空地于2017年启动建设，为与东侧对应，采用卷棚式青琉璃瓦覆盖，从山门进入依次为素食文化园、云来集、新五观堂（楼上为福慧苑）、培训中心；禅堂西侧为念佛堂及离尘楼，2019年建设完成。

西普陀寺的设计与修建，充分体现了园林艺术与佛教文化建筑艺术，寺院坐北朝南，临路靠山，园林古树与建筑艺术群错落有致。殿堂内供奉有红木、樟木、楠木、玉石精雕释迦牟尼佛、迦叶、阿难、六百罗汉、卧佛、文殊、普贤、地藏、伽蓝、西方三圣、东方三圣、千手观音、三十二应、十二缘觉、十二药叉大将、四大天王、天观弥勒、韦驮、哼哈二将、五子弥勒、大佛足等。

在藏青法师的带领下，西普陀寺常住依佛教传统，如法开展宗教活动。每日早晚课诵，晨钟暮鼓，半月布萨，结夏安居。另举办各类祈福活动，供佛斋天、诸佛菩萨圣诞祝圣法会、浴佛法会、盂兰盆法会、皈依法会、腊八施粥、科学放生。并开展相关佛学讲座、禅修活动、传灯法会等。弘法利生，慈悲度众，宗风传承，法轮常转。

西普陀寺的建设，与生态环境相协调，2019年，寺院进行绿化环境改造提升，打造生态寺院；殿堂的建筑和佛像的雕刻塑造与历史风格相呼应，展现出较高水平。藏青法师续登法坛开展讲经，法音悠悠得以延续；僧众于此宣宗演教，助力文明建设与社会和谐。僧俗两序互敬有礼，修福增慧，八方信众与游客，亦从中获得心灵的熏染。

舵手开荒，以启山林。从一片蛮荒之地到庄严的禅宗丛林，在寒来暑往中沉淀，巍峨梵刹、殿阁明净、宝相庄严、梵音袅袅。从基建孔桩、架梁立柱、一砖一瓦、一木一物，到道路整洁，众树展荫，百花吐芳、祥和清净。青莲出于淤泥，艰难缔造，佛法慈悲，禅意诗境，终成促进社会和谐、净化人心、启迪智慧、学法修行的人间佛教道场。

近年来，西普陀寺不断加强政治学习，不断提高爱国主义和社会主义思想觉悟，确保推进佛教中国化始终沿着正确的方向前进。加强思想建设，构建新时代佛教思想体系。加强信仰建设和道风建设，塑造、维护新时代佛教的清净教风与庄严形象。按照国家和省市各级宗教工作会议精神指示，团结佛教界人士积极开创佛教新局面。

住持藏青法师，女，满族，1966 年 2 月生。现任中国佛教协会理事、文化艺术委员会委员、贵州省佛教协会副会长、贵阳市佛教协会会长、贵州省政协委员、贵阳市觉园禅院住持、贵阳市白云区西普陀寺方丈，贵阳市古佛洞寺顾问。法师出家修行 30 余载，弘法利生 20 余年，持戒精严，慈悲智慧，深得信众崇仰。殚精竭虑恢复白云古刹，是贵阳西普陀寺开山之主，第一任方丈，白云古刹中兴西普陀寺开山尼祖。藏青法师系当代比丘尼上隆下莲上人之得意门生，嗣上本下焕长老临济宗法，为禅宗临济正宗第四十五代传人，亦嗣上佛下源长老云门宗法，为禅宗云门宗第十四代传人。上启源流，下承宗风，建寺安僧，讲经度众，弘法利生，积极参与社会和谐建设，开展公益事业，践行人间佛教，四众学有所依，心有所归，爱国爱教，正法恒转。

（六）觉园禅院

觉园禅院位于贵州省贵阳市云岩区富水南路 49 号。始建于清同治年间（1862–1874），从夏家祠堂变为念佛堂，再从念佛堂变为长生庵，民国十八年（1929）曾失火被毁，重建后改名为“觉园”。觉园禅院历经沧桑，多次被毁，多次重修。

中华人民共和国建立后，在贵阳市佛协领导下开展生产自给（缝纫、素食等）。1958 年，组成觉园缝纫组，后并入中东被服厂。1963 年，参加

缝纫组的尼众回觉园，利用殿前街房开豆花饭店，经营豆花饭和素菜。1965年，豆花饭店由贵阳市饮食公司接管，由专营素食改售素菜，从业尼众，有的留店就业，有的另谋生路。

1983年11月，恢复佛事活动。1989年，在贵阳市政府支持下，市佛教协会和觉园寺自筹资金重新恢复修建觉园禅院，到1990年竣工；1991年元月，大雄宝殿和觉园素斋正式对外开放。1990年住持道融法师因病不能继续管理寺院，贵阳市委统战部、贵阳市民宗委、贵阳市佛教协会安排藏青法师接管觉园禅院。1992年迎来缅甸一尊玉佛、一尊玉雕千手观音及台湾佛教界大德善信赠送的《大正藏》（后移藏西普陀寺藏经楼），觉园禅院是市中一块净土，每逢佛会节日，来敬香、拜佛、吃斋的各方人士近万人。

藏青法师主持觉园禅院期间，制定了寺院规章制度，完善殿堂及财务管理以及觉园素斋的规范运行。此后的十余年间，法师于觉园禅院开坛弘法，讲经度众，广结善缘。法师定时向信众传授三皈五戒、讲授《法华经》《金刚经》等大乘经典，每逢讲经之时，前往听经闻法之信众络绎不绝，法堂座无虚席。在藏青法师的主持下，觉园禅院常住师父精进修持，身处闹市却足不出户，道场虽小道法却大。法师一边领众修行，一边管理素餐厅以自养，积极创新也固守初心，觉园素斋一直领航贵阳素食文化数十年直至今日，更有了西普陀素食文化园的再次高地。

贵州省前佛教协会会长弘福寺方丈慧海法师曾写对联赞曰："六根清净住城如在深山，一尘不染即身便是莲台。"当代高僧比丘尼德隆法师为觉园禅院题有"贵如天人师，富有恒沙佛"的赞偈。《唯识宗》有"心净则国净，心染则国土染"，觉园禅院是净化人们心灵的一块净土乐园。

觉园禅院深入政治学习和宗教政策学习，不断提高爱国主义和社会主义思想觉悟，确保推进佛教中国化始终沿着正确的方向前进。加强思想建设，构建新时代佛教思想体系。加强信仰建设和道风建设，塑造、维护新时代佛教的清净教风与庄严形象。重视佛教人才建设，文化建设，积极履行社会责任，参与公益事业，努力发挥积极作用，更好地适应新时代社会发展要求。

（七）古佛洞寺

古佛洞寺位于贵州省贵阳市修文县六广镇广城村子江组（贵毕高速六广河大桥旁），始建于明代，清康熙四年（1665）李斗南捐地重修，道光二十二年，如相和尚和海依师徒二人相继重修庙宇，继任住持。又有贾家洞，洞中有石刻佛，架木为寺，名“佛洞山寺”，是一座两厅相通开有天窗的天然溶洞。该洞距离河面 150 米高，下临六广河，与黔西县隔河相望。

1951 年，停止活动。1980 年后，复有香客前往礼佛。后辟有道路由湖边径入寺中，时有游客至此参观。

2001 年，由弘福寺慧海方丈投入 200 余万元，委派释通寿法师（中途还俗）主持修建，加上释莲吉比丘尼投入的 100 万余元修建而成，整个地界占地 122 亩。重建后的贾家洞改称“古佛洞寺”，释莲吉比丘尼为住持。建成后寺院有大雄宝殿、观音殿、古佛洞、两边厢房、后山水池、斋堂（僧寮）、洞边僧房、围墙等建筑。

2020 年 2 月，住持释莲吉比丘尼圆寂后。该寺西普陀寺接管，西普陀寺委派释馨怡比丘尼法师接任古佛洞寺住持一职，西普陀寺方丈藏青法师担任寺院顾问。西普陀寺投资 800 余万元，进行修葺和及扩建，加强绿化，使之在保持寺院原有风格的基础上，更清净庄严。

古佛洞寺健全民主管理组织，推动寺院管理现代转型，建设新时代佛教制度体系。重视佛教人才建设，文化建设，积极履行社会责任，参与公益事业，努力发挥积极作用，更好地适应新时代社会发展要求。为僧众打造一个清净祥和的修行之所，也为信众提供一个远离尘嚣、修身养性的朝拜场所。

住持馨怡法师，1960年生，女，满族，现任贵州省佛教协会理事、贵阳市佛教协会理事。

（八）知非寺

知非禅寺原名潮水庵，因一日三潮而得名，后由钱邦芑（大错和尚）改为知非寺，位于修文县城北1.5公里的观音山麓。

知非寺是清时临济宗的古道场，是贵州佛教历史文化中修文县志里璀璨的十方丛林，现为贵州省重点文物保护单位。始建于明（崇祯年间），兴于清，是修文佛教文化的发源地，明末清初语嵩和尚来在此传法讲席收

徒传戒。语嵩之后，由其弟子剖石佛镜禅师主持寺务，剖石佛镜禅师立清规，畅宗风，临济棒喝正式在此扎根繁衍。剖石之后，云峰祖高禅师续佛明灯，大开法席，接引十方，知非寺也因此成为了十方丛林，山门牌匾遂更换成“知非禅林”。

知非寺因“一日三潮”而闻名。在知非寺的史册上，有两大名僧极为耀眼，一个是钱邦芑（大错和尚），另一个是语嵩和尚。他们不仅是得道高僧，并极为爱国，且都是精通佛学，兼善诗词，有大量作品与语录流传于世，不仅对贵州佛教作出卓越贡献，乃至对全国佛教有着深远影响。

永历五年（1651），语嵩和尚受钱邦芑之邀，至知非寺讲法布道并收徒传戒，之后至省城贵阳，先后住城东狮子山、城中大兴国寺。旋即，往牟尼山报国寺开山说法。

知非寺在“文化大革命”中被毁。1982 年 2 月，三潮水被列为省文物重点保护单位，1985 年修复“潇洒亭”，1998 年，贵阳弘福寺住持慧海和尚经过实地考察，决定修复古道场，翌年委派弘福寺监院隆学法师负责修复重建工作，在宗教部门相关领导和社会各界人士及当地信教群众的支持下，老法师十余年来不辞辛劳先后修建了大雄宝殿、山门、钟鼓楼、僧寮、舍利塔、药王殿及五百罗汉堂等相关建筑。

2017 年，隆学法师将寺院交由弟子能圣法师住持。先后修建山门、藏经楼、观音宝殿、装修大雄宝殿及狮峰塔院等一系列建筑。

现任住持能圣法师，2013 年考入中国佛学院普陀山学院就读本科，其后回黔东南三穗甘霖禅寺任监院、黔东南州佛协副秘书长、黔东南州政协委员、三穗县政协委员等职。2017 年 6 月，受剃度恩师隆学法师付嘱，回知非禅林任住持。弘法布道，修缮殿宇，严饰佛像。2018 年 3 月，受湄潭众居士礼请，住持湄潭普陀寺，并从缅甸迎回玉雕观音圣像供奉于普陀寺。后因知非禅林法务工作较重，于 2019 年初辞去普陀寺住持一职。

（九）卍华禅院

位于贵安新区平坝区马场镇。始建于明洪武三年（1370），为秀峰和尚所建。山上有碑文载："江西高邮籍僧秀峰，于洪武初年游至平坝谷陇山，观此处幽雅胜境，千山重叠，万峰围绕，人杰地灵，山运当兴，故与苦尼刘都姑买得谷陇山一座，僧侣建立茅庵，更名高峰山，随后修成佛寺5间。自此，高峰山始闻晨钟暮鼓之声。"建寺之后，多有僧人来此结茅，香火鼎盛，信士云集。永乐四年（1406），秀峰和尚圆寂，其大弟子本体和尚接任住持。

相传明建文帝朱允炆于建文四年（1402）六月离宫避乱，遁迹西南，于永乐十七年（1419）至高峰山，留住期间，在寺侧半山巨崖上书"西来面壁"四字，又在寺前植银杏两株，"西来面壁"成为高峰山八景之一。

明代末期，战火殃及佛门，殿宇损毁，寺僧离去无闻。清顺治八年（1651），四川峨眉山僧自然和尚到高峰山主持兴建寺院。光绪二十九年（1903），了尘和尚主持兴建卍华禅院。

民国三十一年（1942），高峰山创建"贵州佛学院"，太虚法师任院长，求学者众。但时值抗战紧要关头，生存困难，佛学院于1946年秋草草卒业。虽然维持时间短，但开了贵州兴办佛学的先河，为培养佛教人才、弘扬佛法作出了不可磨灭的贡献。

"文化大革命"期间禅院被毁。1992年，当地政府计划恢复卍华禅院，礼请觉锐和尚主持寺务。在有关部门和时任贵州省佛教协会会长、贵阳黔灵山弘福寺方丈慧海长老的大力支持下，觉锐法师发愿重建禅院，带领四众弟子修筑上山公路和祖师塔、种植树木、培育花草，积十余年之辛勤，终使禅院重恢旧观，殿宇僧楼丹漆生辉，再塑佛像金光耀彩。

欣逢盛世国强教兴，2021 年 8 月，卍华禅院成立了民主管理小组，通云法师任组长。通云法师，遵义市播州区人，1975 年出生，1993 年依弘福寺慧海老法师披剃出家，自出家以来，努力践行“人间佛教”理念、爱国爱教、遵纪守法、戒行清净、慈悲宏愿、信仰笃定、服务社会。历任贵阳市佛教协会副秘书长、贵阳市佛教协会副会长及贵州省佛教协会理事。

（十）迎祥寺

位于花溪区青岩镇南街西侧，始建于明天启元年（1621），由智安法师主持修建，历时七载竣工，占地有 2000 余平方米，有山门、大殿、后殿、侧殿。清道光三年（1823）积光法师重修。该寺一直有僧人居住，20 世纪 90 年代初，政府拨款 13 万元，并得社会各界捐助，于 1990 年按明代迎祥寺建制重建，坐西朝东，总面积 8 亩余，建筑面积 3500 平方米，主体建筑层次分明，殿宇巍峨、气势雄伟，有殿宇三重。前为天王殿，殿中塑有弥勒佛像，殿两侧塑有四大天王之像；穿过前殿，便是大雄宝殿，正中供奉佛祖释迦牟尼及二大弟子，靠背有韦驮，两旁供有文殊、普贤二位菩萨，两侧有十八罗汉，后殿下层供观音菩萨，观音两旁立有善财童子与龙女；观音殿采取排列有序、建筑对称、受力均匀的穿斗歇山顶翘檐式建筑，斗姆阁采取构件不对称、只有一个重力支撑点的抬梁式建筑，两厢房则采取悬山式顶木建筑。2001 年，寺内新建钟楼、鼓楼、清凉亭、九龙壁、石狮等附属设施。

现任住持祖传法师在 26 代住持通修法师呕心沥血主持法务几十年的基础上，于 2008 年回到迎祥寺协助通修法师管理迎祥寺。2012 年出任迎祥寺第 27 代住持，进而全面管理寺院事务。继续发扬“无缘大慈，同体大悲”饶益众生的自我奉献精神，适应社会，服务社会。历年来积极参与扶贫助学、救济孤寡、修桥补路等社会慈善事业，得到了政府和百姓与信众的好评。2016 年兼任观音祈福寺住持。

（十一）观音祈福寺

位于青岩镇北门姚家关路口，原名贞女庙（张仙老祖庙）。贞女庙原为纪念贞女吴张氏所建的祠堂。“文化大革命”拆毁。改革开放以来花溪区青岩古镇古建筑逐步修复，贞女庙也被纳入修复扩建的范围。经藏青法师及筹建组委会商讨，将贞女庙更名为“观音祈福寺”。由祖传法师负责筹建。

目前观音祈福寺已初具规模，占地面积 3900 平方米，建筑面积 3280 平方米，有山门、大悲殿、三圣殿、药师殿、地藏殿、韦驮殿、财神殿、斋堂、五观堂、客堂、禅房等基础附属设施。

住持祖传法师，俗名杨国华，湖南常德市安乡县人，1968 年生。2012 年，任迎祥寺第 27 代住持，2016 年兼任观音祈福寺住持。

（十二）宝鼎寺

黔中秘境，乌当定扒，石器之远史，始有先民散居，牂牁即人文惠泽，

两宋更农商渐盛。承袭至今，物阜民丰，祥瑞安宁。

域西有古刹耸立，曰宝鼎寺，沧桑轮回，蔚然成景。晨曦初放，照黄瓦泛流光；落霞余晖，映红墙愈挺拔。沿曲径盘旋入寺，殿宇雄伟，佛像慈和，功德有致，古树参天。左扶蜿蜒，群峰回延胪列；右临驯势，山峦起伏盘亘。放眼远眺，层岫迭出似鸾舞；垂眉近览，稼穑葱茏如云蒸。南明水绕，传都府之盛气；清溪潆洄，结乾坤之灵韵。林木郁郁，蒹葭苍苍，烟霏露结，凤翥龙蟠，百鸟鸣翠，万灵欣欣。虽无峻岭崔巍而示险，亦乏阆苑天宫鸣其洪；弱五台白云之洪光，乏九华甘露之广德，然临寺听涓流潺潺，庙堂见松柏簇拥，居宝坻而久安，承佛光于西苑，奚啻佛缘如云，福报若水焉？盖风水之福址，乃佛法临接之宝刹矣。斯香火旺盛，昭国运之昌隆，黎庶之大幸也。

古刹由开山鼻祖成满法师于康熙二年（1663）创立。创建之初，仗福地之灵气，清雅所属，四方官宰商贾，慨然行善，广施厚德，香延不息，盖记于佛光落照耶。虽道途更迭，缘偏安一隅，远离暴尘，固有兴衰起落，却未涂炭丘墟，始建之器，几近完整。因玄象之妙，弘法之潜，岁至庚寅桂月，得黔中首刹弘福寺慧海方丈鼎力相助，遣祖全法师掖卷住持。祖全别城入乡，磊土辟径，建楼营殿，置器引水。重建大雄宝殿、观音殿、地藏殿、说法堂、药师殿、侧隅禅房、僧寮等构筑，寺规模初备。

现任住持祖全法师，俗名陈绍杰，1958 年生，贵州毕节人。1986 出家，1987 年在黔明寺参学，1988 年在四川文殊院受戒、1988 年受戒。2003 年任宝鼎寺住持。

（十三）佛山寺

位于乌当区下坝乡宋二寨和尚坡，原名川主庙。始建于康熙四十三年（1704）。乾隆五十三年(1788）大修，拱门上有“阆苑名区”石匾，上方镌刻有阴阳图。寺中大殿梁上绘有佛教图案和梵文。同治八年（1869）增修老观音殿。光绪十年（1884）维修大殿，并在老观音殿一侧修一个新观音殿。民国时期，曾以 100 石的价格将佛山寺卖给红十字会。

1950 年后，曾改为粮食仓库。佛山寺佛道合一，多元文化特色鲜明。其寺院建筑群经历康熙、同治、光绪等不同时期修葺，房屋结构、式样、石刻、木雕等均具有较高的艺术价值和文化价值。

佛山寺的建筑风格奇妙独特，保留了清晰的历史模样。大门上方，镌刻有古代神话传说故事《封神榜》中的人物，活灵活现，形象逼真。大殿保存较为完整，大殿前后共有 16 根直径为 45 厘米的杉木柱子，每根柱子下的石柱础上，均刻有不同的花纹。川主殿和观音殿均有吊花、木刻窗花和门花。大殿大门的两个柱基石最为独特，由雕刻精致、造形极为独特的一对雌雄石狮支撑。雄狮口含宝珠，仰面朝天，脚踏元宝，甚是威武；雌狮口含宝珠，脚护幼狮，惟妙惟肖。

1997 年，现任佛山寺住持照光法师受下坝镇信众邀请，进驻佛山寺，并组织维修，为当地老百姓排忧解难，捐款建房，修路等，经过努力，寺院 1999 年 11 月 20 日经乌当区人民政府同意，由民宗局依法登记为佛教活动场所。2000 年后被列为市级文物保护单位。

（十四）金山寺

金山寺、原名金沙寺，位于于贵阳市白云区沙文镇羊尖坡，距贵阳20余公里，海拔1300多米。该寺最初为3间简易观音庙，取名为金沙寺。清光绪三十一年（1905），来自四川省的佛教修行者王国衡曾整修寺院。

1950年，中共贵州省委派工作团到白云区贯彻“五大任务”和开展土地改革运动的试点工作。工作团一个排的解放军驻扎寺院，白天下山工作，晚上上山防守，僧人和信众们为解放军烧茶煮饭，为解放军“五大任务”和开展土地改革工作作出了贡献。

“文化大革命”期间寺院被毁，1984年3月后，重建大雄宝殿、观音殿、韦驮殿及三间住房，寺内迎请缅甸玉佛一尊。2000年6月，贵阳市佛教协会派觉平法师接管金山寺日常工作。觉平法师，女，满族，1968年6月生，贵州金沙县人，系比丘尼隆莲老法师的学法弟子，毕业于四川尼众佛学院。觉平法师带领四众弟子打砂、背砖、挑瓦、拌砂浆，历经十余年的艰辛努力，新建了财神殿、综合主楼、居士楼、办公室、流通处、正山门、后山门、观音法会用斋大餐厅、活动平台等，修通了环山公路、上山人行梯步。2008年又对年久失修的大雄宝殿、观音殿、弥勒阁、韦驮殿及全堂佛像等进行了维修和装金，将寺院进行了整体的绿化，并举行了金山寺全堂佛像开光法会。2018年，修建了千手观音殿、三宝殿、地藏殿、藏经楼、钟楼鼓楼、五观堂等。如今的金山寺焕然一新。

金山寺开放以来，每天坚持晨钟暮鼓，如法如律做好每月朔（初一）、望（十五）如律说法以及每年的三个重大节日——二月十九、六月十九、九月十九观音法会几个重大佛教节日。正月初一至十五带领四众弟子在佛前举办祈祷国泰民安消灾法会，还举办四月初八浴佛法会、七月十五盂兰盆报恩法会、腊月初八佛陀成道、观音、地藏、弥陀佛七等法会。每月组织信众放生法会。每年组织一次外出朝山参学。

金山寺每年根据情况，举行扶贫济困的慈善工作，一方有难八方支援，积极组织信教群众发扬佛教乐善好施的大无畏精神，如开展汶川地震、困难家庭病患者、困难家庭学生等帮扶工作，得到了广大信众的拥护和支持。

（十五）白马寺

位于贵安新区湖潮乡广兴村黄泥寨，又名“兴隆寺”。始建于南明弘光元年（清顺治二年，1645）。乾隆四十七年，常净老和尚住持弘扬佛法于此。光绪二年（1876）十月，妙定、馨寿老和尚，在此修行弘法。光绪三十四年（1908）后，有空月、原知、了尘老和尚等先后住持白马寺。

1998 年，释祖照受黔灵山弘福寺慧海老和尚信任，到白马寺任住持，弘扬佛法。20 年来，祖照法师精心护持，弘法度人，深得广大众信众的信赖与支持。今后白马寺将进一步完善，更好地弘扬佛法，传承佛教文明。

住持释祖照（王忠华），1974 年农历冬月 17 日生，1995 年到黔灵山弘福寺出家。1999 年 5 月在弘福寺受三坛大戒，1998 年任白马寺住持。历任共青团花溪区青年联合会委员、贵阳市佛教协理事、贵州省省佛教协会理事。

（十六）桐宝寺

位于贵阳市花溪区桐木岭，距离贵阳市中心 22 公里，距离青岩古镇 6 公里，寺院后山有百年多的古树数十棵，晨钟暮鼓，鸟语花香。桐宝寺始建于明崇祯十六年（1643）。1942 年日本飞机轰炸贵阳，桐宝寺被国民政府征用做防空学校，16 名僧人被安置到高峰山卍华寺、黔灵山弘福寺、黔

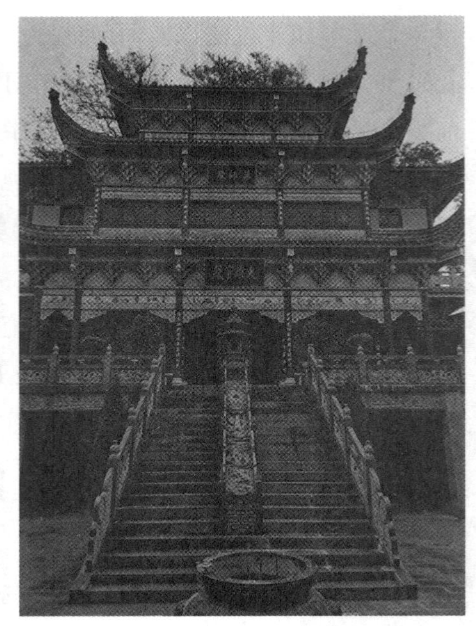

明寺、青岩的迎祥寺。

1953 年，生产大队在寺院内办学校。后又改做仓库。因年久修，1988 年大殿以及左殿倒塌。

2001 年，当地信教村民集资修建了简易的大殿。2005 年 5 月，释如意法师（释宗如）主持恢复桐宝寺。现已修建天王殿、大殿、药师殿、观音殿、钟楼、鼓楼、东厢房，西厢房。耗资约 3000 万左右。

住持释如意（释宗如），1975 年 1 月出生，1993 年出家。曾在桐梓县降龙寺、云南宾川鸡足山祝圣禅寺、浙江三门县多宝讲寺修习。2005 年 5 月任桐宝寺住持。

（十七）白龙寺

位于于贵阳市双龙经济区小碧乡，离贵阳市区 11 公里，距贵阳龙洞堡国际机场 1.5 公里。始建于明万历元年（1573），原名回龙寺。清康熙乙巳年（1665）重建，更名为培龙寺。清末在寺院办培龙寺书院（1952 年停办）。

白龙寺历代住持有圆山、义净、崇法、普善、宗全、灵慧、广通、定明、仁慈、道弘、慈溪、宝镜、信持、了然等。清康熙年间重建后，由临济宗弟子宗道、智敏、净明、法仪、兴广、性海、昌善、心印、绍隆、戒明、空行等任住持。

民国年间释元贞住寺。释元贞，女，1908 年生，1924 年在培龙寺出家。“文化大革命”期间离寺。1980 年后回培龙寺，1999 年在培龙寺圆寂，并嘱咐将寺院财产（土地改革时释元贞分得寺院大殿和厢房为私产）交给贵阳黔灵山弘福寺僧团管理。2004 年，释通容受贵阳黔灵山弘福寺慧海老和尚委派，负责恢复古寺，并命名为“白龙寺”。寺院占地面积 6 亩，现已建成大雄宝殿、五观堂、厢房组成的四合院，重塑释迦牟尼佛像及十八罗汉、观音、龙王等，迎请 3.3 米高观音石像 1 尊，供奉在大雄宝殿后方。白龙寺认真践行佛教“无缘大慈，同体大悲”慈悲济世的理念，发扬佛教“慈悲济世”的优良传统，为社会公益慈善事业发挥佛教独特作用。13 年来为社会捐款物折合为人民币约 16.13 万元，通容法师个人捐款为 3.65 万元。

现任住持释通容，1980 年生，贵州龙里人，1994 年在贵阳黔灵山弘福寺出家，1999 年闽南佛学院毕业。任贵阳市佛教协会常务理事、贵阳市第十届青联委员、南明区政协常委。

（十八）灵官寺

位于清镇市建国北路 347 号。原名灵官庙，始建于明崇祯三年（1630）。原为道教场所，后演化为佛教寺院。数百年间曾数度修葺。

1994 年，此庙已破旧不堪，住持华吉组织进行了一次简单维修。2010 年，寺院已成危房，经政府主管部门批准改建。住持释福德的带领下，共筹资 500 余万，经历两年多时间改建成现在五层楼的寺院。占地 300 多平方米，高达 20 多米。有大雄宝殿、西方三圣殿、地藏殿、灵官殿、财神殿、经书房、诵经房等。并改“灵官庙”为“灵官寺”。大门楹联：“道在人弘修在己；善自我积福由天”。2012 年 10 月 21 日，举行了隆重的寺院重建落成仪式及佛像开光典礼。

现任住持释福德，女，1964 年 10 月生，贵州黔西人。1995 年在江西铅山天乳寺出家，2000 年在福建福州崇福寺受戒。2002 年，到清镇市灵官庙；2005 年任灵官庙住持；2013 年 4 月，任清镇市佛教协会副会长。

（十九）清枫寺

位于清镇市红旗北路 81 号，原名北极殿，始建于道光十二年（1832）。先后有明城、明峰、明慧、明华等住寺。

“文化大革命”期间寺院损坏严重。1984 年，经政府主管部门同意重建。1988 年，时任住持妙印老和尚带领僧众，重修寺院。并请明照法师更名为“清枫寺”。1999 年，因殿堂狭窄，活动受限，经主管部门批准扩建。住持莲纯率领四众弟子，克服种种困难，终于在 2000 年竣工。建成包括大雄宝殿、千佛殿、僧人住房、厨房、斋堂、山门等，形成了一定的寺院规模。

清枫寺积极参与社会公益活动，以及救灾扶贫等活动。

现任住持释莲纯，1988 年在清枫寺出家；1992 年元月，在四川成都昭觉寺受具足戒；1996 年任清枫寺住持；2013 年 4 月，任清镇市佛教协会副会长。

2010 年清镇清枫寺被评为“贵阳市和谐寺院”。

（二十）观音洞尼庵

位于贵阳市南明区青年路观音山，据明弘治《贵州图径新志》载：“观音洞在治城东南三里许，地名新天关之东，崖石崆峒，可以容众，垂珠滴乳，思刻神剜，盖奇境也。”清康熙十年（1671），江苏江阴人陈鼎所著《黔游记》对观音洞有详细描述：“民国二十三年（1934），蜀人但懋辛摘取陈鼎游记，刊于洞左侧岩壁之上。”

民国十七年（1928），经住持心明法师募化资金，重新改造，改造后佛殿客堂均为三层，中间为寺门，砖坊上有“观音洞”横额。进寺有韦驮殿，中为庭院，后为佛殿，供观音石像，进佛殿，可见到观音佛像，佛座下有半圆形洞，不深；佛龛左方有一洞较大，顺几道石阶而下，地势平坦，再走不远有门型石隙狭窄，侧身低头可通过，通过石隙，宽阔而高，洞中多石乳，千奇百态，巧妙生动，誉为奇景。此为观音洞第一次中兴，明心师后其徒通海、通贤、通法先后住持寺务。

抗战时期，为避免敌机空袭，以观音洞为防空洞，并雇工开凿石壁，后又改作仓库，寺内殿堂，用木板隔成住房，至此庙宇面目全非。

1993年农历正月十五日，四众弟子迎请原波罗寺住持释传学长老尼住持观音洞。1998年农历五月初十日，应释传学住持邀请及四众弟子礼请贵阳觉圆尼庵副当家印诚尼师主持观音洞日常事务。1998年7月正式成立观音洞民主管理小组，规范观音洞各项管理，制定寺院共住规约等各项管理制度，逐步展开恢复重建工作。1999年10月起，观音洞陆续恢复和新建山门、大雄宝殿、千手观音殿（迎请16米高香樟木千手观音1尊）、药师殿、文殊殿、普贤殿、西方三圣殿、念佛堂、藏经楼等殿堂，藏经楼内存两部大藏经及其他经典，从缅甸所请玉卧佛一尊。2019年，在洞口前左原殿址铸8米高鳌鱼观音铜像1尊。到目前为止，观音洞总占地面积1.60万平方米。

印诚尼师任观音洞住持以来，积极投身社会公益事业，带领两序大众与社区联动，开展扶贫救济活动，到贵阳孤儿院、修文六广开展扶贫助孤捐款捐物，进行慰问等活动。充分发扬了佛教的慈悲精神，也体现了作为社会公民的公德心和社会责任感。

现任住持释印诚，女、满族，1951年生，贵州黔西人。1986年12月，在贵阳觉圆尼庵出家。历任觉圆尼庵副当家、观音洞监院、云岩区政协委员、南明区政协委员等。现任观音洞住持，贵阳市佛教协会理事。

（二十一）普照寺

位于贵阳市息烽县小寨坝镇上寨村，依山而建。小寨坝镇原叫“黑神庙”，庙内供奉“黑福煞神”。妙乐法师主持重建后，更名“普照寺”。

妙乐法师于贵阳市黔明古寺依宗满法师剃度，亲近老法师近20年，毕业于九华山佛学院，进修于西藏五明佛学院，学成回贵阳市黔明古寺照顾老法师，并任职黔明古寺当家兼出纳，同时任职贵州省佛教协会，是贵阳市佛教协会常务理事、贵阳市政协委员、南明区政协委员。2003年以来，妙乐法师得政府主管部门的关心和信教群众的响应支持，筹资180余万元，组织了三次大型修葺。妙乐法师慈悲为怀，开展爱心公益事业，个人累计捐款20余万元。

普照寺文化特色独特。明末清初，有人在黑神庙题写楹联，但只有上联：“省曰黔省，江曰乌江，神曰黑神，缘何地近南天，却占了北方正色。”此后一直都没人对出下联。妙乐法师请诗协诗人对出下联，组合完成了跨越400多年时空的楹联：地为大地，方为坤方，土为黄土，只因神游八极，皆和于九宫中位！

（二十二）巢凤寺

巢凤寺，位于清镇城东，始建于明初。山顶有石如凤栖巢，明定番侯、固原侯赐名巢凤山，寺以山名。康熙年间敕建“巢凤山护国禅院”，又名“护国禅寺”“巢凤禅院”“东山寺”。

明时有僧人谢登魁于巢凤山修行，后于清镇流长冒井建龙吟寺，坐化于巢凤山。

明末，征水西将军陶宏谟曾上寺祷之显佑克敌；天启二年，贵州宣慰司同知安邦彦反明，占据贵阳以西千里地盘，自称罗甸王，曾扎营东山；清初，吴三桂自云南举兵反清复明，途经清镇，登临朝拜；云贵总督林则徐赴滇途经清镇，亦来游览。

近代贵州文史界名宿李大光任民国清镇县长时题写寺名，并留诗云：“巢凤寺如昔，提名墨尚新。弥陀如旧识，一笑认前因。”1938 年，闻一多与西南联大“湘黔滇旅行团”200 多师生途经清镇，作巢凤寺山门写生画一幅；1942 年至 1945 年鄂湘郊区联合中学从武汉迁往巢凤寺办学 4 年。

巢凤寺屡经兴毁，民国初年，先后有如松、了明、持省于此住持并数次开坛传戒。原中国佛教协会咨议委员会副主席、贵州省佛教协会会长、黔灵山弘福寺方丈慧海长老于民国十八年在此受具足戒。

20 世纪 60 年代，寺院又毁，80 年代寺院遗址被列为县级重点文物保护单位。2002 年，寺院遗址被列为清镇市县级文物保护单位。2003 年，清镇市政协《恢复重建巢凤寺》提案得到相关部门重视，巢凤寺得以重建。重建工作由通植法师负责。此后相继建成大雄宝殿、天王殿、地藏殿、药师殿、观音阁、文殊殿、护法殿、慧海书院、玉佛殿、藏经楼等。目前寺院建筑占地约 1 万平方米，常住僧俗大众近 50 余人。2012 年荣获贵阳市民宗委“创建和谐寺观教堂活动优秀单位”；2018 年荣获“贵州省创建宗教关系和谐示范区示范宗教活动场所”。

巢凤寺在通植法师的带领和主持下，坚持爱国爱教、民主管理、和谐共建、文化交流。做到团体月学习、交流例会制，寺院民主管理周例会制，

学法、知法、守法；巢凤寺与特困村犁倭镇翁林村建立了100亩翁林村—巢凤寺红米直供基地，为翁林村整村脱贫实现“百姓富”助力；巢凤寺组织清镇佛教界学习科学放生知识讲座，积极开展“环境生态绿色行动”、生态植树活动，组织“环保出行低碳行”活动，推行“文明敬香”，建设生态寺院；开展宗教慈善周活动等，募集资金，对困难群众、特困及残疾学生给予帮助；实施农禅自养去商业化，推进场所管理规范化；落实“国旗、《宪法》和《宗教事务条例》、中华优秀传统文化、社会主义核心价值观、民族团结进步示范创建”进宗教活动场所。

巢凤寺历代住持：护国禅师，清镇流长谢氏子，拥先觉之德，隆厚当代，明永历间重兴清镇巢凤山护国禅院，流长龙吟禅院（俗名活佛山）；如松禅师，民初巢凤山住持，临济宗，清镇流长龙吟禅院上真下缘禅师之徒；了明和尚，民国巢凤山住持，曾两度于本山大兴戒法；持省和尚，了尘大师之徒，字澈海，贵筑何氏子，1907年于贵阳九华宫礼了尘大师披剃，1909年具戒于平坝高峰山卍华禅院，先后住持江南会馆，贵阳东山，平坝高峰山卍华禅寺，贵阳九华宫。1949年住持巢凤山护国禅院；释通植，贵州金沙人，1999年于贵阳黔灵山弘福寺礼上慧下海法师出家，2000年于黑龙江哈尔滨极乐寺受具足戒，2005年起任清镇巢凤寺住持，现为贵州省政协委员、清镇市政协常委，中国佛教协会常务理事、贵州省佛教协会副会长、贵阳市佛教协会副会长、清镇市佛教协会会长，贵州省宗教学会副会长。

（二十三）莲华寺

莲华寺，原名高家祠堂，位于清镇市城西郊之西山上（现有遗址留存）。1937 年抗日战争爆发，当时的国民党政府看中此地，就命令高家祠堂搬迁，因而搬到了现在的地址清镇市建国路 134 号，住持林元老和尚和她的弟子一直居住在这里。

民国二十七年（1938），住持林元老和尚用银元 450 元从高氏（祠堂）赎回，作为寺院。

1961 年，清镇县财政局房管股把本寺列为私体房产，本寺产权得以归还。

继林元老和尚之后，一位人称黄满公的师父担任过寺院管理人员。

莲盛法师（女，1930 年生，贵州安顺人），1979 年来到本寺。1992 年在成都昭觉寺受戒回到寺院一直照顾黄满师父。2009 年，释华静任住持，率众对寺院进行了改造扩建。莲华寺积极参与慈善公益活动，到敬老院慰问老人、留守儿童等慈善活动，释华静带领信士弟子积极参加“百姓富生态美、清镇宗教同心同行”活动及生态绿化、助力扶贫、文明敬香活动，抵制邪教活动，弘扬佛法正能量。

现任住持释华静，女，白族，1978 年 11 月生。1995 年 2 月，在清镇市莲华寺礼莲盛尼师剃度出家，1999 年 4 月，在新都宝光寺受三坛大戒，1996–2000 年，在重庆佛学院学习。毕业后回到清镇莲华寺任住持至今。

（二十四）方经寺

原名万松阁，位于乌当区东风镇洛湾村，距贵阳市中心15公里。始建于明天顺年间（1457–1464），曾有一朝廷命官辞官出家（法名宗朗，法号映月），法师云游至此，结茅三间，演法悟禅。当时洛湾有一首富，因有后裔于朝廷为官，当看到禅师辞官不做，顿入空门，受到感召，发动本家庶民捐资，于原有基础上扩建，规模扩大，有大雄宝殿、经殿、天王殿、阁楼、厢房等。阁楼为八角五层搂阁，上下40个角都悬有鱼形铜铃，徐风吹来，松涛阵阵，铜铃叮当。历经10年，殿宇雄伟，功德有致，所以后人称其为方经寺的初祖。寺院建筑依山傍水，万亩松林蔽日，故名“万松阁”。

现任住持海音法师，俗名向华敏，女，1965年12月生，贵阳市乌当区人。1990年，于方经寺依隆恒法师剃度出家，协助师父管理寺院事务，于1995年到成都宝光寺受具足戒，1995年至1998到重庆佛学院读书。回到方经寺后主持扩建寺院。1999年任住持。历任乌当区政协第七、八、九、十届政协常委，贵阳市佛协理事，2016年当选为乌当区佛教协会副会长。

（二十五）东林寺

位于贵阳市观山湖区金朱东路东林公园内，始建于明朝天启元年（1621）。

1957年，毁于火。当地部分人家拆掉寺院的墙石、基石以建房使用，周围一些工厂亦运走大量石料。20世纪60年代，当地一人家在山上开荒，挖出了一块石碑，碑名为“东林寺碑记”，清代贵筑县知县张凤池撰于乾隆三十一年（1766）。碑文记述因贵州钱局铸钱需要木炭，工匠、

差役“贪就利便，怂恿采办”，欲砍伐东林寺周边树木烧炭。知县张凤池奉命前往考察。经查看，此处为清初官府划拨给东林寺的林地，今寺僧百余年护持，“种竹栽杉”，才有了今天的“深林密树”“古柏参天，苍松映日，枫林郁郁，修竹猗猗材木”的景象。张凤池“归述其由，缕呈宪听，面承有永禁采取之谕。爰笔志之，呈乡绅玉山白公、碧山章公付寺僧，以敬结来者”，使东林寺森林植被得以保护。

2004年11月，由释宽宏负责重建工作。东林寺常住院占地面积约16948.20平方米。现已完成天王殿、北山门、天王殿、大雄宝殿、左右厢房、综合楼的修建。

现任住持释宽宏，1975年12月生，重庆人，毕业于四川佛学院，中国人民大学哲学院研究生。现任贵阳市佛教协会副会长，观山湖区佛教协会会长、观山湖区政协委员、观山湖区东林寺及回龙禅寺住持。

二、六盘水市（7座）

（一）灵山寺

位于钟山区凉都省级公园幽谷内。自西向东梯次垂落，周边植被资源丰富，森林覆盖率为78%，种子植物、药用植物无数，阔叶、落叶植被混交，野生动物活跃，可谓人与自然和谐共处的完美画卷。

灵山寺始建于清朝中叶，时有两位僧人隐居德坞，将德坞牛王山间的“福临寺”更名为灵山寺，并在寺内增设佛像、铜钟等设施，大阐佛教教理，此为灵山寺之缘起。20世纪50年代，寺院仅剩残垣。

2009年，六盘水市信众礼请毕业于闽南佛学院的祖定法师前来主持恢复重建灵山寺的工作。2010年，灵山寺恢复重建工作正式启动。灵山寺规划用地规模约200亩，总建筑面积约3.16万平方米，依山而建，呈梯次开发，依次为天王殿、观音殿、大雄宝殿、藏经楼、罗汉堂、居士林、万佛塔等佛教基础设施。

2013年，大雄宝殿完成奠基工作，开启了灵山寺建筑规模化之路。大雄宝殿，明清风格，重檐结构，建筑面积2352平方米，其内供奉由世界艺术大师方文桃创作设计的“华严三圣”

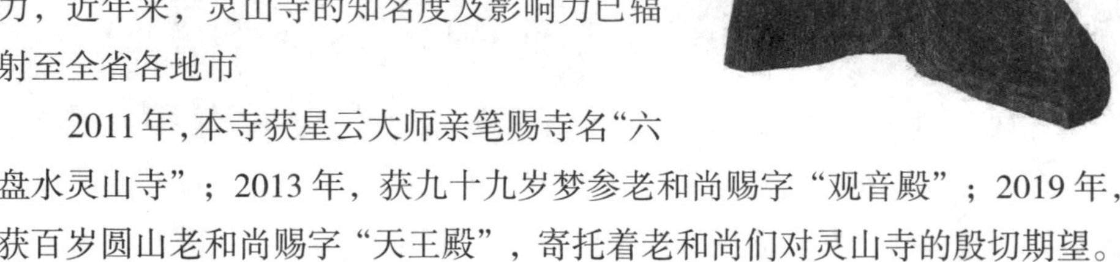

及“五百罗汉”。2014 年大雄宝殿双侧先后建设完成客堂主体、祖堂主体；2015 年，观音殿主体启建，并于 2018 年投入使用，其内供奉阴沉木观音圣像(高 4.98 米，重 6 吨)。目前建筑群占地面积约 1 万平方米。

灵山寺自恢复重建至今，制定一系列严格寺院管理办法、常住规约，始终秉持“观众生为菩萨，视自己为凡夫”理念，服务芸芸众生；大力推广讲经交流活动，结合“引进来”和“走出去”，为六盘水市佛教僧才培养贡献力量。通过住持祖定法师的不懈努力，近年来，灵山寺的知名度及影响力已辐射至全省各地市

2011 年，本寺获星云大师亲笔赐寺名“六盘水灵山寺”；2013 年，获九十九岁梦参老和尚赐字“观音殿”；2019 年，获百岁圆山老和尚赐字“天王殿”，寄托着老和尚们对灵山寺的殷切期望。

灵山寺始终秉承观世音菩萨“无缘大慈，同体大悲”的慈悲济世精神，热衷于公益慈善，服务社会、回报社会，多年来努力呼吁十方信众、社会人士积极投身公益慈善事业。灵山寺将以其宏大的服务社会之心，慈悲的佛法，为贵州信众乃至于全国信众增添一处清净佛教修学的道场。

灵山寺住持祖定法师，辽宁人，师承贵阳弘福寺慧海老和尚高足通睿法师，自出家之时，便跟随慧海老和尚及通睿法师严持净戒，深受言传身教，故住持灵山寺以来，在修行上始终严于律己，宽以待人。

（二）观音寺

位于贵州省钟山区境内（原水城县老城内），是在前文昌阁的基础上演化而来。文昌阁始建的确切年代不可考，但至清乾隆中晚期即有此阁。据清光绪年间《水城厅采方册》文字记载：“刘道者，寓城北观音寺……

刘以地僻静，构禅房，置药炉茶鼎，诵经外，终日趺坐，足不履世尘。惟世人至，则见鹤发童颜，庞眉皓齿，时年九十矣……”

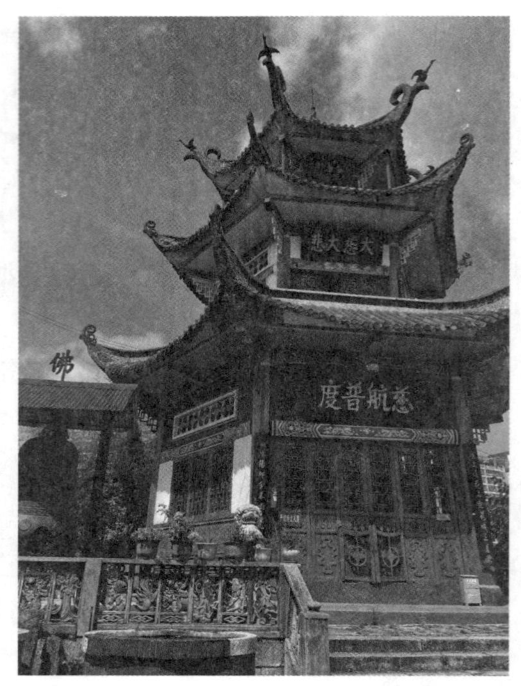

观音寺主要建筑有：一进院，是山门、魁星楼，与山门对应是一个较大的四合院，五面石铺地，四合院东西就是钟鼓楼。二进院是文昌宫（即现在的大雄宝殿）与魁星楼（即现在的天王殿）对应，四合院，地铺五面石，东西是斋堂和僧寮；三进院韦驮亭，观音客三层楼（150 平方米）及东西配殿，四合大院均五面石铺地。东西楼配殿是东为藏经楼，西为知客厅。2004 年 7 月 9 日安装佛像拆除魁星楼墙体时，在西墙挖掘出一块石碑（长 139 厘米，宽 78 厘米），碑文完整无缺，碑文起始处有“嘉庆十三年三月修建观音寺山门捐助功德善信姓名开列于后”。落款有“嘉庆十八年孟夏月穀旦”。得知整个观音寺建筑群启建于乾隆五十年（1785），落成时间是嘉庆十八年（1813）。

1987 年后，观音阁先后被列为县级和市级重点文物保护。

1993 年，群众集资修复观音阁。2000 年 11 月 13 日，水城人民政府将水城观音阁列为佛教正式活动场所。2003 年，修复了大雄宝殿。2005 年水城县政府机关迁至双水，水城观音寺所在地老城片区划给钟山开发区。2014 年六盘水市佛教协会代管观音寺，由会长释祖定担任法人。

（三）丹霞山护国寺

位于盘州市丹霞镇，距老县城城关镇 17 公里。丹霞山海拔 1888 米，孤峰高耸，气象雄奇。护国寺始建于明万历年间，经清代几次维修，已颇

具规模。每年三月三“赶丹山”，滇、桂、川、黔及东南亚各国均有香客来此朝拜。

护国寺始建于明万历年间，初为道教“玄帝宫”。天启二年（1622）毁于战乱。天启四年，海玉（又名“不昧”，俗姓金，安徽人）苦心经营十余年，寺宇初具规模，是为丹霞山开山之祖。崇祯十一年（1638），理学家、探险家、旅行家和文学家徐霞客考察丹霞山。《徐霞客游记》载：“启门入，余遂以香积供。既而其师影修至，遂憩余阁中，而饮以茶蔬。影修又不昧之徒也。时不昧募缘安南，影修留余久驻，且言其师在，必不容余去……”清乾隆四十六年，常怡在此初开戒坛；光绪三十年，光一继之开坛传戒，弘扬佛法；光绪三十二年，圣融在京得光绪皇帝御赐全部藏经、袈裟、玉印、金钵。光绪皇帝还御封“黔之盘州丹霞山为西南护国丛林”，由此得名“护国寺”。光绪年间，果倧、常向曾兼任贵阳黔灵山寺、昆明筇竹寺、宜良法明寺的方丈，可谓盛极一时。民国二十九年（1940），修园丹霞开坛传戒。同时还举行了49天的水陆大斋，以超度前方抗日阵亡将士。此次佛事，有虚云、印光等13个省7个市的65位大德高僧参加，为丹霞山寺创寺以来最盛大的佛事活动。1949年后，一些在护国寺出家的僧人成为名僧。如洗尘法师，为缅华佛教会创办人，后到美国纽约创建纽约妙觉寺。

1958年，丹霞林区遭砍伐。1964年，护国寺不慎失火，殿宇被毁。1981年，常闻法师卓锡于丹霞山，与弟子演慧共同出资重建瓦屋三间，供奉佛像。1985年4月，县政协委员董均荣居士在县政协六届二次会议期间，提交了《修复丹霞山名胜古迹，发展县旅游事业》的提案，倡议修复丹霞山护国寺，得到政府的重视，予以批准重建，并于1986年中秋节正式开始修复。1989年5月31日，缅籍华裔比丘尼宏慧和宏通暨中华寺居士们从缅甸印光赠送丹霞山祖庙3尊白玉石雕佛像，其中一尊高1.2米，其余各高1米。2008

年2月，传普法师在政府和社会各界的帮助下，修建引水工程，解决了丹霞山饮用水困难。2013年，盘州市旅游发展大会召开前夕进行了再次对寺院进行全面修缮，2014年6月，给所有佛像重塑金身。

（四）东明寺

东明寺原名东岳庙，初时庙址坐落于县城南门外、水洞背后卜家大地罗汉脐。

东明寺自一代始祖海清、海尘禅师起，已传承二十一代。其间有第十六代住持圣广法师，于宣统元年在玉阳洞成立过佛教协会。1987年，经宗满法师及圣中法师提议将东岳庙更名为东明寺。至1988年，演香尼师相续重建大雄宝殿、钟楼等，第二十代住持宽静尼师秉承师志，修建古楼、斋堂、单房等，不辞辛劳奔波募捐，多方筹资建寺至今，共已完成1389平方米，终于大功告成，夙愿得酬，宽静之徒宏琳、宏柱，为二十一代传人，肩负重任，盼不负众望，收回弯子库房统一管理。

（五）南极山观音寺

位于六枝特区塔山街道六枝村，始建于清末年间。20世纪90年代初，进行修复扩建，现有大雄宝殿，弥陀殿，观音殿，威然屹立，地藏殿清幽庄严，寺院整体占地面积约6000平方米。观音殿门前登高远眺，俯瞰六枝街道全景。

（六）桃园寺

位于六枝特区城中心区人民路桃花湖畔。院始建于清末。上世纪90年代初修复开放，现为六枝特区佛教协会会址所在地。桃园寺占地面积约2000余平方米。

（七）西来寺

位于六枝特区六枝大用镇观音山，原名真宗寺，寺院内有一天然溶洞，名朝阳洞。清中期有大定府黔西人杨复修受戒于天寿山，在此地修行。道光二年（1822）圆寂，世寿八十三岁。朝阳洞不知道何时起本地人称为神仙洞。原观音山有一木建筑殿堂于1947年毁于大火。1990年冬月，由贵州省佛协圣中老法师命名为西来第一洞天，故现名西来寺。

三、遵义市（31座）

（一）湘山寺

位于红花岗区内环路。相传始建于唐代宗大历年间。初名万福寺，元成宗大德年间，易名护国寺。明崇祯元年，因寺有湘水，踞湘山，改名湘山寺。清嘉庆年间，遵义知府赵遵律以寺临响水、白杨两洞，泉声不绝，更名双泉禅院。但湘山寺的寺名沿用至今。湘山寺于明末“平播之役”被毁。清初智清和尚返川经此，捐银300两重建。清朝乾隆丙戌年（1766），照昌和尚再兴法务，历6年竣工。后僧普曾率众维修。光绪八年（1882），寿林和尚捐银2000两修寺院、建围墙，历时10年。清末民国初，法云上人到此，再兴道场，香火日盛，同时，提倡实业以开风气，兴办白艺工厂以辟利源，募设贫儿学堂以拯童儒，并筹集巨金，不辞劳苦，往返1400余里，于民国五年赴沪购买频伽大藏经，全部约计一千余卷，运回湘山。民国时期，湘山寺从金鼎山玉佛寺请来缅甸所赠玉佛，从龙坪瓦厂寺运来十八罗汉及经文法器等。

20世纪50年代，仍为佛教活动场所，直至“文化大革命”才停止。

1982年，湘山寺被确定为全省重点寺院；1985年，列为贵州省级文物保护单位。1983 年，政府出资 40 多万元解决了寺内近 50 家住户的搬迁；1984–1987 年，在省政府主管部门和十方信众支持下，慧海法师统筹兴建了大雄宝殿、天王殿、观音殿和左右厢房。慧海法师到贵阳弘福寺任方丈后，月照法师继续筹资修建了藏经楼、望江楼、僧房和斋堂。至此，湘山寺初具规模。

自 1998 年，十年时间完成了湘山寺边坡垮塌治理工程，改建天王殿，扩建了塔院，建成了普照楼、上客堂、法堂、大山门和大型石雕滴水观音、九龙壁及经幢。2007 年 7 月 8 日，在政府主管部门关怀下，当年法云上人请来的有着百年历史的《频伽精舍校刊大藏经》由遵义市图书馆保存半个多世纪后，重新回归湘山寺。

湘山寺殿堂均用钢筋混凝土仿古建造，歇山顶，重檐翘角，黄色琉璃瓦盖面，绿色琉璃瓦剪边。主要殿堂按传统中轴线坐北朝南，供像为汉传佛教寺院常见的造像格局，天王殿中间木雕弥勒，弥勒背后为韦驮，两侧为四大天王；大雄宝殿主尊泥塑释迦牟尼，主尊背后为西方三圣，主尊左侍为文殊，右侍为普贤，两侧为十八罗汉；圆通宝殿正中泥塑千手千眼观音菩萨，左侧为药师佛，右侧为地藏王。碑刻现存有高约 3 米的线雕唐吴道子绘观音像，清光绪年间依四川阆中拓本刻制，1987 年移自城区江西会馆。名人题词主要有：艺术大师刘海粟墨迹“湘山寺大雄宝殿”；原中国佛教协会会长赵朴初两联。一联为：“芬郁灵台三际寂光常照彻，华严觉地十方法界总含融”，另一联为：“一色一香供养十方如来华藏庄严无尽愿，千手千眼救度众生苦厄娑婆遍满大悲心”；原中国佛学院教授虞愚所题“人间净土”；原中国佛教协会会长一诚题山门正中“湘山寺”；遵义名士陈福桐为山门撰写正面背面两联，一联为：“古寺传佛灯，照彻长夜沉迷梦；祇园听梵唱，启悟世人行善心”，另一联为：“高山拜佛聆经还真性，激发良知皈行正道；近岸回龙锁水醒众生，去除妄欲阻断横流”。

（二）妙音寺

位于仁怀市云峰山森林公园内，占地58亩，建筑面积2万多平方米，共22个殿堂，建筑风格为明清仿古建筑，由妙乐法师主持兴建。主体工程包括山门殿、天王殿、大雄宝殿、妙乐念佛堂、藏经楼等主体建筑，同时建设了观音殿、祖师殿、妙音殿、钟楼、鼓楼、僧舍（寮房）佛学院、宾馆（上客堂）、停车场等。寺院依山而建，分六个台阶。

妙音寺原名云仙寺，唐初称无垠寺，内有云仙洞。寺院立于绝壁之上，险峻奇巧，古洞深幽，充满灵气。1994年4月，在修建云仙寺大雄宝殿时，从洞穴中挖掘出土了商周时期的锥、锤、尊、壶、杯等石器、陶器40多件（现保存于仁怀市文管所），经贵州省考古研究所鉴定，确认此处为世居仁怀的仡佬族先民濮人居住遗址。2013年1月，仁怀市政府将云仙洞遗址列为仁怀市文物保护单位；将云仙寺的精舍、来仙塔列为县级文物。

1996年，江西九江庐山铁佛寺方丈妙乐长老来仁怀扶贫，途经东亹河时，顿感云仙寺因缘非凡，自此善缘和合。鉴于云仙寺地处悬崖，安全隐患大，场地狭小，无法满足宗教活动需要，妙乐长老向仁怀市提出了“将云仙寺迁址河东新建”的建议。经政府主管部门批准，云仙寺迁建，并更名为“妙音寺”。妙音寺于2012年12月3日奠基，历时3年竣工。2015年7月13日，中国佛教协会第九届咨议委员会主席、九十三岁高僧明学长老为妙音寺题“大雄宝殿”真迹。2016年9月28日举行“仁怀妙音寺妙

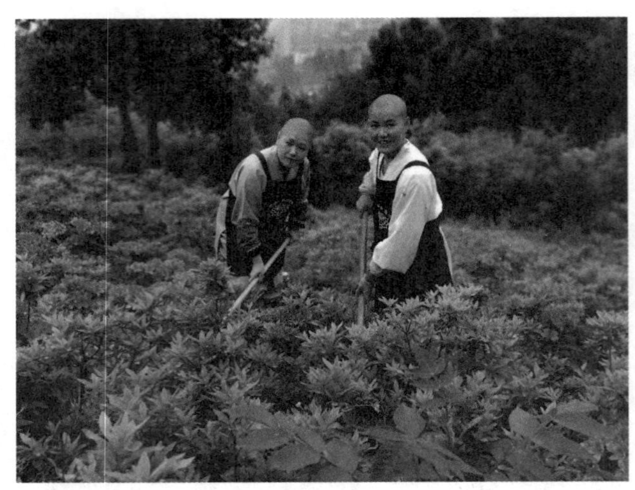

乐法师晋院升座法会暨庆典仪式”，时任中国佛教协会咨议委员会副主席无相长老送座，中国佛教协会副会长演觉法师等一行佛教界大德高僧莅临现场。

妙音寺为尼众道场，常住僧人约22人。在方丈妙乐长老和住持释演总法师的带领下，全寺僧众坚持爱党爱国爱教，遵守国家法律法规和宗教政策，严格依照《宗教事务条例》开展宗教活动，秉承佛教优良传统和教理教规，坚持佛教中国化方向。定期组织升国旗仪式，积极开展“五进”活动，宣传宪法、“两会”精神及相关的民族、宗教政策。自觉维护国家安全和社会稳定，推动整个僧团在维护祖国统一、民族团结、宗教和顺、社会和谐方面发挥积极作用。

出家众既披如来衣，当做如来使。寺院以钟板为令指示僧众日常修行，切实加强寺院教风建设，努力提高广大僧众的修行造诣；坚持早晚课诵、过堂用斋、半月布萨、农禅并重等丛林制度；带领信众举行念佛七、浴佛节、六月十九观音香会、盂兰盆会、腊八施粥等佛事法务活动；发扬节约惜福、淡泊名利的优良传统，自觉抵制佛教商业化行为；努力建设和谐寺院、生态寺院、文化寺院。

寺院实行民主决策、规范管理，践行六和敬理念。各项制度内容清晰、分工明确；管委会身先士卒、以身作则；僧众正知正见、自律自治。以科学化、规范化的现代僧团管理模式，发挥佛教正本清源的正能量，建设一支在“政治上靠得住、宗教上有造诣、品德上能服众、关键时起作用”的宗教场所管理人员队伍。

爱国爱教行大道，正法弘传与时进。20世纪90年代至今，方丈妙乐长老为支持仁怀建设等捐款数千万元；2016年，捐赠10万元救助年仅十二岁白血病患者；助力仁怀市市脱贫攻坚工作，向后山乡田兴村28户贫困家庭捐款捐物；2020 年，在住持演总法师的带领下，妙音寺向仁怀红十字会捐赠人民币 10 万元，物资 77 件；走访慰问自养困难的寺院、聋哑学校和敬老院，送去慰问金和生活物资；为支持仁怀市市防汛救灾工作，向仁怀市应急局捐款20万元；作为副会长单位向仁怀市慈善总会捐款10万元，助力推进我市慈善事业发展等。一直以来，妙音寺始终以实际行动履行社会责任，服务众生，传递佛陀大爱。

（三）永安寺

位于仁怀市五马镇云安村。相传始建于唐乾符年间，称金黾山寺。明万历年间重修，名永安寺。清康熙四十年（1701）、乾隆三十五年（1770）、嘉庆年间及民国二十四年（1935）先后进行增修培补。清康熙四十年（1701）《重修永安寺碑记》载："唐乾符中……剪除荆棘修刹于此。"程天章《永安寺记》载：永安寺"自始祖刘宗臣于明朝万历辛巳（1581）创建以来，施地舍田，以著千秋之楷模；修庙建像，爰垂百世之芳型。善莫大焉，功亦伟焉。待至宗臣公之子青山、华山，新铸钟磬云板，无非鼓乐备举，盛世备全……后至同治癸酉年（1873），有十一代嗣孙刘正兴字益兴……方同众首募化四方，培修上下四殿，俾同日月以俱延；始造东西两厢，尤期河山而并寿。佛像巍峨，殿庭耸翠。"①

该寺系坐南向北、依山势而建的木建筑。建筑为两进院落，有山门、上殿、中殿、下殿、厢房等，占地面积 1472.3 平方米，塑神像百余尊。

1950 年后，寺院改作乡政府公署和学校，下殿被拆，现存上殿、中殿。其中中殿较为典型，面阔 7 间、通面阔 30 米，进深 3 间、通进深 9 米，抬梁穿斗混合式悬山青瓦顶。上殿的石狮、石像、荷叶柱础，笼统逼真，有较高的艺术价值。2000 年 10 月公布为仁怀市重点文物保护单位。

---

① 仁怀政协学习文卫委编：《仁怀历代文钞》，中国文史出版社，2009，第 172 页。碑立于仁怀市五马镇云安村永安寺。程天章（生卒年不详），仁怀大坝簸英坝人，清同治年间秀才。

（四）卧龙寺

位于绥阳县郑场镇罗家坝卧龙山。始建于唐代永泰年间。从唐代至今已经进行过八次大修，寺内壁画和碑刻，记载了乾隆二年（1737）和十五年（1750）两次重建的历史。

卧龙寺坐北向南，寺的周围皆是砖砌墙恒，高约 10 米，长约 100 米，寺门顶墙上有高约 1 米、宽约 0.6 米的石刻匾额，颜体书刻“卧龙山”3 字。寺内为木结构的四合院、青瓦顶，依山而建，错落有致，寺内天井坝存明、清两代建庙的石碑 7 座，前殿供奉二郎神，左右殿供奉“四贤”，正殿供奉十八罗汉，北山门建有戏台，戏楼横梁和横檐上有唐朝遗留的龙、凤等木刻等。

（五）白云寺

白云寺位于遵义市中华南路荀家井市场右侧，前身系蚕神庙，又名西陵宫，始建于 1796 年，因供奉黄帝元妃养蚕始祖嫘祖而得名。

该寺四周被高楼簇拥。《续遵义府志》载：“白云寺在凤朝关，右倚城堞。”据《遵义府志》记载，“蚕神庙在城外凤朝关侧，中祀先蚕。旁及陈公祠，祀知府陈玉壁”。陈公在乾隆年间把养蚕缫丝的技术引入遵义，遵义人感谢他，祭祀他和嫘祖。1838 年祀观音，1864 年，白云寺第三代比丘尼香敏、香永由四川峨眉山学佛归来，将这座圣人庙改为佛寺。民国年间，国民党“军统”遵义地区特务机关占为驻地。1950 年后曾做厂房、学校。1982 年

庙宇恢复寺院山门，1986年列为重点开放寺院。第四代比丘尼应奎、应华于1993-1996年，把原有木瓦建筑全部撤除，修建了大雄宝殿、观音殿、西方三圣殿、卧佛殿等。2006年8月，红花岗区政府成立落实白云寺房产工作领导小组，前后经过近一年的时间，将被占教产还给白云寺。2007年2月，白云寺将所还面积和拆除部分修建餐厅、禅房和念佛堂。

白云寺大雄宝殿下层供释迦牟尼、十八罗汉像，上层藏《中华大藏经》等佛教经典。由于地处闹市中心，又加上寺院雄伟，殿堂巍峨，塑像庄严，故香火旺盛。

（六）菩提寺

位于遵义市中心城区老城大龙山府后山半山上，由颜氏家祠、净土庵、观音堂合并而成，前身颜氏祠堂建于民国初年，是播州盐商的家庙。抗战时期，“西南文化垦殖团”熊佛西措夫人曾在此寄居，写诗作画，并与许多文化名人如端木蕻良以及进步的青年学生相交往。颜氏无后，抗战后四川僧人圆定将祠堂买下，改为菩提寺。

1958年圆寂后，一度无僧人，成民居。

1998年，政府对老城进行拆迁改造，遂将菩提寺中的三户居民迁出，让子尹路观音堂的僧尼迁至菩提寺。1999年，开始重建，修观音殿、大雄宝殿等，并为殿中的菩萨重塑金身。2003年扩修厨房，2006年修山门和围墙，2007年完工。菩提寺占地3000多平方米，有大雄宝殿、观音殿、天王殿、钟楼、鼓楼、斋堂等，殿宇雄伟壮丽，塑像庄严，山门上的大字、长篇的石刻和多副对联是遵义文化名人陈福桐、陈腾、周树心、王道常等人撰写的，由于离市区近，香火极盛。

（七）桃溪寺

位于红花岗区忠庄镇的桃溪河畔。始建于明隆庆五年（1571），原名延禧寺。明万历二十八年（1600），杨应龙叛明被镇压，寺院被毁。重建后更名桃溪寺。乾隆四十九年（1784）桃溪寺碑载："城西有桃溪寺者，创自二百余年。规模宏厂，而山回水绕，飞翚停红，真掬香之胜境，翻叶之仙都也。迄今事踵增华，香火绵更，为闾郡之瞻仰，实众庶之福源。"清人冯子玉："昔从溪上过，溪水东西流。不是武陵源，桃花水面浮。入寺随瞻仰，忽忽玩一周。山环并水绕，大让大觉幽。两山西北峙，骚客任遨游。屡欲重流览，羁鞅莫予由。几度遭兵燹，灵光岿然留。高阁悲秋雁，矮屋鸣春鸠。朝梵云淡淡，夜禅月悠悠。牧童横短笛，桃林自放牛。重与仙兄话。溪山一望收。"胡培恩《桃溪寺题壁》云："路出桃溪入望深，疏林摇曳响沉沉。苔痕渐蚀题诗石，草色微侵学士襟。四面青山朝佛座，一湾绿水空禅心。消闲半日忘归去，别有奇观仔细寻。"均极言桃溪寺景色之美。

清光绪十五年（1889），住持禅心募化培修，1906 年，遵义知府袁玉锡在荷花池畔增建雅楼。1938 年，日军轰炸武汉，使得许多儿童成为孤儿。国民政府将部分孤儿转移到了桃溪寺，将桃溪寺作为战时儿童保育院。1952 年，将福利院迁到桃溪寺。1982 年，列为贵州省文物保护单位。1997 年，交还归佛教管理。

桃溪寺由正殿、前殿、两厢组成四合院。正殿为木质结构，内供释迦牟尼、十八罗汉像，前殿廊柱上有对联：“四面青山朝佛座，一湾绿水空神心”。两厢较正殿低，左边是地藏殿、财神殿，右边是观音殿。天井为青石铺墁，左右有石砌半圆花台。前殿为进天井的通道，为天王殿，中间正塑弥勒，背塑韦驮正对大雄宝殿，通道两边塑四大天王和哼哈二将像。从前殿出山门，门上对联为陈福桐撰书：“棒喝传经僧悟道，溪山有韵客留诗。”山门前通道有一亭子，其间竖三块石碑，一块是清乾隆四十九年的勘判碑，其余两块是寺院香法比丘尼和圆觉殿的简介，再往前是七孔宝众桥，桥的两边是荷花池。

桃溪河从寺前潺潺湲而过，寺前有荷塘田畴，寺后有修木茂林。

（八）法王寺

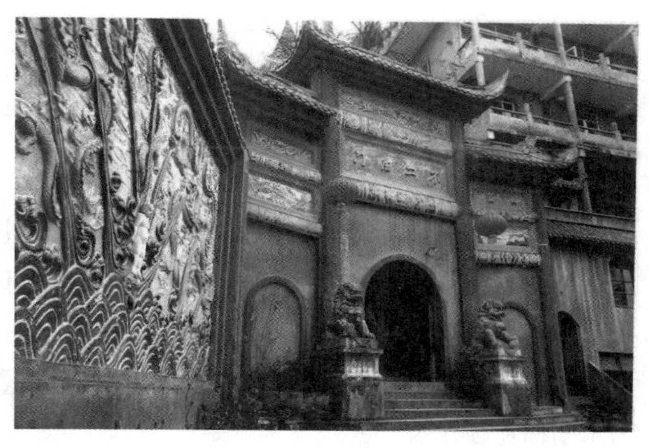

位于遵义市中心城区主干道中华北路以西的金狮山顶。相传建于清咸丰元年（1851）。

远望金狮山，寺院依山而建，峭壁重楼，红墙碧瓦，绿荫掩映。《续遵义府志》载狮子山寺“在校场坝后，高踞山巅，横槛临空，映以嘉木。山后有明心寺，又名空谷寺，可消暑。”

法王寺原为小青瓦木结构建筑，“文化大革命”期间被损毁。

1995年智觉法师任住持，将寺院改名法王寺，并进行重建。新建正门高大雄伟。

法王寺占地2000多平方米，山门有赵朴初亲笔题写“法王寺”三个大字。寺中最高大的是玉佛殿，有缅甸玉佛6尊：释迦坐佛、释迦卧佛、弥勒佛、文殊菩萨、普贤菩萨。

（九）回龙寺

位于遵义市中心城区湘江河畔，回龙山的龙头上，从添秀桥上南望，湘江河潺潺流过，回龙山如一条巨龙回首相望，河流遇着山的回环，也跟着转向东去，山也回龙，水也回龙，《遵义府志》载回龙寺“在治南锁水”。“回龙锁水”为遵义古八景之一。

远望回龙寺，绿树葱茏，红墙碧瓦，流丹溢彩，掩映生辉。从山下过狮子桥，顺梯级曲折上行，到达寺上，纵目远望，湘江如玉带环绕，湘山寺如云中楼台，遵义城如巨幅彩图。郑子尹写道：“遵义环城山水岩壑之雄峭，树木之挺异，莫右于回龙山。其山自碧云峰支出，蜿蜒东行十里许，穆家川趋其足，遂峙为此山。其山阴肉而阳骨，骨者石也，外着者也……上干青天，下临沉渊，而其气一泄于树。故其树直上数仞而不拢，横出数丈而不折，随其石之高下，楚楚莽莽而柯茎棼离可数。”

相传创建于明朝中叶。清代咸同年间，寺院毁于兵祸，后多次重修，为木结构瓦顶建筑。

1980年代初，僧释真云、释如海领着信徒集资，在原址修道路、建围墙、立山门、建殿宇，香火渐旺。1995年重修大雄宝殿和塑菩萨，寺院初具规模。

2001年，改建观音殿、斋堂、禅房及厨房。2006年，全部佛像重塑金身，举行盛大的开光典礼。

（十）金鼎山寺

位于红花岗区金鼎山镇境内，距离城区12公里。金鼎山处于斜贯遵义的大娄山脉中列中段，是大娄山主要山峰之一。《遵义府志·山川》载："金鼎山原名九龙山，削立万仞，可望大定城，云雾窈窕，常集其巅，必甚晴始彻；山分九支，中入郡，郡龙少祖山也。"金鼎山海拔1608米，雄镇诸峰，山势磅礴、群峰巍峨、峭拔伟岸、兀立摩天。黎庶昌《金鼎山新建玉皇殿记》载：金鼎山"孤峰特起于众山之上，其高十里……光绪中，蜀僧大方，性颇好奇，来登此山，遂辟地建玉皇殿于其顶，以费绌久不就告，余为集赀赞成之，而令移吾乡禹门寺玉皇像供奉于此，使道释各得其所，无相凌杂。殿成，楹栋坚致，丹碧焕然，凭高四顾，孤夐寥绝，足以栖真而妥神矣。"民国十七年（1928），遵义县知事乔运亨撰《培修金鼎山记》称金鼎山："伸与终南、嵩、华、泰、岱、衡、岳、青城、峨嵋等山同为天下古今之壮观"。据道光《遵义府志》记载："明崇祯年间，僧普济重建寺。清朝康熙间，僧嵩目增寺于山下，竹野继之。山上有杨氏别墅在焉。"民国初年，缅甸佛教界赠时任贵州省主席的周西成玉佛1尊，他转赠金鼎山，遵义官绅和佛教徒在山下建玉佛寺供奉。先后有普贤、普济、嵩目、无空、谈云、圆定、果峰、常刚等住持。鼎盛时期有出家人364人，护庙武僧13人，曾先后举办僧人剃度受戒盛典4次，受戒僧人300余人。

“文化大革命”时寺院毁损严重，仅存遗址。

1988年后，庙宇逐渐恢复。已恢复重建法缘寺、普贤殿、报恩寺、财神庙、明心寺、药王殿、万佛寺、金桶寺等。法缘寺，主殿有两层，下层供土地菩萨，上层供弥勒菩萨，两边是四大金刚。穿过主殿，左边是伽蓝、药师、财神合殿。普贤殿，大殿内普贤坐在中央，两边还有文殊、观音、药王、财神、福禄寿三星等菩萨和神仙。报恩寺，厅堂宽大，主奉地藏菩萨。财神寺，供奉财神。观音寺，观音菩萨塑像端庄，手持玉柳，慈眉善目。殿旁有罗汉堂，供五百罗汉。药王寺供药王菩萨、西方三圣。万佛寺，地势开阔平坦，是金鼎山九龙归朝之所在，规模为金鼎山之最，有三重四合大院。金桶寺建在平缓而宽阔的缓坡之上，前殿供弥勒佛；中间庭院两侧禅房，再上为大雄宝殿，殿中供释迦牟尼，左右是阿难、迦叶，大殿两边供十八罗汉。大殿后面为金鼎山最高处瞭望台。

每年农历六月十九日为“金顶庙会”，黔、川、渝、滇等省均有香客、游客远道而来朝拜、观光，山上山下人如潮涌，热闹非凡。

（十一）石佛洞寺

位于红花岗区长征镇沙坝村。相传始建于清乾隆四十一年（1776）。因岩石似佛，乃名石佛洞。清代沙滩文化人黎安理曾与遵义知府焦尔厚游此洞，作《游石佛洞记》：“距郡东十里有洞焉，曰‘石佛’，前未闻也。郡守济南焦公，探奇得斯地，以石似，予佛名。”清代遵义人、乾隆朝贡

生李樾《游石佛洞》：“凌风拾级到层台，混沌何年始凿开。云锁洞天春意暖，分将瑞色带归来。”同治年间增建庙宇。

1940 年代，国民政府在石佛洞办沙坝国民学校。

1980 年代初建 100 平方米小庙。1984 年逐步改建、扩建山门、大雄宝殿、观音殿。2002 年后建七佛塔（高 34 米）、圆通殿、钟鼓楼、望月亭等。占地面积达 3000 多平方米。

（十二）台圣寺

位于仁怀市茅台镇街中心地带，始建于明嘉靖四十一年（1562）。该寺原名禹王宫，民间传说茅台地处低洼峡谷，屡遇旱灾洪灾，修建禹王宫祭祀治水有功的禹乇，祈求一方平安。

1950 年代，改为厂房、药房、办公室、职工住宅、酒厂等。

1991 年组成筹建小组，修复大雄宝殿。在大雄宝殿右侧修建禹王宫。1998 年，建天王殿、斋堂、阅览室及办公室。2001 年后，先后建上四合院、下四合院。2004 年 4 月，释如惠任台圣寺住持，同年下四合院迎植菩提圣树，已成本寺之宝树，枝繁叶茂。

台圣寺占地 2643 平方米，有两个四合院。上四合院 1300 多平方米，有禹王宫、龙泉井、龙泉亭、荷花池、半边桥、山门、观音殿、祖师堂、罗汉堂、天王殿、钟鼓亭和图书室、厨房、斋堂等配套设施。禹王宫占地 900 多平方米，横列 5 间，正殿左右两列有 8 根石柱，柱下各有圆石墩奠基。下四合院有五百罗汉堂、千手观音殿、祖师堂、山门、钟楼、鼓楼、土地庙、佑民宫等。

禹王宫每年清明节都要做清醮神会，桐梓、赤水、习水、古蔺、金沙等邻县的信众纷纷赶来参与。每逢农历初一、十五、四月初八、二月

十九、六月十九、九月十九开展佛事活动。

（十三）玉屏寺

位于仁怀市中枢街道城北社区玉屏组。清乾隆《贵州通志》记载："玉屏山，在城北（西）二里许，势如屏障，县治坐山也！"相传明代已建观音堂。清雍正十三年（1735）扩建后，更名为玉屏寺。乾隆初年，复加修建。同治三年（1864）毁于战火。民国时期曾掩护过中共地下党活动。

"文化大革命"中损毁较大。十一届三中全会后，群众集资11万元修葺。总占地3.6亩，拥有殿堂10间，建筑面积425平方米。2002年后再度扩建。

玉屏寺群山环抱，绿树红墙，景色宜人。

（十四）怀阳寺

位于赤水市天台镇天台山主峰峰顶，海拔1000余米，突兀高耸，山势奇特，风景优美。天台山处于四川合江县、贵州赤水市交界处。明清时期就有两座古刹，上座怀阳寺属贵州，下座大佛塪寺属四川。清嘉庆十年（1805），在大佛塪雕凿大石佛坐像1尊，高1.5米，坐于2米高的莲台上。

嘉庆年间寺庙已有一定规模和储积。因地界贵州赤水和四川合川，管理有一定难度。为此，贵州仁怀厅同知萧旃年特出示告示："……示布首事居民人等知悉，嗣后凡有此方周游僧道及附近居民游手好闲三五成群，概毋许入庙硬估住宿，不论骚扰并舍主子孙，不许任其磕索，倘胆敢仍蹈前辙，该首事住持一并索解究处，如有徇私容留等事，一经查获，并究不贷！”①

“文化大革命”期间寺院受损。1990 年后逐步恢复，新凿一尊弥勒像（高 40 余米）。经历代的修建，特别是 1990 年代以来的扩建，天台山寺院颇具规模。

（十五）观音阁

位于遵义市汇川区天津路中段的高坪河、喇叭河交汇处的三阁公园，建于明末清初。寺院原址在河对面，因城市改造迁建于此。2004 年开工，2007 年 9 月竣工。

观音阁占地面积 2400 平方米，有山门、天王殿、观音殿、念佛堂、藏经楼、遵义佛教文化流通处及斋堂、僧舍等附属设施。山门有著名书法家冯济泉的题字“观音阁”，大门两边是谢尊修、李达荣撰写的长联。一进山门，天王殿便展现在眼前，弥勒佛正坐中央，左右有四大天王。殿后有韦驮菩萨护守。再往前是观音大殿，高 20 余米，正中是高大庄严的手持净宝瓶的大型香樟木雕观音像，周围衬以 53 幅散财童子图，背后是香樟木雕的西方三圣。大殿两边为泥塑观音 32 化身像，形态各异，栩栩如生，另有地藏王菩萨、药师佛菩萨伴随左右；整个殿堂金碧辉煌，庄严秀美。

现任住持释果云。

---

① 王光烈：《天台山古石碑》，载贵州省赤水市政协文史委员会编：《赤水文史》（第 10 辑），1996，第 191-192 页。碑存赤水市天台山寺。萧旃年，山东福山人，乾隆癸未科（1763）进士，补贵州省清镇县知县，独山州知州，嘉庆三年（1798）五月升贵州仁怀厅同知，在任 10 余年，政绩卓著。后署贵州大定府知府。

（十六）瓦厂寺

位于播州区龙坪镇瓦厂村瓦厂组，又名称复兴禅院。赵恺1918年撰《复兴寺废兴记》载："寺创自前明正德，曰山"仙风"，曰寺"复兴"。近代以泥可窑置陶钧侧焉，曰"瓦厂"。乾隆中有僧智仙，能诗趣，飘飘然，不可羁勒，卒以覆六尘而逸，寺遂毁。咸同间栋宇之立者仆，翼者倾，墙者蹊，田者易氏而租，而寺遂几几等社神求子之龛矣。道有和尚……归主兹寺。饰其塐①，栫其倾②，涂髹③其腐，墨瀚而衣，爨而耕④，鬻覈而布精⑤，昼田而夜屋。不数年，当者复；又数稔，买者赎。于是畦接山连，屡併屡易，而寺遂以自封矣。"⑥

瓦厂寺1982年列为贵州重点文物保护单位。

寺院占地2500平方米，在中轴线上依次排列山门、前院、前殿、中院、大雄宝殿。山门为悬山式，两侧有八字形石墙拱卫。前院大青石板铺墁，两侧为钟鼓楼。前殿为一楼一底歇山式建筑。前殿、两廊配殿，大雄宝殿组成一口井的石坝院落，楼上下均有回廊。大雄宝殿居全寺最高处，为重

---

① 塐（sù）：古同"塑"。

② 栫（jiàn）：用木柱支撑倾斜的房屋，使之平正。

③ 髹（xiū）：用漆涂在器物上。

④ 墨瀚：豁达睿智。爨（cuàn）：烧火煮饭。

⑤ 鬻覈（yù hé）：鬻，卖；覈，查核。此处指寺院经营活动。

⑥ （民国）《续遵义府志（卷4）·庙坛寺观附》。赵恺（1868–1942）），字乃康，遵义平水里（今播州区团溪镇）人。民国时期遵义文化杰出的代表人物之一，沙滩文化的传人。为推动遵义教育事业和遵义文化的发展作出了积极贡献。

檐歇山寺。寺右为“煨芋楼”，寺左为禅房，寺后有僧墓群。

寺中保存了大量木雕、石雕作品。木雕分布于大雄宝殿、配殿的阑额、雀替、撑拱、檐垂、驼峰、门窗等部位。技法有圆雕、镂雕、浮雕等。内容为儒释道史迹传说等，如“释迦说法”“水漫金山”“唐僧取经”等；道教题材的有“赵公明收伏和合二仙图”等，传说故事有“西厢记”“空城记”“大闹天宫”等。

（十七）降龙寺

位于桐梓县娄山关镇城郊村，位于城东魁岩之巅三岔垭，距县城约 3 千米，始建于清末。该寺原名观音庙。1983 年列为桐梓县级文物保护单位。1985 年，县城信士由四川省请来寂超法师住持。1986 年后重建，扩建大雄宝殿，并将三岔垭地名改为佛顶山，寺名改为降龙寺。1989 年春新殿落成后，中国佛教协会会长赵朴初题“佛顶山降龙寺”，由遵义湘山寺制成匾额赠给降龙寺，农历六月十九日举行挂匾开光仪式。1990 年后建大山门、天王殿、月台，塑弥勒、四天王、韦驮菩萨像。1991 年 12 月，台湾高雄市 27 位居士，专程从台湾造访降龙寺，并捐建降龙殿及降龙尊者金身一座。1991 年改造殿宇，重塑药师三圣、卧佛。1992 年，寂超法师又筹资于山下播川驿遗址后修建接引殿。并建了一条长 2.5 千米、宽约 1.5 米的水泥梯道。

全寺殿宇依山而建，分上下两院，规模宏大，雄伟壮观。上院有大雄宝殿、天王殿、药师殿、观音殿、财神殿、降龙尊者殿，供 2 米高的缅甸玉佛 1 尊，塑有佛像 30 余尊。下院为接引殿，塑西方三圣像、地藏菩萨等。

伫立佛顶山上，可远眺鳞次栉比的县城，山秀洞奇的西流水，平坦开阔的葫芦坝。

（十八）瑞峰寺

位于桐梓县尧龙山镇尧龙山村。海拔1795米。寺院始建于明代。

从尧龙山镇所在地到尧龙山顶，约10多千米。民国时期犹海龙有诗赞曰“一轮红日当头上，尧龙之高穷所望。山顶上接九重天，四面群山难比量。”光绪五年（1879）古珍州庠生赵师亮《瑞峰序》言：“黔之西北，蜀之东南，有山矗，名曰‘尧龙’，称为古瑞（缺字），斯东[寺]也，辟自明时宏[成]化间。有浮图由川入黔，道经斯境，见其山势嵯峨，古木阴翳，旦暮间有紫气浮空、白云缭绕，心萦焉，久不能去，遂至其山之斗茶店，有古刹住。荆棘封檐，榛芜塞道，竟有荼心，殆不欲去……得一洞，古佛三尊，莓苔满座，遂扫地而庙焉……其尧龙山也，保障南黔，主镇西蜀，尧龙之盛衰，黔蜀之盛衰随之也；黔蜀之盛衰，尧龙之盛衰验之也。是尧龙之尧龙，岂仅住佛像供朝拜，区区一乡一邑哉。荒芜十余年，未暇修理，今锦亭杨君、恺堂张君及钱氏昆季一清、泽生等，皆吾乡佛人也，主山政兢兢焉，有志于斯。兼山僧园喜，为人勤苦，善储集，有经理才，斯举兴废而兴之。四围俱石工墙垣砖瓦，较前倍固，约费千余金……”由此可知，寺始建于明成化年间。清代几度修葺，更名瑞峰寺。今存石砌殿堂、摩崖石刻、石碑字库、佛塔石亭，均见证了瑞峰寺的久远历史。

瑞峰寺原建筑为依山洞而建。一殿位于左边洞穴，洞高10余米，宽80余米，殿门有普陀岩三个大字，主要是佛教文化，有释迦牟尼、观音菩萨等塑像。另一殿在右边悬崖之下，木石结构建筑，主要是道家文化，有三清、玉帝、王姆、尼山老姆、关圣、川主、黑神、文昌、财神、城隍爷等塑像，还有儒教孔子塑像等。1990年后，依洞边绝壁又新建右殿，左右殿堂共有木雕石雕大小佛像百余尊。

尧龙山历来为黔北、川南朝山拜佛之胜地，每年香会期间，来自重庆、遵义等地游人香客络绎不绝、热闹非凡。独特的地质地貌、雄奇的自然风光、神秘的宗教文化，成为朝拜、观光、探奇和避暑的胜地。

（十九）禹门寺

位于遵义市新蒲新区新舟镇沙滩村红光组乐安江边禹门山，创建于明万历二十九年（1601），四川广安人黎朝邦迁来沙滩，在禹门山修建寺院，取名沙滩寺。

禹门寺周边山形蜿蜒，林木葱茏，寺院掩映于参天古木之中，红墙碧瓦，曲径通幽。梁应奇[①]《禹门寺记》载："稽乐里有寺名沙滩者，绀殿轩昂，堂奥鸿敞，石磴层嶙，林木蓊蔚。溯所创者，肇自策眉。始惜沙滩梵刹，滩则不能遽济，沙又恒河难更。恭请丈雪人天师范为丛林住持，于是易为禹门禅院。遏人心之江河，浚群胸之闭郁，使之洞见本来面目，豁然通，憬然悟，有如禹之随山决排，机忘物我，真利济之人乎！师，蜀之内江人，棒喝交参，印德山《济北家言实传》《曹溪正脉说》《语录》凡若干篇。平淡自如，行业兼备，将与禹功并垂不朽。"莫友芝《禹门山》诗："禹门多古木，俯仰一翠气。从来溪上人，不见山中寺。"清初年，明代遗臣

① 梁应奇，明末曾任兵部侍郎兼户部侍郎。

黎怀智（曾任黄冈知县），落发为僧，改寺名为龙兴禅院。南明永历元年（清顺治四年，1647），西蜀僧人丈雪避乱来此，力弘佛法，寺院僧人云集，香火鼎盛。相继建成山门、大雄宝殿、天王殿、观音殿、七佛殿、华严殿、藏经楼、黎氏私塾振宗堂。更名禹门禅院。同治年间，寺院毁于战火。1885年，时任日本国钦差大使的黎庶昌回国出资重修，有藏经楼、大悲阁等7座殿堂。黎庶昌还从日本带回南藏佛经全帙和钟鼎等，供奉于寺中。1919年，寺院毁于火灾。1960年代初，残存的殿宇全被拆除。1995年后重建中殿玉佛殿、后殿大雄宝殿、前殿观音殿、右厢房天王殿、左厢房药师殿。大悲阁有4层，第一层关帝庙，第二层观音堂。该寺过去既是禅院，又是书院，曾任山东长山知县的黎安理和浙江桐乡知县的黎洵，在此设馆授徒，教育宗族子孙和乡人弟子。在此地形成的“沙滩文化”，孕育郑珍、莫友芝、黎庶昌为代表的一大批文化名人，影响深远。

（二十）玉佛寺

位于余庆县白泥镇中关村玉笏山，距县城北面约3.5千米。玉笏山挺拔矗立，形似朝笏而得名。“玉笏朝天”乃余庆八景之冠。寺院始建于清乾隆年间。光绪年间郡人罗氏捐资重修，俗称罗公庙。本莲和尚任住持。本莲圆寂后，先后有觉恒、性恩、海茂、海盛、海亮、寂顺、寂员等在庙上侍奉香火。

1958年“大跃进”时将建筑材料拆走。1999年昆明宝华寺崇化捐资20万元，其它部门和个人捐资80万，维修通往山顶的阶梯人行道、六角亭。2000年，县政府将玉笏山规划为森林公园，寺院修建砖木结构正殿、厢房，购玉佛一尊，新塑大佛两尊。2001年，代祥村民组划出约120亩左右给玉佛寺管理开发。2003年，新修村组公路2.8千米。2005年底维修改造玉笏山公路，栽植行道树。2009年8月，大雄宝殿破土动工，于2010年1月举行大雄宝殿落成典礼。2010年2月，释果庆入住玉佛寺。该寺占地面积约2000平方米，有砖木结构的正殿、厢房、六角亭各1座，正殿200平方米、厢房98平方米。玉佛寺环境幽静，空气清新，是人们休闲览胜、修心养性的好去处，是余庆县目前正规宗教活动场所。

（二十一）天台寺

天台寺原称龙洞湾观音庙，位于绥阳县洋川镇诗乡门村天台山南半坡石崖下，距县城1千米，始建于清朝光绪十九年（1893）。

寺院建筑1958年被拆毁。1989年信教群众筹资重建。1994年5月，省佛协会长、贵阳弘福寺方丈慧海法师等到绥阳观音寺调研，捐款1万元，并提议将该寺更名为天台寺，并由慧海法师任天台寺名誉住持。

寺院占地2000平方米，坐北朝南，房基随山势逐级上升，山门高大雄伟，进去有石雕的照壁，上有一大大的“福”字。往上是二层殿宇，下面是玉佛殿，上面是天王殿，再上是大雄宝殿、观音殿、药师殿、地藏殿、臣佛殿。该寺有餐厅、寮房、住房等附属设施。

（二十二）龙泉观音寺

龙泉观音寺位于正安县凤仪街道凤山社区飞凤山半腰，原县政府办公区上半坡，又名半山灯池，为正安八景之一，建于清道光三十年（1850）。该寺依山而建，林木掩映，清幽寂静。有一泉，塑一老龙头，泉水自龙口出，因之又名龙泉寺。该庙曾毁于抗日战争时期，

1994年后修复扩建，现已初具规模。

该寺占地面积6734多平方米，有大雄宝殿、观音殿、送子观音殿、弥勒殿、龙王庙、药王庙等，有妙音、妙缘、妙善观音塑像和画像，有送子观音塑像，有释迦牟尼、弥勒佛、药王、财神等塑像。巨型圆台的莲花上有一盏红色灯盏，取“半山灯池”之意也。该寺一年四季香客云集，是正安的旅游胜地，亦是县城居民休闲娱乐健身的好处所。

（二十三）普陀寺

普陀寺位于湄江镇湄江村县城东郊。原名释慈寺（位于今普陀寺对面罗家湾），始建于明万历己未（1619）年。清康熙《湄潭县志》将“释慈晓钟”列为湄潭八景之一。邑人欧阳曙有诗云：“何处闻晓钟，声自云间送。释迦果慈悲，破尽痴人梦。”清末经明宽和尚（？ –1901）携徒真亮和尚（1840–1903）重建。后如空和尚（真亮之徒）携徒性奎和尚驻锡古寺。

1991年迁建于今址。修建殿堂及住房等，塑佛像29尊，总投资24万元。2002年1月，贵阳弘福寺僧人释能静任住持。2003年扩建普陀寺，2007年7月，建大雄宝殿、财神殿和单房等，扩建面积约1000余平方米。2009年3月，释能信继任住持。

普陀寺建筑有两大部分。山脚处为一部分，包括大门、大雄宝殿、厢房、围墙等。山门四柱三门重檐，两边八字墙，前有石狮子一对。大雄宝殿两层悬山式重檐结构，内供佛像释迦牟尼、文殊、普贤、十八罗汉等。半山腰悬崖岩腔处为一部分，这组建筑叫乾坤庙。大门是四柱三檐浮雕彩绘牌楼，里面主体建筑紧贴悬崖，第一层供奉观音、地藏等；第二层供奉玉皇；第三层供奉无极三圣母。普陀寺是湄潭县佛教中心，湄潭著名风景游览胜地，每年的六月十九日香会，来自县内外的信众多达数万人。

（二十四）飞来寺

飞来寺位于遵义县三岔镇长山村，坐落在海拔1050米的尖山，始建于

清末。该寺四周群山环抱，山脚下有烂碑堰，山水交相辉映，景色怡人。

“文化大革命”中寺院被毁，2000 年重建，现任住持释照圆。

寺院占地 110 余亩，有财神殿、法华殿、大悲殿、卧佛殿、弥勒殿、观音阁、钟楼、老殿、八角亭及信众居住用房等，建筑面积 2000 多平方米。每到香会节日，香客游人络绎不绝。

（二十五）慈光寺

慈光寺坐落在天神堂，位于县城北郊 1000 米，寺院前身始建于清嘉庆年间（1796–1820）。原名凤鸣山寺，建于清嘉庆年间，塑像以佛为主，也奉祀各种神灵。

1950 年后改为学校。校区与寺院分隔。“文化大革命”时期，庙内佛像、钟鼓、经书、文卷等损失殆尽。1960 年代一度改为东山人民公社办公室，1980 年代，凤鸣山庙址被征建仓库。

1989年由当地居士与四川僧侣发起修建新寺，1990年落成。易名为慈光寺。有慈悲济物、光扬佛教之意。该寺占地1000余平方米，有山门、大雄宝殿、药师殿，经堂、禅房、居室、花园、围墙等。

（二十六）九龙寺

位于习水县九龙街道朝阳社区牛老组，离城1千米。该寺在原始森林龙箐出口处，群山环抱，山雄林茂，东面是三八水库，前有清溪绕庙而流，山环水绕、山清水秀，景色美丽。该寺原名九龙山东皇殿。建于明朝末年。后又修观音殿。

1952年土地改革，寺院土地依法分配给农民。1993年扩建后更名九龙寺，塑观音、弥勒、燃灯等佛像。九龙寺占地1.3万平方米，新建的大雄宝殿翘角飞檐、金碧辉煌，塑像庄严，壁画优美，还建有钟鼓楼、斋堂、禅房等附属设施。

（二十七）红叶寺

位于凤冈县龙泉镇文峰村真武山颠，与凤冈文峰塔隔街相望，前可观凤冈城市新貌，后可看龙潭河潺湲奔流。始建于明朝初年。

该寺原名玄天观。清末毁于兵燹。清光绪年间，遵义茶园寺照能、普

悦等修建庙宇，从此玄天观成佛门禅院。民国时期，由通禅长老管理庙务。新中国成立时还有姓易的和尚住庙。

1992 年起，该寺因有百年枫树多棵，改名真武山红叶寺。2003 年后，信教群众对寺院陆续进行改造重修，使之初具规模。2009 年遵义法王寺僧人释宗明任住持。

寺院总占地约9000平方米，有大雄宝殿、财神殿、药王殿、天王殿、斋堂、钟楼、六角亭、牌坊以及办公室、厨房、园林等附属设施，寺内供释迦牟尼、十八罗汉、如来佛、四大天王、观世音、文殊、普贤等。

（二十八）石笋峰观音寺

位于正安县凤仪街道楼台居新庄组。《遵义府志》载：“观音阁在南门外石笋峰。康熙初有大士相止于峰顶，居人因建阁焉。后复于峰腰建钟亭、正殿。”石笋峰其峰独特，峭拔矗立，形如巨笋，因此名之，是正安八景之一。寺院依山而建，因此名石笋峰观音寺。徒步登峰，道狭峰险，至峰顶如入云霄，有“石笋凌霄”之称。在石笋峰极目远眺，四周青山翠林，沟壑如画。《续修正安州志·古迹》载：“同治年间毁于兵燹，后为邑人修复。”清代有诗云：

“尖峰如笋复如犀，卓立郊原回不低。直射九霄星可摘，遥联前笏笋难齐。攀来日近天撑柱，登去云高步有梯。况是山巅增佛阁，应迎鸾鹤上方栖。”

1985年后，寺院逐步恢复。2003年列为遵义市重点文物保护单位。该寺占地面积1280多平方米，依山凿径，石阶陡直，八个之字拐处均建庙宇，10余座楼阁层层相叠，从下至上有大雄宝殿、同华殿、莲台殿、地藏殿、地母殿、药王殿、药师殿、弥勒殿、韦驮殿、财神殿、达摩殿、百子殿、真武殿、李广殿，内塑释迦牟尼、文殊、普贤、阿弥陀、大势至、观世音、十八罗汉、达摩、李广、真武等塑像。观音阁在峰顶笋尖筑基而建，宽4米，进深近5米，高7米余，塑莲台观音，左右分列十二圆觉木雕像。石笋峰观音寺香火旺盛，每年有三次香会，以农历六月十九日为最盛。是日峰上峰下人群川流不息。

（二十九）插旗山灵岩寺

位于道真自治县旧城镇槐坪村插旗山。始建于明万历年间。插旗山主峰海拔1320米，又名觉城山，磅礴巍峨，峻峭鼎峙，危岩高耸。山下仰望陡峭如削，高入云端；山巅远望云山苍苍，万丈深谷。传清代吴三桂曾在山上遍插旌旗以壮军威，因之得名。又传山顶峭峰形如大纛，故以旗名。正安知州彭焯撰文称插旗山：“四时朝拜，不让峨眉；诸佛凭依，何殊衡岳，上于青云，下悬无地”。山巅有天然三峰，依三峰建有三殿，经历代修葺，已有规模。后屡遭兵燹，迭有兴废；其上原有古寺，尚存道光至光绪年间碑刻十通。

1950 年代，下殿毁于火灾。“文化大革命”时期，中殿被毁，仅残存上殿翠飞阁和一些残碑。

1980 年代，逐步修复。1983 年列为道真自治县重点文物保护单位。1990 年后，再度修葺。该寺上、中、下三殿各踞一峰，略呈品字形。上殿翠飞阁，在峰顶上一块巨大磐石上，四周悬崖绝壁，最为奇险，高耸入云。阁占地 13 平方米，高 8 米，呈六角形，砖木结构，重檐尖顶，上层四翼，下层六翼，檐牙高翘，凌空欲飞，阁内供观世音菩萨像。上殿与中殿有仄径连通，中殿在相对宽阔一些的峰顶，殿前的小坝台用青石砌成，殿为砖木建筑，殿内已显得空荡，只有几具小菩萨塑像。上殿中殿与下殿之间有一道幽深峡谷虎跳涧，由一段石阶联通，下殿位置更低更宽，有一列房屋，一间供财神和药王菩萨，其余是香客休息处所。房屋附近有一方大石，上面略平，可容数十人，人们称神台。

插旗山地势崇高险要，风景奇秀壮美。每逢六月十九日香会期间，四方善男信女朝山进香者摩肩接踵。

（三十）云仙寺

位于仁怀市中枢街道东门社区东门组河谷边，始建于 1992 年。该寺交通十分便利，依山傍水，空气清新，风景秀丽，有一个奇特的溶洞。相传很久以前有人修炼洞中，后飘然而逝，故名云仙寺。寺院所在地曾出土商周时石器、陶器 40 余件，被县里悉数收藏，并拨 2 万元修建寺院。茅酒厂标志性酒杯就是以云仙寺出土的酒具为蓝本的。1995 年，江西省铁佛寺住持妙乐来此捐资新建寺宇。1996 年妙乐又来该寺，资助修建山门、殿宇、围墙、道路、僧房等配套设施。

该寺的核心是莱芝洞，洞内天顶形似莲花，一尊尊钟乳石俨然神像，顺其地势塑有观音菩萨、燃灯古佛、龙华三藏、西方三圣等，洞的左边是大雄宝殿，塑释迦牟尼佛、迦叶、阿难、文殊、普贤。寺内还有韦驮殿、药师殿、三圣殿、云仙塔、方丈室、山门以及住房、接待室等。

（三十一）圆通寺

位于赤水市文华办红岭社区，始建于清代。该寺原名观音阁，后历经变乱，残存一小木屋。1994 年重建部分殿堂，更现名。1996 年，释崇慈决定恢复修建圆通寺，经过数年奔走，2004 年动工修建大雄宝殿，2006 年 4 月 18 日举行隆重的大雄宝殿落成仪式暨佛像开光典礼。该寺占地 1 万平方米，大雄宝殿占地面积 1036 平方米，大殿雄伟壮观，金碧辉煌，殿内佛像精雕细刻，栩栩如生，有释迦牟尼、药师佛、阿弥陀佛、阿难、迦叶、二十护法诸天等樟木雕塑的大型佛像。在大雄宝殿前、赤水大道路段拟建佛文化广场、人和广场。

四、安顺市（7座）

（一）东林寺

东林寺(原名东岳庙)，位于安顺市城东南角、南水关和东门坡间，现太和街94号。寺院分三层，垒石阶而上，下层为天王殿，中层为大雄宝殿（原东岳帝殿），上层为观音殿。始建于明永乐乙酉年（1405），由明总兵顾诚监修，地师周大行规划。清初檀越拟造石柱，以垂不朽，但屡遭兵焚。癸卯(1663)岁，住持僧智玄苦行募捐，克竣其事。更名东林寺。嘉庆九年(1804)提督富志那复大力经营，募捐各省大吏，建大佛殿，始有今后之规模。清道光、咸丰年间，变寺名东林寺为东岳庙。1950年后，东林寺被改作它用，但人民政府明令保护文物，因而一些藏经、碑碣和用篱笆掩盖的神像等文物在一段时间里得以保存，但十年浩劫，损失惨重。

1983年，政府主管部门拨专款维修具有重要文物价值的东林寺，在沿其旧制基础上，在中轴线上有：天王殿、大雄宝殿、观音殿。在天王殿至大雄宝殿的两侧还新建了钟楼、鼓楼，整个寺院碧瓦飞檐，金碧辉煌，成为安顺市第一大寺院。1991年，该寺被列为贵州省重点寺院。

东林寺地处安顺市区内，交通方便，是安顺市所辖各区、县信众进香朝拜的主要寺院，每当佛教节日香火相当旺盛。

1982年后昌法法师、宽慧法师、隆洁法师先后担任寺院住持，他们都为东林寺的中兴尽心尽责；1999年隆洁老和尚圆寂后，东林寺多年来没有固定的住持主持工作，经济欠缺，大殿、观音殿等都破旧不堪，成了危房。2005年11月，通睿法师到东林寺任住持；法师毕业于中国佛学院，并在尼泊尔中华寺供职近4年，对佛学有一定的研究，是难得僧才，他勤奋好学、博学多才、心胸宽阔、和蔼可亲、讲经弘法、培养僧才，深得信众爱戴，现是安顺市佛教协会会长，安顺市政协常委。他筹集资金，主要重新维修大雄宝殿、观音殿、天王殿。重新修建了山门、流通处，观音殿前的左右两厢。他的工作得到了政府肯定和佛教界的好评；2012年于东林寺举行了升座典礼，成了东林寺一代方丈。于2014年、2015年、2016年、2018年都分别举办安顺有史以来从未有的水陆大法会。

东林寺新修的山门位于中轴线最前，原来的老山门斜偏于贯城河的西北角上，山门上的“东林禅寺”4个大字和左右两副对联皆为当代知名书法家戴明贤（安顺籍人）敬书。进山门后就是天王殿，殿中间供奉弥勒佛，石雕宽1.8米，高1.7米；殿左右两侧是威武雄峙的四大天王。

出了天王殿后门，进入一个大院落，对面就是第二层上的大雄宝殿，两殿之间的左侧为鼓楼、右侧为钟楼；大殿正中供奉在须弥座台（莲花座台）的三尊佛像：正中是娑婆世界释迦牟尼佛，左尊是东方净琉璃世界药师佛，右尊是西方极乐世界阿弥陀佛；释迦佛两侧设有佛的侍者迦叶和阿难。大殿左右两侧供十八罗汉；佛坛背面为西方接引图壁画；大殿左后侧是大智文殊菩萨，他的坐骑是青狮：右后侧是大行普贤菩萨，他的坐骑是白象。

大雄殿之后，上至第三层，有宽大的院落，正面是观音殿，左侧是三层的斋堂、禅堂、僧房；右侧是图书室、僧寮，观音殿中供奉大悲千手观世音菩萨。殿内左有一观音像石碑，据说是数百年前用唐代大画家吴道子所绘观音像的拓片所刻，此碑是安顺望族韩文渊（号韩文波）先生抗日战争期间于安顺萝卜冲躲日本飞机轰炸时发现，其后展转供奉本寺，其后人作《观音碑记》于碑前：

抗战期间，日军空袭黔地，一日，先父韩云波携家人躲警报于城郊萝卜冲，偶然发现一过桥石碑，上刻摹吴道子观音像，栩栩如生，却横陈于水沟之上，遭人践踏，心中大为不忍，遂暗自发愿。脱险后，其令人将此碑运至龙井山半腰，建观音庙以供奉之。然，时过境迁，沧海桑田，庙与碑历遭多劫，1990年，家兄韩克武回乡省亲，谈及此碑下落，家母亦十分惦念，于是家中姐弟多番寻找，终得愿再寻此碑，并将之安奉于东林寺内。其间，某望旦良辰，满月清晖，秉烛夜游于石碑前，《般若密多心经》跃然于上，赫然在目，白日又不复见，甚为殊奇。2019年春分，侄女去国还乡，有幸得见祥瑞，得闻其故，有感于生命中种种机缘造化，发愿追随外公初心，护碑奉碑，立德于心，成风化人，令国旺家和。碑安于盛世，幸之福之。故略叙端详，以明来历，是以为念。

韩书武记于2019年4月

寺内碑碣、名联极多。原山门的门额“万物资生”“屏藩东土”“响应南天”皆为明末清初僧可默（墨）大师所书，三块石碑现嵌在新山门内壁。

安顺东林寺前临贯城河，后枕凤凰山，依山傍水，地势雄峻。不少风水先生都叹为观止，他们这样描述“如果黔中第一龙脉凤凰山是凤冠，东林寺就是凤冠上镶嵌的明珠”。

作者：付润三[①]

---

① 此稿是付润三2008年根据安顺府志和安顺佛教界居士陈国经、刘华仁、刘尚杰等的叙述而写，文中一些地方本次作了部分改动。付润三，湖南人，1936年生；大学毕业，高级工程师，曾任贵州省人防交战办副主任、党委书记。曾编写著作10余部。

（二）华严洞妙法禅寺

华严洞原名崇仁里，位于安顺市西秀区城南读书山下，古为“安郡城外八景”之一。清乾隆年间提督贵州学政洪亮吉游此，留诗多首，为之题名“读书山”，乃文人吟咏之地。华严洞所，造化所钟，妙蕴天成，洞口天棚石，凌空覆顶，势若穹窿，覆顶之下，洞若敞厅，宽广宏丽。《华严洞碑记》记载：“入洞有流泉、龙潭、奇石，洞倚山麓，旁临村舍”，故有城南胜境之美称。

南明永历五年（1650年，清顺治七年），开山初祖上覆下园老和尚于此洞中结跏趺坐，昼夜诵持《大方广佛华严经》四十九日得护法感应，以洞为道场居之弘化，乡邻祈佛者日渐聚集闻法受教，供养三宝虔诚护持，至此建寺、塑佛、安僧办道，创立华严道场。寺因《华严经》之缘而起，故改名为“华严洞”。光绪十八年（1892），乡人集资重修寺院塑造佛像，迎请上持下省老和尚住持，并立碑刻石永为铭记。

自明清以来，数百年间，文人墨客，慕名而来，留下不少吟咏题刻，故有“满目文章”之誉。如明末“公安派”诗人江盈科、湖广按察使史旌贤（云南人）、康熙年间贵阳弘福寺的开山祖师赤松老和尚、乾隆年间安顺进士齐圣渭、清末安顺名士郭石农等等，惜因年代久远，不少题刻皆已无存。而今尚存之摩崖石刻有，清宣统元年（1909）贵州提督徐应川题写的“飞岩”，民国二十六年（1937）贵州省主席杨森题写的“天地妙蕴”、同年安顺县长张履和题写的“华严洞”、民国三十三年（1944）蔡雨得题写“幽邃”等摩崖石刻。足证一地之人文积淀深厚，源远流长。山因人而溢彩，人以山而留芳。

抗战期间，国势危急，山河破碎，为避寇祸，国民政府将故宫博物院文物珍宝流离转徙，分北、中、南三路迁移。1939年初，南迁的南路文物80箱故宫国宝自贵阳迁入安顺华严洞庋藏，存放洞中6年之久，边陲僻壤迎来宫廷“贵胄”，此乃千古奇缘，边城盛事，华严洞因此而成为“战时故宫”的一部分。1944年，因黔南事变故宫国宝转迁重庆巴县。这一“国宝南迁”的壮举，谱写了中国抗战史上辉煌的一页，后人誉之为“文化抗战”。华严洞为藏存国宝作出了重大贡献。

抗战胜利后，安顺三宝弟子及名绅望族等出资在洞前修造山门、僧寮、亭台、塑造佛像，恭请江苏涟水高僧上昌下明法师住持，开讲《大乘妙法莲华经》等多部经典，并设妙法讲院度化五众佛子，佛法广播黔中、信众如云得利。

“文化大革命”期间，寺院遭毁坏。

1992年10月，沩仰宗第十一代传人道定通仁禅师（号无一）受聘为住持，主持修复华严洞寺院，历时9年重建洞内外殿堂重塑佛像，并改寺名为“妙法禅寺”，并请江苏镇江茗山老和尚撰联赐写匾对。修复大殿佛龛时偶得智慧光照，作偈：“有道者得、无心者通”，刻匾于佛龛之上，以明大众心性。住持建寺期间，常以禅宗顿悟法门弘化度众。临终前作偈：“诵金刚经，即得见性。无求无作，湛然清净。诸佛本源，及是无一”。以偈赞曰：“道场清净永庄严，菩提花开见慈尊。弘化度众超生死，自利利他了初心”。

此后由通仁禅师的弟子，云南鸡足山佛教协会会长，鸡足山祝圣禅寺方丈心明（宏盛）法师继任妙法禅寺住持，秉遵恩师上通下仁禅师嘱“于此生恢复重建华严道场，护持法幢不令荒废”之遗命，重建华严道场。遍访各地古建单位，不惜千里奔波，亲自规划设计与各方古建专家、能工巧匠完善设计方案，排除困难，多方呼吁，筹资3000余万元，精选承建单位和雕刻、彩绘名家，购上等物材庄严道场。于2018年农历正月十六日恢复重建开工，2021年10月竣工。建成山门殿、天王殿、大雄宝殿、观音殿、念佛堂、地藏殿、祖师殿、清凉苑、报恩堂、妙法讲堂、僧寮、佛教与抗战文化宣传长廊等。采用福建石雕塑造彩绘佛像、祖师像和佛龛。圆满完成恩师付嘱遗命，亦为存古迹于乡梓，了却四众心愿，重树圣教法幢，圆满菩提妙道。

（三）将军山寺

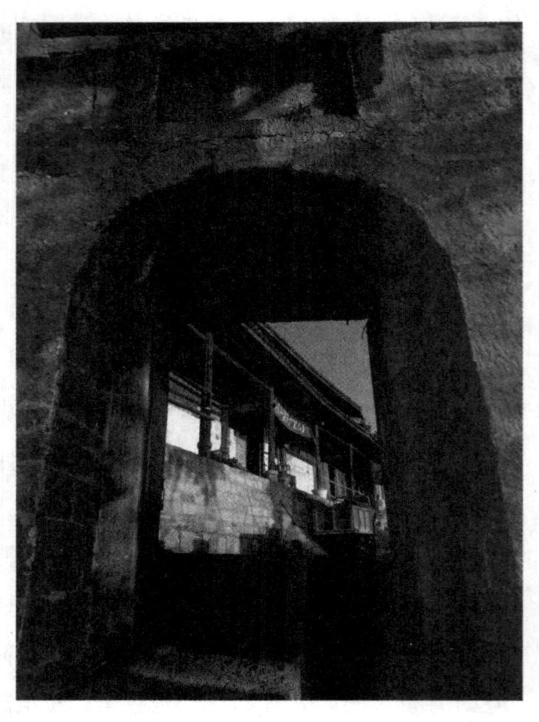

位于安顺市开发区幺铺镇红龙村。据清咸丰《安顺府志·营建志》有载："将军山庙，在白旗屯将军山上。明永乐间建。"

寺院山势陡直，有石阶蜿蜒而上，路基3米多宽，分为两半，一边石阶走人，一边是运输车的车道。山高96米，山半有山门一道，上刻"将军山"三字，联云："月到风来千峰绕，水源云在万壑间"，山顶又有一道山门，上刻"无量法门"4字，联云："仰观云飞天不动；静听风过树多声"。庙内，头层正殿5间，供观音菩萨。后层殿5间，正中供释迦如来，药师如来，阿弥陀如来，十八罗汉供两边。

院中有桂花一株。山上土性最宜楸树、杉树生长，以故万木参天，青葱可爱，俨然仙境。庙有僧人一单，修学净土宗。

（四）灵泉寺

位于西秀区若飞北路大龙井，原名龙王庙。2004年，安顺市人民政府批准公布为市级重点文物保护单位。

寺院建于明朝天启年间。前殿祀龙王，继位弥勒殿，正殿为大雄宝殿；左右厢房各3间。开山者为心莲和尚，施田者为御史梅琮、吴宋富、陈金。嘉庆二十五年（1820），把总陈升监修。道光四年（1824），知州胡德英、署知州徐华铣、署史目赵成产捐凉亭一座、山门、后圮。道光十二年（1832），贵州提督陈钟英、安顺知府常恩、普定县知府陈炘煜重修。千总倪兆熊等劝捐重修，捐石柱等石刻。道光十五年（1835），知府黄培杰捐廉重修。同治年间僧续琴及光绪年间僧竹修并补修。庙前立有石坊一座，横额外提“井养不穷”，内题“水晶宫”。

“文化大革命”中，灵泉寺改为安顺市粮食局职工宿舍。

1999年，灵泉寺交还佛教管理。在住持法师释能悟组织下，集资20万元修葺弥勒殿、大雄宝殿及厢房。2008年新建山门，2013年新建观音楼及两侧厢房，捐资者王伟先生及众信士。

住持能悟法师，俗姓周名仕群，生于1963年，贵州遵义西坪人氏，自幼听闻佛法，感悟颇多，逐发愿出家，1985年礼贵州安顺东林寺上隆下洁老法师披剃出家，赐法名为能悟，1987年，求戒法于四川成都文殊院上宽下霖老和尚、爱道堂上隆下莲老尼师座前登坛受具，于1989年秋于四川尼众佛学院深造学习。1991年学业圆满还至东林道场。1992年至1999年，应邀住持修复安顺汪官屯南山寺。安顺北街四官桥万石莲寺，1999年因城市规划建设，万石莲寺按规划被拆除，政府将安顺大龙井庙（灵泉寺）交还佛教替代万石莲寺，师正式出任住持，并礼请贵阳黔灵山弘福寺方丈上慧下海长老为大龙井龙王庙改名，“灵泉寺”。为复兴破旧衰败之灵泉道场，师率领僧俗大众勤俭节约，积存善款，亲历亲为，修复重建灵泉寺道场，重塑诸佛菩萨圣象，并于2017年6月17举行藏经楼落成竣工庆典既佛像开光法会，师了却大愿以报佛恩，僧俗大众无不欢喜赞叹！2019年农历十月初十，师积劳成疾，治疗无效，世缘已尽，舍报西归。

2020年夏，由师之法徒子释仁然主持灵泉道场，继承师愿。释仁然，俗姓刘名太芬，贵州省黔西人。1999年礼上能下悟法师披剃出家，赐法名仁然，号了尘，1999年至2000年毕业于上海佛学院，2002年求学江西尼众佛学院七年。其中2003年受具足戒于江苏宝华山隆昌律寺，受戒圆满还至学院学习，毕业后潜修。2015年朝拜遵义金鼎山圣境，静止此山五年。2020年，承蒙佛协僧官、各位领导重视，推荐出山住持灵泉寺一切杂事务；2020年8月中，建塔操办恩师灵骨入塔；2020年8月底，诚请贵州和瑞规划设计有限公司，为灵泉寺东西厢房、天王殿屋面维修设计方案，得到上级重视审批，2021年3月1日开工，直至7月初竣工完善。2021年7月7日，新塑“灵泉寺天王殿四大天王”的塑像。

（五）圆通寺

位于安顺市西秀区西秀山北麓塔山广场。始建于元至元十一年（1274）是安顺城始建的三大建筑之一，故有“先有圆通寺，后有安顺城”之说，圆通寺在历史上得到大力的扩建，朱元璋称帝后准备征服云南时，曾派人扩建成为贵州第一大的皇家寺院。《安顺府志》曰：“明初有随征内监郑钟祝发于此。太祖为之发帑，敕刘基、沐英、康茂才扩建。造端宏大，殿宇巍峨，山门五间，门外额曰：‘圆通古寺’，背面题曰：‘黔境第一山。’二层五间，供接引佛。”又曰：“正殿九楹，额曰：‘大雄宝殿’安顺知府常恩书。中供三佛象；像前侍立之阿难、迦叶，皆丈六金身，佛像之巨，可比例而知。像后圆光，高可五丈，阔可三丈有奇，诸天罗列，巨观也。”两旁塑罗汉十八。后殿则为观音楼，再入则登西秀山矣。明洪武十四年（1381），毁于兵戎。洪武十八年（1385），镇远侯顾成进行大规模的重修。明永乐六年（1408），镇远侯顾成主持建观音阁、大雄宝殿。后有十二营长官司肖杰建藏经殿，并捐赀购藏经6350余卷于殿中。至明天顺初，圆通寺“风雨摧圮，不治非一日矣”。

明天顺五年（1461），监军领内侍太监郑钟捐资倡修，普定卫官属“乐为之助”。郑钟又购买数亩庙田供寺僧衣食用度；明成化六年（1470）建千佛阁于寺之右；明成化十七年（1481）始建毗卢阁；明嘉靖十六年（1537），巡按御史杨春芳建观风亭于寺后西秀山上，题“观风亭”匾于其上；嘉靖二十二年（1543），巡按御史赵大佑易观风亭匾为“万壑云烟”；嘉靖二十八年（1549）建龙华阁于寺之左；明万历二十年（1592），僧戒章等重修，后毁于兵；明崇祯十年（1637）僧圆经等重修；清嘉庆二年（1797），僧深恒重修；

清道光十五年（1835），僧悟心修大殿；二十年（1840），重修观音及各殿宇；二十六年（1846），僧会通重建接引股；1850 年，知府常恩捐银重修大殿。巨石为柱，最长达六丈，又装修佛像，重现昔时风貌。抗战期间，国民党陆军兽医学校二中队驻扎圆通寺。1952 年，圆通寺被地区邮电局占用。

2006 年，安顺市人民政府对大雄宝殿和观音楼进行抢救性修缮和复建，并划定其保护范围。同年 6 月，经贵州省人民政府批准，将圆通寺和西秀山白塔合并公布为省级重点文物保护单位。8 月，圆通寺被批准开放为宗教活动场所。

2009 年，通睿法师担任圆通寺住持，负责寺院重建及管理工作。法师为寺院建设殚精竭虑，带领四众弟子以弘扬正法、普度众生、振兴佛教、真修实证为建寺宗旨，在十方善信的护持下，圆通寺于 2011 年 1 月 20 日修建完成。2012 年 11 月 29 日，隆重举办了圆通寺落成开光暨通睿法师升座东林寺方丈庆典。2018 年，圆通寺两侧厢房修建完工。圆通寺现今占地面积 5000 平方米，建筑面积 1200 平方米，在高楼林立的现代建筑中独显古迹风韵，别致而隽永。

圆通寺以其“栋梁翚飞，金营炫耀”的景色和人文底蕴，吸引了历代众多游宦过此拜谒，吟诵颇多。明按察副使沈庠《普定山寺》诗云：“禅关寂寂隐山腰，坐听松声海上潮。冲破晓烟常见鹤，噪残秋色不闻蜩。游山诗客闲登塔，禁足幽僧不过桥。风景依稀犹在目，烟光云影路迢迢。”明左参政淳安胡拱辰有《普定圆通禅寺》诗云：“圆通禅寺景偏幽，万里洵宜数日留。云断客径林下路，月明人倚塔边楼。一帘花气分长昼，半榻松阴占早秋。最是碧潭清澈底，往来无碍泛虚舟。”明巡按御史钱塘沈衡《圆通寺》诗云：“宝刹宏开第一禅，佛香僧饭已多年。光腾舍利辉晴日，翠长旃檀霭瑞烟。百尺楼中云衲聚，三界空里慧灯燃。我来登览挥笔处，自愧才非贾浪仙。”明代学官谢三秀《普定圆通寺登飞翠阁》诗曰：“振衣历翠微，缥缈得飞阁。松风众壑响，花雨诸天落。渐暝鹤归林，乍晴钟彻廓。愿言释尘纷，于焉永栖托。”

圆通寺原大雄宝段中安奉着明初所塑的三尊大佛。据《安顺府志》记载：“中供三佛像，像前侍立阿难迦叶，皆丈六金身，佛像之巨，可比例而知，像后圆光高可五丈，阔可三丈有奇，诸天罗列。巨观也。”殿中塑像造形精巧、线条流动，衣纹飘逸，神采飞扬。为当时西南诸省、府、州、县雕塑彩绘之上品，声名远播沿海及东南亚。一时香火鼎盛，善男信女纷至沓来，誉为西南及东南亚佛教圣地。《续修安顺府志》中记载：寺之佛像，自道光三十年(1850)安顺知府常恩装修后，光绪中渐就脱损，县人熊光诏介捐重装，一像约费二千金，经年乃成。历四五年始竣工，足征规模之大。

“文化大革命”中，三尊大佛被毁。现在的三尊大佛是这样修的：圆通寺在通睿法师的带领下，根据安顺佛教界老人的回忆，四处收集资料，花了一年多的时间开会讨论，收集整理，最后才找到山西平遥宋元，双林寺里的三尊大佛与安顺老人回忆的三尊大佛是一致的，大佛均戴天冠，是一佛三身，即是清净法佛、圆满报身佛、千百亿化身释迦牟尼佛，此三尊大佛与一般的横三世、竖三世、华严三圣均不同，此三尊大佛材质是托胞的，是从2008年着手恢复，于2010年12月1日竣工，并举行入座仪式，并于2012年11月举行开光仪式，三尊大佛庄严伟岸，身高7.8米，各持手印，两侧分别为二十五圆通菩萨，在国内极为少见。

圆通寺的西秀山白塔又名文笔塔，是锥状楼阁式实心塔，塔基为须弥座，塔身为立面六棱形，塔分九级，高五丈。白塔始建于元泰定三年（1326），初为砖塔,明初毁于兵燹。明万历二十年(1592)僧戒章重修,崇祯十年(1637)僧圆经复修，清代嘉庆二年（1797）僧深恒再修，才得以传存。清咸丰元年（1851），普定县令邵鸿儒捐廉倡修，采白石料沿砖塔周边镶嵌而成。1985年，西秀山白塔被贵州省人民政府公布为省级文物保护单位。

西秀山与白塔历为安顺八景之首，名曰："笔峰耸翠"。《安顺府志》记载:圆通寺后文笔,前贤建以培风水者也。山人悲阁后石磴而上,古树槎枒,窄径盘曲，至塔下乃平。春晖明媚，桃李满城，游人瞩目，真不让洛阳之花矣！炊烟之痕，散为游丝，袅袅晴空，与云彩天光相荡漾，远视平畴蓑笠，聚影东皋，时有黄鹂飞鸣，助人清兴。回观塔中篆刻，古色陆离，则又觇我文机矣。

清末硕儒郭石农《咏习安八景》之"笔峰挺秀"诗云："何来大笔势摩天，塔建圆通望俨然。濡向九霄沾雨露，挥从万象走云烟。钟玉隶楷当头见，燕许词章信手传。秀启人文归间气，霓裳高咏会群仙。"清代诗人龚学思亦有诗赞曰:"宝塔支青云,去天无尺五。天上星与辰,历历皆可数。"西秀山白塔，收录于中国古建专家罗哲文先生编著的《中国古塔》一书中，是贵州唯一被收录的古塔，弥足珍贵。

（六）东华山寺

位于普定县城东隅，一山突起，势若立地金钟，青松翠柏，古藤倒挂。山间石壁有明代古迹"大明定南所"摩崖。据普定县士绅廖瑞平《创修东华山碑记》载：民国二十八年（1939）普定县城士绅廖庶积、颜吉臣等登临东华山，盘恒游览，在峭壁间发现明代摩崖"大明定南所"，引起人们对该山的敬仰和重视。他们与地方人士商议，发起成立"地方建设委员会"，兴建楼阁，植树造林，"不十年而风亭木谢，次第落成，蔚为大观……楼阁参差，松柏葱茏，翠屹云天，已非昔比，崔巍精神，差强泰岱；幽雅丰姿，不亚天台。"

1991年后，增建寺院。主体建筑依山布局，前部和左侧各有钢混结构两层平房一座，正殿建于其上，红墙，琉璃瓦单檐庑殿顶。正殿左侧有琉

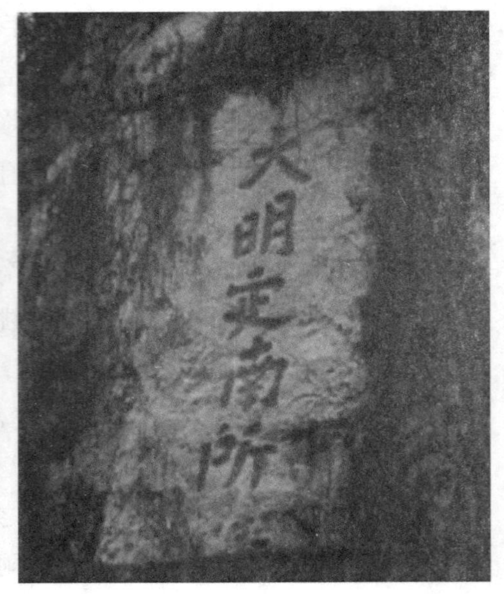

璃瓦单檐庑殿顶配殿一座。民国三十三年（1944）廖瑞平题东华山山门联："东阁待朝曦，快睹满城春色；华峰容夕照，迎来四面斜晖。"精准地描述了东华山寺"高、险、奇、秀"的特色。

住持演吉法师，20世纪90年代发心出家，1999年在贵阳市弘福寺受比丘具足戒。1999年9月到普定东华山寺，带领信众重塑大雄宝殿全堂佛像十八罗汉，新置大钟和大鼓。2003年重建了西方三圣殿堂和观音殿堂，2005年去请福建迎请了西方三圣佛像和地藏像。

（七）法源寺

法源寺约建于明末清初。据平坝县史料记载："该寺旧毁于兵，始建于康熙九年。乾隆二十六年，光绪初年，历次修葺，有前殿后殿各三间及两边厢房。"该寺饱经风雨沧桑。在"文化大革命"中被破坏，佛像全部被毁，以后又被一些单位占用，并作过收容所、福利院、仓库等。下殿厢房倒塌毁坏，大殿变成废墟一片。

中共十一届三中全会以后，寺庙于1993年该寺正式移交僧人管理。在有关部门和信教群众的鼎力相助下，法源寺住持华祥法师带领僧众不辞辛劳，积极筹款重建。1994 年至 1995 年修复下殿和两旁厢房，时任贵州佛教协会会长慧海法师，省、市、县各地人士募集善款，按古建筑砖木结构设计施工，新建下殿及两边厢房。1997 年至 1998 年重建大雄宝殿。

法源寺占地 820 余平方米，总体建筑结构是按古建筑“四合院”的形式。寺门正中门首上方挂着“法源寺”金字匾。进门为天井。穿过五间下殿，在天井里背对大殿，左右两侧是厢房。厢房外观都是彩绘，雕檐画栋，古色古香。大雄宝殿中央塑着一尊释迦牟尼，站在佛祖两边的侍者是阿难和迦叶，佛祖右边塑的是地藏菩萨，地藏菩萨两边是闵公和闵觉。左边塑的是观音菩萨，观音菩萨两边是善才和龙女，佛像造形逼真，神态各异，色彩协调，衣纹优美。大雄宝殿两旁塑十八罗汉。

法源寺在政府主管部门的指导下，积极贯彻国家法律、法规和有关宗教政策，积极融入社会，努力为信众创建一个能净化心灵的环境，一个能使善友共聚、以法相会的处所。

五、毕节市（8座）

（一）灵峰寺

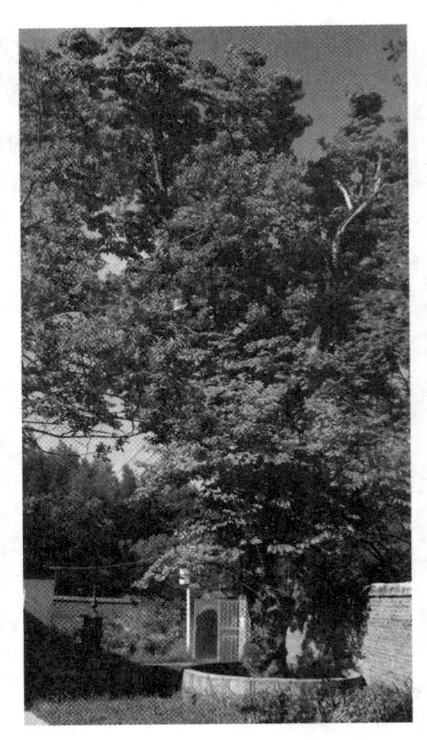

位于毕节市七星关区三板桥办事处灵峰村，始建于明洪武年间。滇籍高僧燃指和尚云游至此，见群峰竞秀，万山叠翠，主峰巍峨壮丽，气势极为雄伟。高僧燃指和尚以自己精湛的医术，四处行医化缘，募捐筹得白银1500百两，终将灵峰寺院建成，被毕节列为八大景之首。乾隆《毕节县志》载："灵峰寺坊，在西城五里外。乾隆二十二年（1757），知县董朱英建。"

灵峰寺景色秀丽，历代官吏士子题咏颇多。譬如，方万策①《灵峰仙境》："幽郁灵峰古洞天，薜萝锁尽翠微巅。江干隐见晶光出，石窍参差滴乳悬。带雨苍松龙欲起，笼烟丹灶鹤初旋。三山何处凝眸望，曾似樵人得见年。"阮文燮②《灵峰寺》："钟之于人发于文，花生笔管际昌运。吾邑水少山多灵，二百年来流芳馨。登临见山不见水，兰若浮图摩空青。低徊留之不能去，茫茫莫识灵钟处。"

---

① 方万策，福建莆田人，进士。明万历十四年（1586），任分巡毕节兵备道佥事。

② 阮文燮，阮文焘之弟。清嘉庆戊午科（1798）举人，曾应召道光皇帝御前执鞭，后任浙江严州府佐，归田后在毕节兴利除弊，造福乡梓。

刘明儒《游灵峰寺》[①]："竹院逢僧话，尘心顿已消。谈空花雨乱，观世浪风飘。俗愿无时毕，浮生苦自焦。暂依清净地，懒步出溪桥。"

寺内设有天王殿、观音殿、弥勒殿、钟鼓楼。灵峰寺历经沧桑，久经演变，到民国中后期，寺院逐渐毁坏。1950 年后改建为学校。唯百年古杉和玉兰树以及镶嵌墙壁上的 10 余通碑记载着灵峰寺的历史文化。

1999 年，经毕节市人民政府批准开放灵峰寺为佛教活动场所。现正按照七星关区政府规划筹备修扩建。

（二）慧林寺

位于七星关区市西街道安家井社区。最初是一简易小庙。清道光年间，居士常超中在此许愿，若其子高中，将出银子改建寺院。后其子常建春连中举人。常家银百两修建四立三间庙房。命为慧林寺。

"文化大革命"中，慧林寺受到损坏。中共十一届三中全会以后，寺院得以修复。2001 年，演德法师任慧林寺住持。在演德法师的带领下，按照国家政策、法律法规，完善各项管理制度，寺院面貌一新。

（三）妙湛寺

位于大方县慕俄格街道办事处北郊社区银杏路。又名斗姥阁，始建于明万历三十九年（1611），其间于清代康熙、雍正、乾隆、嘉庆、道光时期多次维修和扩建，清宣统辛亥年，大定知府陈庆慈建庆云楼于其中。明清以来，妙湛寺（斗姥阁）即为释、儒、道三教合一的宗教活动场所，地方官吏仕民对之极为重视。民国七年（1918）大定县增生饶家琳《斗姥阁钟记》言："斗姥阁定之名胜地也，旧有铁钟一口。兵燹后，追蠡无存。今得谢君克昌经理，复谋铸钟，以全庙器。县长以下捐各有差，阅月而铸成。"

---

① 刘明儒，字人需，毕节七星关区人，清岁贡。著有《铁山集》。

周婉如[①]《夫子以游斗姥阁诗见示依韵和之》诗云："挈伴招提境，相将乐事俱。白云栖殿角，疏磬散松株，石暗泉声冷。苔深草色腴。境幽清兴永，顿遣俗尘无。"饶家琳《庆云阁》诗云："木构虽然黄鹤楼，水光山翠四围收。得名但见云千叠，对景常衔月一钩。陈守文章知共赏，郑仙姓字叹空留。莫教风景闲中负，乘兴登临最上头。"

寺庙主建筑包括老君殿、大雄宝殿、韦驮殿、庆云楼、斗姥阁、阳明祠、送子观音殿、五观堂、回龙阁等。

妙湛寺（斗姥阁）恢复重建工程于 2011 年 7 月开工，占地面积 1.47 万平方米，主体建筑面积约 1800 平方米。古建筑群坐东向西，依山傍水，高低错落，布局美观，儒、佛、道三家文化融会，集殿堂、廊、亭、楼、台、阁、馆、崖、池、泉于一体，建筑精美，景观宜人。

（四）普照寺

位于赫章县白果街道大营村张家院。原寺坐落在太和山顶，由临济宗

① 周婉如，字纫缃，广东藩库厅丞黄育德之配，四川绵州知州周凤冈之女。

僧人于明万历二十七年（1599）修建。至清康熙年间，王某尝游湖广，在本寺出家，续任住持。因寺址山高林密，常年云雾缭绕，使信众往来不便。应信众请求，于清康熙四十八年（1709）移建于王家院子旁小冲，以将军山居田坝之中，环看四周群山环绕，如祥云捧日，莲花宝座。遂由当地信众集资献工，于康熙五十九年（1720）先后建成四合院，左右厢房。

寺院现存清代木构房屋3间，石碑、石柱、石狮、古树等，并有“三教同源”匾额（民国五年长沙翰林吴嘉瑞书）。2003年12月31日，被赫章县政府列为重点文物保护单位。随后增建大雄宝殿、钟鼓楼等。

（五）高岩寺

位于金沙县鼓场街道大定社区长征组大定坡高岩之上。始建于清雍正二年（1724）。原寺为2殿2舍，砖木结构的斜山顶重抬式建筑，占地140平方米，大部坐落于石岩之上，前沿外廊凌空之下以圆木7根支撑。在殿前廊上，可观览数十里风光。抗日战争时期设防空哨于此。

1982年，在寂静法师的带领下重建观音殿、大雄宝殿、念经堂等建筑。1988年，维修游台，加固佛堂基脚；1993年贵阳弘福寺赠送香樟木雕佛像两尊；又新建大雄宝殿及单房840平方米。现总占地面积6500平方米。

住持寂静法师，1973年到高岩寺拜海明法师剃度出家。1990年礼贵阳弘福寺慧海法师授沙弥戒。1991年12月，由昭觉寺清定法师授三坛大戒。1996年任金沙县高岩寺主持。2007–2012年任金沙县政协代表。2021年任金沙县佛教协会名誉会长。

（六）水西观音阁

位于黔西市文峰街道办事处文峰社区水西公园内。始建于明朝正德年间。清末遭战火毁坏。民国初年，本县姜皤溪先生经手复修。寺院留存正德残钟、观文塔、吴嵩梁寺碑、观音阁碑、东山寺诗碑等众多与历代寺院有关的历史文物古迹。

水西观音阁历史文化底蕴深厚，在文化传承方面有着积极作用；不仅是历史的活化石，也见证着黔西的飞速发展，见证了黔西人民用辛劳和智慧创造了历史。

（七）龙泉寺

龙泉寺，又名四方井龙王庙，位于织金县城关镇太平社区。始建于清朝初年。坐西向东。由山门、大殿、观音阁组成。占地面积约 100 平方米。大殿为悬山式，阔 3 间，13 檩，前廊深 1.82 米，进深 8 米，由明间和左右次间组成。明间 3.6 米，次间 3.1 米。屋架结构为抬梁穿斗式，现合成一殿作佛堂用，面阔 9.8 米，前面带回廊，廊深 1.8 米，与观音阁合成一院，后靠二小（南门）。观音阁为歇山式建筑，通阔 7.78 米，并排三间，明间 2.7 米，次间 2.54 米。

大殿正中供奉龙王，左供三官，右供赤脚大仙，观音阁主供观世音，左右供十二圆觉。20 世纪 50 年代初神像被拆除，房产被城关农具厂、工商联、城关镇、建筑社、航测队等单位使用，未加修理，甚至拆改。

交还佛教使用后，加以修葺。现任住持通藏。

（八）奇缘寺

位于织金县双堰街道金南社区古佛山东南麓。奇缘寺原名“穿洞流云”，得名于寺院里面的奇缘洞。“穿洞流云”为织金县八景之一。洞口位于山腰，高 30 余米，佛殿位于洞口右侧，有弥勒殿、观音殿、念佛堂等殿堂。洞之进深为 12 米。进入拱形山门，洞厅豁然开朗。山洞后壁左右扩展，洞厅约 100 余平方米。厅后半部为天然平台，其上有人们依山石形状雕塑的“阿弥陀佛”像，高约4.2米，宽约2.3米。

寺院保留有不少文人墨客的墨迹，有古诗、楹联等，最有代表性的如：清同治年间，有一化名“平阳道人”的游客题诗一首于悬崖的壁额之上，赞美“奇缘洞”的风光：“怪石谁为闭凿开，洞门虚掩绝尘埃，吞吐日月羊肠曲，过往风云鸟道回。流水无心穿禹穴，仙源有路达天台，陈抟处士今何在？结伴登临我辈来。”

六、铜仁市（7座）

（一）东山寺

东山寺位于铜仁市中心三面绝壁临江小山之上。明正德十一年始建，为明清铜仁城区“锦江十二景”之首。

清嘉庆元年（1796）福康安《重修东山寺碑记》载：乾隆乙卯（1795）春，清军“假庙中隙地，暂贮军需。是年冬十二月，守者不戒于火，庙被灾，栖神无所”。福康安“首倡捐廉。命四川蒲江县知县董铣等监其事，鸠工庀材，阅月即成。前增山门，重设左右厢，因其旧址而充拓之，所以壮观瞻，昭诚敬也。山之东偏为东山寺，向与此庙为二院，今并为一，使住持僧本性供奉香火，以垂久远。”

东山寺建筑群依次为：山门，上有楹联：“慧眼遥观英雄好汉今何在，晨钟暮鼓击醒忠良古来多。”偏东的一组建筑共四进：第一进有三殿，即轩辕殿、雷祖殿、梅祖殿；第二进，过小天井，进入真武殿；第三进，过桂花树天井，进入大雄殿；第四进为六角翘檐的三层楼阁，上二层为观音殿，下层为天师殿。山南的一组庙宇，从山麓飞山庙行数十级石梯进入魁星楼。下层供祀关公，中层供祀岳飞，上层供祀魁星。再经左右两边数级石阶步入文昌阁。此阁为四翘檐的两层楼阁，下层供祀文昌帝君，上层供祀玉皇大帝（故又名“玉皇阁”）。其庙门两厢各置泥塑，匠心独运，工艺精湛，形态生动逼真，涂丹绘彩或批红着黄，色泽艳丽。当时川、鄂、湘、黔等地的香客和游人，常年络绎不绝。

明朝崇祯年间举人徐以暹《咏东山楼阁》一诗赞道：“东山东望蔼苍苍，楼阁崚嶒接渺茫。乍听钟声浮下界，忽见日影挂扶桑。高吟索和松皆友，趺坐求安石是床。乞向此间容我老，便应倚老兴逾狂。”贵州铜仁人，康熙间贡生徐訚《东山记》，对东山寺有一段生动的描述：“铜江东山，峙于府治之中，峭削嶙峋。俯江壁立，周列千锋，远吞二水。下视则城郭之蜿蜒，之逦迤，锦张绣，宛若画图。且也，遥村近墅，绿野青畴，林麓烟霞，江千花柳，悉足供其挹取。其中古木参天，峣崖拔地，有清泉之澄澈，极曲役之盘旋。纤尘不到，称胜地焉。”

后地方官绅及其商贾乡贤又相继募修或增补，直至新中国成立初期，寺院建筑格局仍基本有序。

“文化大革命”期间损毁严重。1985年，在旧址上按其原貌重建川上亭，成为城中远近翘首能观赏的一大胜景。1989年，政府为保护东山寺文物，组织修复大雄宝殿及两厢配殿、雷神殿、真武殿。其后又修复天王殿等。

东山寺建筑坐北向南，依次为天王殿、大雄宝殿及东西配殿。天王殿，东山寺前殿建筑，青素筒瓦双坡屋面、硬山墙、一进三开间。东山寺中殿，琉璃瓦双坡屋面、硬山墙、面阔5间。大雄宝殿，为东山寺后殿，重檐歇山顶，面阔5间，通面阔15.3米，进深4间，通进深9米，穿斗抬梁式硬山顶。东西配殿，琉璃瓦双坡屋面、硬山墙、面阔七间。东山寺除现存的寺院建筑之外，还保存有饶氏藏书室、洗墨池、金鳞戏水、“云彩江声”“渊亭岳峙”摩崖石刻等文化遗迹景观及抗日阵亡将士纪念碑革命遗址10余处，这些文化景观和文化遗址，使东山同时具备了文物保护、文化研究、生态园林和爱国主义教育等多重功能，已被列为全国重点文物保护单位。

（二）北塔寺

位于石阡县汤山街道办事处坪兴村北塔大道。寺因北塔得名。塔始建于明万历三十八年（1610）。天启元年（1621），郡守孙光颢建前、后殿，置庙田，有寺僧住持。“北塔临江”，曾是石阡古八景之一。

（民国）《石阡县志》载：“白塔寺，在城北3里。明万历四十五年（1617）知府曾之可造白塔五级，名‘文峰塔’……乾隆三年（1738），知府杜理建观音殿……咸丰间寺毁于兵。光绪二年（1876），知府杨熙瑞重建，改称‘文峰阁’……”

今寺庙重建，由大雄宝殿、斋堂、客堂、北塔四部分组成，寺内主要供奉释迦牟尼佛、阿弥陀佛、药师佛、观世音菩萨、地藏王菩萨、文殊菩萨、普贤菩萨。白塔寺为县级重点文物保护单位。2009年，依法登记为佛教活动场所。目前为县佛教协会办公所在地。

（三）般若寺

位于石阡县坪山乡佛顶山村小河沟组佛顶山。佛顶山海拔1869米。

佛顶山佛教寺院曾一度兴盛，先后建有般若寺、佛顶寺、天庆寺、佛缘寺等大小寺院。在众寺院中最早有记载的是“般若寺”，源于唐朝天宝年间（742–755），通慧和尚在宁夷（今石阡）建“般若寺”，他善医术，有神迹。

2015 年 7 月 11 日，佛顶山“般若禅寺”恢复重建正式奠基。今已建成大雄宝殿、天王殿、客堂、露天观音像、牌坊，尚有藏经楼、往生堂、伽蓝殿、钟鼓楼待建。

（四）镇江寺

镇江寺位于松桃苗族自治县大坪场镇大坪场村街上组，始建于清乾隆年间。道光《松桃厅志》载：“镇江寺，去城25里，在大坪场。乾隆四十年公建。”民国年间，佛像损坏，今存房屋。1950 年征为民用，1953 年转让给大坪区供销合作社经营。1986 年，将所剩 7 间木房交还佛教管理。寺院新建灵官殿、财神殿、弥陀殿、土地祠等。寺院占地 1670 平方米，建筑面积 560 平方米。内有佛像 33 尊。

（五）云落寺

位于松桃苗族自治县蓼皋镇南门社区。寺院占地面积有4940平方米，建筑面积约1000多平方米。

1999年5月，由念佛堂更名为云落寺。2001年，建成大慈悲殿，内供千手观音。2008年2月，改建大雄宝殿，8月竣工，内供释迦牟尼佛和阿弥陀佛、药师佛及普贤菩萨、文殊菩萨、滴水观音等八尊金身佛像。同年底，改建财神殿，修建殿上平台和殿前堡坎。2009年夏，修建面积达260多平方米的三层佛事综合楼一栋。目前，寺内建有大雄宝殿、观音殿、财神殿、地藏殿、土地庙、佛事综合楼、寮房、居士宿舍楼等。

2004年6月，释圣闻来云落寺任主持，经常组织居士和信教群众开展各种佛事活动，促进佛法，乐善好施、奉献社会。

（六）承恩寺

位于江口县梵净山新老金顶之间，原名上茶殿。始建于明初，由明高僧妙玄长老开山。2009年在原遗址上重建，2011年完工，是梵净山顶寺院群的主体建筑。

梵净山至明万历年间佛教乃呈兴隆繁盛之象。万历二十七年（1599），因播州杨应龙叛乱住进梵净山，山区寺院在战乱中毁坏殆尽，以至“往来朝观人稀，非复旧盛”。妙玄遂奏请神宗及李太后重建梵净山寺院，万历四十六年（1618），神宗乃下旨钦命妙玄重建梵净山金顶寺院。这次重建乃神宗皇帝敕令，李太后“捐资倡义重修，国舅李颖即妙玄和尚主持，官绅僧民等百余人参与”，故盛况空前，闻于两京，惊动13省布政司，户部郎中李芝彦特撰刻《敕赐重建梵净山金顶碑序》。据《敕赐碑》载，此次重建有五寺六殿。五寺是：承恩寺、天庆寺、朝天寺、天林寺、天池寺；六殿是：九皇殿、三清殿、圆通殿、弥勒殿、释迦殿、通明殿。其中承恩寺称“金顶正殿”，又名承恩殿。天庆寺、朝天寺、天林寺、天池寺称“四大丛林”，共称为明代梵净山“五大皇庵”。这是明代官方在贵州黔东梵净山兴建的皇家寺院，妙玄受钦命住持承恩寺，受赐镇山印统辖全区佛教，并铸释迦、弥勒铜佛像各1尊，分别供于释迦和弥勒二殿中。其时山中高僧10余人，僧尼数百人，山间梵刹庄严，晨钟暮鼓，香雾缭绕，经幡飘拂，佛法盛极一时，传响海内，因之四方信众香客朝山，蜂拥而入，如蚁之聚，梵净山佛教进入鼎盛时期。贵州铜仁人万历辛丑（1601）科进士徐穆《七绝·梵净山》赞曰：“迢迢路入白云间，第一奇峰孰早攀。密箐深林寻不尽，苍然九十有三山。”贵州铜仁人，康熙年间贡生《金刀峡》诗云：“玉柱双峰出梵宫，法台谁复别雌雄。金刀劈处飞桥渡，饶舌溪声吾道东。”雄伟壮观的金刀峡跃然纸上。

梵净山佛教鼎盛200年后，自嘉庆始直到光绪初80余年间，连遭三劫，梵净山佛教开始衰落，到光绪六年（1880）平息刘满之乱后，在清政府严密的军管下，铜仁东山寺的隆参和尚（号云开）上山主持重建工作。经过他20余年的苦心经营，山中已建成48座脚庵，朝山大路上几乎三里一庵，五里一寺，每年农历六月，朝山香客多达数万。郡人田宗润作《登顶吟咏》诗，盛赞梵净山佛法重兴。直到民国初年，梵净山景观一如既往，庙宇经善男信女捐资修葺尚能保护完好。民国末年，因土匪猖獗，寺院被毁，佛像、法器被焚烧，田土被当地占用，僧尼已不能维持基本生活和开展佛事活动，梵净山佛教再次衰落。由于历史原因，梵净山佛教香火熄灭了近半个多世纪。

2009年在原址重建承恩寺，灵普法师率众熏修，复建道场。经过艰苦努力，寺院建筑初具规模。如今承恩寺作为梵净山顶寺院群的主体建筑，屹立在海拔2000多米的山顶，颇为壮观。赭红色的墙壁、深灰色的瓦片、圣洁的道路，镶嵌在绿意盎然的梵净山上，清新脱俗中又带着庄重，庙宇殿堂画栋雕梁，建造精美，雄伟壮观。一条石梯将老金顶、红云金顶和承恩寺连在了一起，站在承恩寺四处环顾，还能看到红云金顶上醒目的梵净山寺院，仿佛快要进入云霄，也同样是非常值得游览的。

（七）大金佛寺

位于江口县太平镇梵净山村寨沙组太平河畔，与寨沙侗寨紧紧相邻，距县城30公里，总建筑面积7.20万平方米，另有停车场和广场面积1.33万平方米，各类道路面积6.09万平方米。建有风雨桥、莲花广场、山门、天王殿、大雄宝殿、四大菩萨殿和金殿（兜率天宫）。

风雨桥于2009年12月16日动工建设，桥身总长67.5米，较宽之处有9.9米。经过风雨桥，是可容纳数千人的莲花广场，广场中央有放生池，广场两边将设钟、鼓楼；再往前正面为天王殿，左边是文殊殿，右边是普贤殿；穿过天王殿看到的是广场中央的七宝莲花池，前面是大雄宝殿，左边是观音殿，右边是地藏殿。走过大雄宝殿后，山势陡然上升，虔诚礼佛信众，须徒步一百六十八步石阶，象征佛教修行须历经漫漫长路、千辛万苦，才能修成正果。再经三座石雕牌坊，穿越过去、现在、未来，较后到达未来佛弥勒世界，即色界四重天——兜率天。

梵净山大金佛寺“金玉弥勒”造形为佛教正统的天冠弥勒菩萨像。圣像庄严殊胜，嘴姿微妙似在演说佛法，而面与肤采用喷砂工艺敬造出肌肤感，头顶佛祖舍利塔，头戴五方佛冠，五方佛分别用五种不同颜色的宝石雕刻而成。圣像眉心中间镶嵌有六克拉的钻石；胸前佩戴的璎珞、腰间外裙及佛光上镶嵌有珍珠、玛瑙、珊瑚、松石等奇珍异宝；臂镯及手镯上镶嵌有红、蓝宝石及钻石。天衣天裙及飘带上经手工錾刻有宝相花、祥云及祥龙等吉祥图案。圣像从佛台至佛光圣像高达 5 米，由佛光、金身、千叶宝莲、木雕须弥底座、佛台五个部分组成，整个金身耗用了 250 多公斤的黄金熔金经手工压片、剪拼、煅打成型、较后焊接为一体，真可谓是“天衣无缝，精美绝伦”。整个金身将数千颗钻石、翠玉和黄金融为一体，开创了金佛制造先河，造价近 2 亿元。2010 年 4 月 28 日，金玉弥勒安奉于大金佛寺金殿之中，2010 年 8 月 28 日，由中国佛教协会副会长和中国五大佛教名山长老等 18 位高僧共同主持了隆重的开光大典。

七、黔西南州（4座）

（一）万佛寺

位于兴义市万峰林街道办事处瓮本村，距兴义市区18公里。原名大营洞寺。始建于明嘉靖年间。青山灵秀，灌木葱茏，奇石挺拔，垒岩叠峰，祥云环绕，藤萝蜷曲，缠枝挂叶，绿荫掩映，曲径萦纡。山有亘古天然洞穴，有自然形成的兜率天宫、天龙八部、雄狮起舞、万蝠洞、五百罗汉、送子观音、金凤凰和古营盘等形态各异，洞宇恢宏，容8000余人。

万佛寺洞高126米、宽66.8米。石壁宽阔，留予题咏，岚霭缥缈，故名“万佛寺”。崇祯年间遭洪水淹而告损。至清嘉庆时期重建，塑有释迦、观音、罗汉诸圣像，功德庄严，时有僧众10余人驻锡。晨钟暮鼓，早晚课诵，香烟袅袅，十方善男信女前往参拜，络绎不绝，可谓香火之鼎盛。清末毁于战乱。

经政府主管部门批准，于2006年9月8日奠基动工，至2007年农历四月初八开光。

（二）积圆寺

位于兴仁市真武山办事处。始建于 1984 年。原址在县城北金家坝顺城路，为购买旧房改建。1999 年，县人民政府在县城修建真武山公园，考虑到积圆寺地势狭窄，庙会拥挤不堪，决定将该寺搬迁到公园内另建。新建寺院占地面积约 3000 余平方米。2002 年移交给积圆寺僧众管理。黔灵山弘福寺赠送了赵朴初题写的《大雄宝殿》金字匾额。殿堂走廊抱柱上刻有贵州省著名史学家、书法家陈福桐书楹联：“感悟禅机，来来往往众生缘；欲释佛义，去去留留明法性”，“几卷经，半窗月，穿栏竹影透禅机；一派水，数重山，出岭钟声添佛韵”，“市语尘啸，觉悟玄妙机缘，月影松声，修为空灵品性”。

2003 年后，寺庙又筹资建天王殿、地藏殿、观音殿等殿堂等附属设施。

积圆寺首任住持为性光法师。

（三）水晶寺

位于兴义市黄草街道办事处胜利社区。始建于明代，称白帝祠。后毁。清乾隆四十一年（1776），普安州驻黄草坝州判程良，会同黄草坝市民捐资修复，因黄草坝常遭火灾，故修复后，取水能克火之意，改名水晶观。同治元年（1862）寺院毁于战乱，光绪十八年（1892），县人刘统之倡议培修。

北固山山势雄竣，林木蓊蔚，石径迂回。庙宇建筑依山势由低到高，层层叠进，共 5 重。均为木结构穿斗式。除玉皇阁为庑殿顶外，其余均系硬山顶、青瓦屋面、格子门。棂花窗，鼓形石柱础。灵宫殿系重檐，其余各殿均为单檐，殿前均设石级跳道。

水晶观首重殿为灵宫殿，楼上有魁星阁。次为大士殿，又称三霄殿或观音堂。殿侧岩石壁立、镌刻“普陀胜迹”摩崖，至今还存。再上为乩仙殿。四重为雷神殿，绘有壁画二幅。一为“同舟共济图”，一为山之全景图。

殿前有百年银杏树，胸径约1米余。两侧建有厢房，院内有砖石结构平形化纸塔一座，为观中焚香处。最上重为玉皇阁，1944年于山巅玉皇阁左侧出土石碑一方，系程良所题"北固山水晶观记"。据(民国)《兴义县志》载："民国三十三年，于山巅玉皇阁左侧字塚下，偶掘得占碑一方。有好古癖张宜庵、李芳芝往摩挲谛视，始知其为乾隆四十一年刻石。其命名取水以制火，弭全城祝融之灾。其创建者为普安州分驻黄草坝理苗州判程烺。"

1992年，释应休住水晶寺，筹资重修大雄宝殿。1994年重建二层平顶住房。1997年后，省佛教协会会长慧海安排僧人释照祥任水晶寺住持。寺管小组筹集资金重建大悲殿，面积约285平方米，琉璃瓦屋面。2002年新修斋堂。2009年，对天王殿、大雄宝殿危房进行改造，重建大雄宝殿（面积约为526平方米）、天王殿（面积约为176平方米）。

（四）圆通寺

位于安龙县招堤街道办事处西河社区水桶山组水硐山。山下有石洞，泉水自洞中涌出，洞深处有一石笋，洁白如玉，状如莲尊倒生，又如观音宝座，因名为"涌莲洞"，俗称"观音洞"。清乾隆中，云南人吴水兆伐树辟道，开拓石洞，方便游人观览。之后，又倡议地方人士捐款兴修寺宇，并利用参差岩石凿刻佛像数十，又筑石阶数百级，蜿蜒直上山巅，因之成为县城名胜。《兴义府志》描绘其景云："拾级而登者，诸景历历在目，一水横腰曲屈，如拖玉带；水之外，远峰无数，俱在或隐或见之间；旁则九山丛列，如九朵芙蓉，洵奇观也"。山巅古刹名"圆通寺"，掩映于森森石木中，寺前一株古柏尤为奇特，离地尺许即分长七枝，枝干挺拔而上，树冠亭亭如盖，俗称“七姊妹”。圆通寺墙高峻，院宅幽深，殿宇雄伟，殿内金璧辉煌，佛像林立，栩栩如生。

圆通寺被毁于“文化大革命”期间。1996年，得到贵阳弘福寺慧海法师鼎力相助得以重建。相继建成大雄宝殿及两厢配殿、观音殿、财神殿及山门。占地面积1万平方米，建筑面积4000余平方米。大雄宝殿内供奉的释迦牟尼佛造像是从缅甸恭请来的玉石佛像，佛像高大、精美庄严。每逢庙会，汉、布依、苗等民族信众，络绎不绝。

住持藏融法师秉承“佛陀救人济世”的慈悲精神，组织信众向灾区、贫困户、贫困学生、学校、困难群众捐款捐物折合9万余元。帮助灾区恢复生产，重建家园。同时捐资帮助周边村民实施了道路硬化，深受灾区人民和当地党委政府和村两委的好评。

释藏融，号守一，贵州安顺人，俗名冉海英。1972年生，十九岁出家，1994年在安徽九华山受具足戒，1999年重庆佛学院研究班毕业。现任安龙县政协委员、贵州省佛教协会理事。

八、黔东南州（7座）

（一）新峰寺

位于凯里市城区罗汉山公园内，又名准提阁禅院，始建于明朝末年，建有山门、大雄宝殿、观音殿、僧寮、禅房等建筑，是时信者广众、香火缭绕，盛极一时，是苗族、侗族地区重要的佛教活动场所之一。1995年，因黔东南州法院、司法局、武警支队建设需要，被征地占用。2000年，贵阳市弘福寺监院妙果法师发心搬迁另建准提阁禅院，历时两年修建完成，并依法登记开放。寺院建成后，时任贵州省佛教协会会长慧海长老提议，将寺院更名为新峰寺，意为攀登修学佛法新的高峰。

新峰寺坐落于凯里市罗汉山森林公园内，占地面积7400平方米，建筑面积4200平方米，迁址重建的新峰寺以“深山藏古寺”为特色，寺院建筑群采用中国传统建筑结构，雕梁画栋、斗拱飞檐、庄严肃穆、气势恢宏，山林与寺庙浑然一体，相得益彰。寺内建有山门、天王殿、观音殿、大雄宝殿、禅房、僧寮、厨房、厢房等，是凯里市重要的佛教活动场所。

寺内供有释迦牟尼、观世音、文殊、普贤等诸佛、菩萨塑像，每逢佛教重大节日，黔东南州首府凯里市及周边县市佛教徒、信众前往亲近佛法、聆听梵音，是广大佛教徒和信众修学佛法、感沐佛恩的圣地。同时，新峰寺的建成开放，也为罗汉山公园增加了新的文化元素，为凯里市文化旅游增添了宗教文化特色。

新峰寺建寺历经400余年，从祖传禅院到今天独立山门的十方丛林，历经数代而绵延不衰，是一代又一代的高僧大德初心孤诣、笃信佛陀的结果。

现任方丈妙果法师，陕西西安人，1968年出生，贵州省政协民宗委副主任、贵阳市政协常委、黔东南州政协常委、南明区政协常委、凯里市政协常委，贵阳市青年联合会副主席、贵阳市和谐促进会副会长，中国佛教协会副秘书长兼居士委员会副主任、贵州省佛教协会会长、贵阳市佛教协会会长、黔东南州佛教协会首任会长等职务。

（二）中元禅院

位于镇远县舞阳镇东峡街青龙洞景区，距县城中心仅0.5公里，古称中和寺，明代郡守黄希英募建，明末毁于兵燹。清康熙五年僧太圆禅师重修。现存清末建筑：大佛殿、藏经楼、中元洞、望星楼、千佛岩、六角亭、文公祠、斋堂、寮房等。建筑面积约845平方米，占地约2300平方米。

青龙洞整群建筑靠山临江，建筑依山而立，贴壁凌空。古代的能工巧匠们根据山形和地势，巧妙地将建筑物修在山崖上、洞口内。殿阁下部均宽敞宏阔，上层逐渐收小，有的楼台直接伸出山外，下面由十几根巨木撑持，似欲腾空而起。整个建筑群与石崖、洞穴、古木、藤萝融为一体，巧夺天工。集佛教、道教、儒家文化遗址于一山，错杂而不乱，有层次而又各自独立，是将建筑艺术、雕刻艺术与自然风光完美结合的艺术珍品。

中元洞的门楣上横刻“入黔第一洞天”6个篆字。大佛殿是一座重檐歇山式的殿堂，下层用砖石垒砌起墙，上层雕有栏杆、窗棂，十分精密细致。殿后的圆拱门上刻有“渐入佳境”四个字。

中元禅院曾有太圆禅师、植福禅师、国正禅师、明达禅师、广桥长老、达宽老和尚等驻锡。现任住持印觉法师。

（三）金凤山寺

位于天柱县社学街道金山村，距县城10公里，山顶海拔907.5米，山势雄奇峻秀。清代，金凤山有48栋寺院（毁于“文化大革命”中）。1984年列为县级重点文物保护单位。

金凤山寺从东、西、南三面上山，都修有大道，千级石阶蜿蜒曲折，绕山而上。县人民政府将此列为县内佛教活动场所，现在登临金凤山，所看到的是重修后的金凤寺的风貌。

民国初期所立《乾隆主题》碑赞金凤山，诗云：

游了一峰又一峰，七十二峰到祝融。
祝融峰峰几千秋，山自春风水自流。
远观东南三千界，近看西北八百州。
万里长江飘玉带，一轮明月滚金球。
好景一时观不尽，天心有顺再来游。

2000年，释源明到金凤山寺修行，广结善缘，弘法布道，着手规划重修金凤山寺至今，使金凤山寺再度辉煌，香火旺盛，传法闻名，昭然现世。

（四）南岳寺

位于岑巩县思旸镇坪贤村南龙江河畔。始建于清朝中期，是思州城的一座古寺，初始由 3 间吊脚木楼组成。寺院依山而建，碧波荡漾，绿树成荫。

1984 年，重建 200 平方米殿堂。1988 年再次扩建，寺院面积 300 多平方米。

2000 年贵阳弘福寺释果云任住持。

（五）光明寺

位于凯里市炉山镇城关村石仙山公园内。坐西朝东。原名圣寿寺，始建于明末清初。寺中碑文载，曾有老禅师如茂长老、临济堂老禅师圆寂长老、乾隆年间临济正宗老禅师三愿长老等驻锡。兴盛时期有五大殿宇和十八罗汉堂及闭关禅室、禅洞等设施（五间禅室现为圆通殿，禅洞仍在）。寺宇雕梁画栋，金碧辉煌，佛像庄严。

现有圆通殿、千

手观音殿、文殊殿、弥勒佛大型坐像、财神殿、禅堂、斋堂、大寮、寮房数间、长廊等设施。供奉佛像有释迦牟尼佛、文殊菩萨、普贤菩萨、观世音菩萨、地藏菩萨。

（六）龙泉山寺

位于丹寨县龙泉镇泉山村龙龙泉山，距县城西2公里。始建于清朝道光年间。

1987年，龙泉山寺列为县级重点文物保护单位。1992年后逐步修复，并命名为龙泉山寺。殿内供奉有释迦牟尼、药师佛、阿弥陀佛、文殊菩萨、普贤菩萨、观世音菩萨等。

龙泉山寺香火旺盛。每逢节日和杜鹃花开的日子，寺院接待香客和游人甚众。

龙泉山寺建立有活动场所管理制度、财务管理制度等18项相关的管理制度。寺院实行民主管理，由场所负责人释仁正主持寺管工作。

（七）观音寺

位于凯里市大风洞镇对江村重安江三朝桥旁。初建于清代。1994年重建，现有天王殿、韦驮殿和大殿。建筑面积约600平方，占地面积约有1200平方。

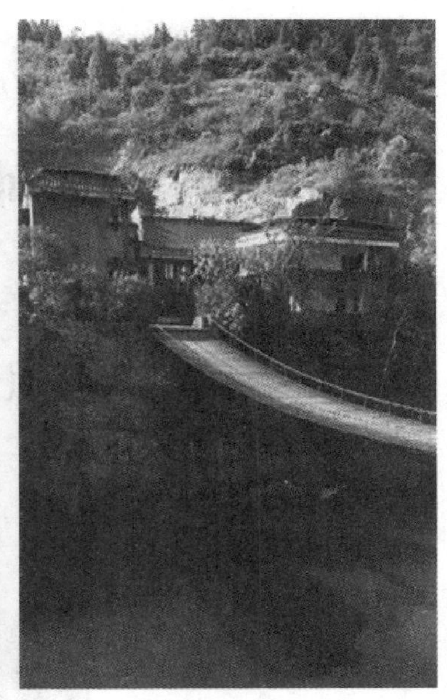

现任住持释果正，2008 年礼圣光和尚为师，剃度出家。2010 年于凤阳龙兴寺授三坛大戒。持戒修学，访师授道。2016 年任住持。

九、黔南自治州（4座）

（一）观音堂

位于瓮安县瓮水办事处广场社区龙水坝组。始建于清光绪年间，城西街孙李氏削发为尼，募资建设。其父亲在京师做官，清廉公正，刚正不阿。致仕回乡请工匠在西门河边老桥旁购置田地，大兴土木，起造庙宇，庙宇建成后命名为“观音堂”。寺院坐西向东，面朝清波荡漾的雍江河水，背靠王家岩，巍然屹立，靠山永固。山门横匾“不二法门”，左右门侧镌刻有清代瓮安县令王数成所题楹联，上联：“流水当门，人过横桥听贝叶”；下联：“尘嚣隔岸，天留净土种昙花”。寺院殿堂有观音殿、大雄宝殿、天王殿、地藏殿、方丈、经堂、禅堂、厢房、净室等，大小房48间。观音堂至今已传五代，源流记述如下：第一代孙李氏。第二代释妙荣，俗姓李，其父施舍给予观音堂土地，她剃度受戒，袈裟衲衣，弘扬佛法，继承李氏衣钵，成为观音堂住持。第三代释永宽，释妙荣之侄女，俗姓李；比丘尼释传台，俗名陈修德；比丘尼释传经，俗名彭绍华；沙弥尼释通海，俗名喻光荣（未受大戒）。第四代住持释印民，俗名夏国贞，20世纪90年代剃度出家；其徒弟释祖圆，发愿弘扬正法，广度众生。二位尼师出家前带上所有积蓄，倾尽毕生精力，把曾经的破草房，建成了现在的观音堂，在广大信众的支持捐资帮助下，完成观音殿、玉佛殿、山门、围墙和厨房的修缮。第五代释寂靖，比丘尼释祖苹、释照尚。

（二）阳宝山莲花寺

位于贵定县宝山街道办事处新场村阳宝山组。海拔1566米，面积数千亩。它包括前山和后山，前山曰莲花山，后山曰飞凤山，前后山形相连，遥相呼应。

贵州新添卫人、明万历二十六年（1598）进士丘禾实《阳宝前山重修殿宇疏》言："黔故在万山中，峰峦高下，在在相等。其最高而为一方之岳者，无如吾新之阳宝山。山势自西北来，不知几百里，而结峙于新之北。由北而南而东而西，诸峰崒立，然皆环向于阳宝一山。其远者如溯如赴，近者如俯如揖，左右者如侍如卫。余尝登此山，及半，已俯诸峰如在几席。及顶，而培塿视之。乃诸峰外，层岚叠嶂，远水遥岑，无一不在指顾。因念太华诗所谓'罗列似儿孙'，何其肖也。"阳宝山有莲花寺和飞凤寺，莲花寺始建于明嘉靖年间，明万历二十四年（1596）山僧白云到此，见此山奇胜，遂建寺院。清嘉庆年间（1796–1820）曾修葺。一四川商人在飞凤寺后建佛庐，于山麓建静室三楹。邱禾实《冬日登阳宝山假宿僧舍二律》赞阳宝山"缥渺危峰碧落齐，攀脐竟日有招提。云里户外诸天近，月挂松梢万象低。""晚宿芙蓉第一峰，起来寒色动尘容。天门早射扶桑影，虚谷犹传子夜钟。"清代文人朱能溶《九日登阳宝山》："风雨重阳节，来登第一峰。磨崖寻古迹，越岭探仙踪。石径青苔滑，空山翠黛浓。白云千古在，何事不相逢。"

莲花寺包括山门、关帝殿、真武殿、观音殿、韦驮殿、玉皇阁、配殿、千佛阁等。石木结构，坐西向东，前后四进院落，占地面积2000平方米。

从明至清，阳宝山寺庙在西南与四川峨眉山、云南鸡足山齐名。僧众多时达 200 余人。香火顶盛时，僧众达 200 余人。现莲花寺有建筑面积 6000 余平方米。

今阳宝山寺院正渐次修复，来日将更加秀丽。

（三）莲宗念佛堂

位于独山县井城街道办事处紫林山翠泉公园，又名光明寺。寺院周围森林茂密，云雾缭绕。

2006 年后在僧俗二众的努力下，广大信众及社会各界的帮助下，从最初的简陋不堪，逐渐有了目前的规模。

寺内有两尊 1 吨与 1.5 吨体量的整块玉石雕琢的观音菩萨像。

现任住持圣光法师，俗名王胜，贵州贵阳人，20 世纪 90 年代出家，1999 年在贵阳市弘福寺受具足戒，现为贵州省佛教协会理事、黔南州佛教协会副会长、独山县佛教协会会长。2007 年来到光明寺后，兢兢业业，殚精竭虑，将两尊整块玉雕观音像及宝鼎、香炉等迎请至光明寺，还迎请了地藏菩萨像、七层宝塔等佛像。

圣光法师住持光明寺以来，光明寺逐渐恢复了一些传统。每年的三八妇女节、九九重阳节，均免费接待庆祝节日者就餐游玩；每年腊月初八，邀请社会各界前来享用腊八粥及就餐。

（四）长顺白云寺

位于长顺县白云山镇思京村。相传明初建文帝曾驻锡白云寺。后自然和尚（临济正宗第三十一代传人）重建白云寺并住持该寺。徐霞客到白云寺时就是自然和尚接待他。其后西识清见和尚成任住持。《黔南会灯录》载："西识，法号清见，楚籍，王氏子，出身疆场，礼法中披剃，持金刚经，参灵药和尚印证。开法广顺白云寺，终老，塔于寺侧。清顺治十年（1653），赤松法师入黔投灵药法师剃度出家。灵药让他到白云寺参拜西识和尚。西识叫赤松即阅读《华严经》，由此悟境更胜于前，顿感心身俱空，此后慧业日益增进。"赤松《白云西识业师像赞》言"楚阳生长溷戈铤，解脱能为忍辱仙。抛尽家私无挂碍，了明生死不相干。白云一坞堪投足，皓月千峰独坐禅。动静心坚如铁石，悬岩撒手任名传。"赤松之后敕赐紫衣沙弥智晓住持，继者为寂瑛桂月、文远庆、文智恩、参壁、悟寿、继先大、祖明及灯明等。

历代赞美白云山的诗文颇多。明崇祯四年（1631）贵州巡抚按院监察都御史胡运平《题建文帝阁碑记》记："白云山庵，不知何时始昉也。世传为建文先帝潜龙遁迹之所，理或然耳。时帝望白云而至止，故号曰'白云'也。其地间于定番、广顺之间，纡途十里许。径回涧曲，而庵出焉。高可百余丈，拾级登眺，屹然峙于腰脊之半。千峦献翠，万木罗青，一奇观也。"明人严坦斋赞白云寺："山间常满四时春，中有白云拥圣人。瞻仰不穷来往客，一番题咏一番新。"清贵州广顺州人，康熙甲子科（1684）举人吴旦《白云山》云："壁立高千仞，山山裹白云。灵钟因日月，秀孕结氤氲。名以遐荒立，衫经御手分。土人勤伏腊，犹说建文君。”清代贵州名人周钟瑄在《白云山序》言：“山以白云名，因景志地，以标异于众也，而遂以传。其传者何？以明建文帝遁迹之所事，创闻耳目新，故传也。”《黔诗纪略》有四川广安人郑之球《白云山》诗：“山势压万壑，阴晴惟白云。至今罗永寺，犹说建文君。水有溪龙献，粮从石窟分。定知西内去，长忆此氛氲。”诗后跋云：“山在广顺西四十里，建文帝遁迹于此。上有罗永庵，庵前有跪井，汲者必跪乃可得，相传溪龙所以饮帝者。又有石洞，日流米出以供帝膳，帝去即止。”

白云寺坚持佛教中国化方向，走与社会主义社会相适应的道路，积极参与扶贫和社会公益，先后为长顺县脱贫攻坚及帮扶留守儿童捐资 4 万多元。

现任住持通鉴，号香禅，贵州人，1999 年 8 月，在贵阳市黔灵山弘福寺礼慧海老和尚剃度，2000 年 11 月 20 日，在湖北省黄梅县四祖寺依本焕老和尚受具足戒。2002 年 4 月住持白云寺。

贵州省佛教寺院基础信息表

序号	场所名称	所在县市区	地 址	占地面积（平方米）	建筑面积（平方米）	场所负责人
1	黔明寺	南明区	贵阳市南明区阳明路1号	2000	3000	释妙果
2	圆通寺	南明区	贵阳市双龙航空港经济区小碧乡黄泥甫村	2685	1458.58	释演惠
3	观音洞尼庵	南明区	贵阳市南明区油榨街青年路观音洞206号	30000	6000	释印诚
4	白龙寺	南明区	贵阳市双龙港经济区小碧乡甘庄村（白龙寺）	1998	4662	释通容
5	永乐寺	南明区	贵阳市南明区永乐乡永乐村龙眼岩村民组23号	300	150	释通云
6	觉圆尼庵	云岩区	贵阳市云岩区富水北路49号	670	1862	释藏青
7	东山寺	云岩区	贵阳市云岩区栖霞路17号	2371.26	9521	
8	弘福寺	云岩区	贵阳市云岩区枣山路187号	11433	6000	释妙果
9	白马寺	花溪区	贵安新区湖潮乡广兴村黄泥寨	1870	820.25	释祖照
10	迎祥寺	花溪区	贵阳市花溪区青岩镇南街5号	4000	3500	释祖传
11	灵应寺	花溪区	贵阳市花溪区高坡乡新安村	2000	600	释古修

12	龙泉寺	花溪区	贵阳市花溪区中曹巷十七号	6000	3000	释通立
13	大兴国寺	花溪区	贵阳市花溪区青岩镇小西冲	133334	32360	释妙果
14	观音祈福寺	花溪区	贵阳市花溪区青岩镇北街村姚家关 1 号	3900	3280	释祖传
15	桐宝寺	花溪区	贵阳市花溪区桐木岭村四组 113 号	10051	5800	释如意
16	南静寺	乌当区	贵阳市乌当区新堡乡陇脚村香纸沟组	5200	840	释昌悟
17	水口寺	乌当区	贵阳市乌当区水田镇水田村	3620	2700	释妙永
18	青龙观音寺	乌当区	贵阳市乌当区高新社区阿栗村	6620	2962	释祖灵
19	金山寺	乌当区	贵阳市乌当区羊昌镇马场村	2600	1500	释能净
20	古林寺	乌当区	贵阳市乌当区东风镇后所村	3100	1243	释道义
21	方经寺	乌当区	贵阳市乌当区东风镇洛湾村	5210	1160	释海音
22	宝鼎寺	乌当区	贵阳市乌当区水田镇定扒村	3652	1365	释祖全
23	佛山寺	乌当区	贵阳市乌当区下坝镇谷坝村	40002	9333.8	释照光
24	西普陀寺	白云区	贵阳市白云区龙井路 8 号	44622	43630	释藏青
25	金山寺	白云区	贵阳市白云区沙文镇沙子哨西街 50 号	9886	7886	释觉願
26	回龙禅寺	观山湖区	贵阳市云岩区普天社区茶园村 2 组（观山湖区管理）	5280	1200	释宽宏
27	回龙寺	观山湖区	贵阳市观山湖区金华镇下铺村	14040	2378	释净华

28	东林寺	观山湖区	贵阳市观山湖区金朱东路	47000	10080	释宽宏
29	观音寺	观山湖区	贵阳市观山湖区百花湖镇毛栗村	2500	1800	释通能
30	慈恩寺	开阳县	贵阳市开阳县硒城街道办事处城西村后坝组 40 号	2000	420	张官军
31	石林寺	开阳县	贵阳市开阳县龙岗镇卡比村雷打岩组 27 号	3000	1000	胡思亮
32	普照寺	息烽县	贵阳市息烽县小寨坝镇	1600	502.16	释妙乐
33	凤池寺	息烽县	贵阳市息烽县西山镇西山村凤池组 10 号	10004.18	3900	释传普
34	天池寺	息烽县	贵阳市息烽县温泉镇赶子村弯子组	8757	444.62	徐国林
35	知非寺	修文县	贵阳市修文县龙场街道朝阳村潮水四组 35 号	60000	20000	释能圣
36	金凤寺	修文县	贵阳市修文县龙场街道中山居委会	20000	10000	释普照
37	佛光寺	修文县	贵阳市修文县景阳街道珍珠河居委会佛光寺北路 70 号	72000	3000	释圣果
38	古佛洞寺	修文县	贵阳市修文县六广镇广城村子江组 44 号	81252	3500	释馨怡
39	灵官寺	清镇市	贵阳市清镇市新岭社区建国北路 8 号	3569	4531	释福德
40	巢凤寺	清镇市	贵阳市清镇市巢凤街道办事处扁坡村	120541.3	36488.47	释通植

41	清枫寺	清镇市	贵阳市清镇市青龙山街道办事处红旗北路81号	1418	1422	释莲纯
42	莲华寺	清镇市	贵阳市清镇市青龙山街道办事处建国北路102号	1238	1325	释华净
43	寿福寺	清镇市	贵阳市清镇市青龙山街道办事处青山路36号	1286	1358	释吉安
44	观音庙	清镇市	贵阳市清镇市建国北路124号	1050	1100	释华光
45	观音阁	清镇市	贵阳市清镇市滨湖街道办事处水塘路	7922	1500	释风慧
46	兴隆寺	清镇市	贵阳市清镇市站街镇太平村大寨组	1159	1249	释能清
47	观音寺	清镇市	贵阳市清镇市卫城镇西门村	591	824	释莲明
48	地母庙	清镇市	贵阳市清镇市卫城镇平寨村	597	423	释佛银
49	回龙寺	清镇市	贵阳市清镇市青龙山街道办事处石关村	500	420	释藏乘
50	云峰寺	清镇市	贵阳市清镇市青龙山街道办事处石关村	1038.59	600	释通艺
51	灵山寺	钟山区	六盘水市钟山区乌砂寨	40020	2500	释祖定
52	观音寺	钟山区	六盘水市钟山区老城民主路0008号	4135	1500	释祖定
53	观音阁	六枝特区	六盘水市六枝特区郎岱镇木城社区观音阁	1693	676	王伟明
54	青龙寺	六枝特区	六盘水市六枝特区木岗镇青龙寺	400	300	秦保群

55	桃园寺	六枝特区	六盘水市六枝特区九龙街道办桃园路社区	2000	1500	释果愿
56	回龙寺	六枝特区	六盘水市六枝特区岩脚镇龙泉村回龙寺	1800	1200	释果愿
57	落别香山寺	六枝特区	六盘水市六枝特区落别乡纳骂村纳骂组	400	500	释能闻
58	观音寺	六枝特区	六盘水市六枝特区平寨镇六枝村	4500	700	释果愿
59	显灵寺	六枝特区	六盘水市六枝特区平寨镇兴隆村干河组	2400	1400	释能闻
60	西来寺	六枝特区	六盘水市六枝特区大用镇大用村	2000	800	释能义
61	灵山寺	六枝特区	六盘水市六枝特区新窑镇洗马河村	1800	900	释通净
62	通灵寺	六枝特区	六盘水市六枝特区岩脚镇太和村挑水河	600	500	释续祥
63	新兴寺	六枝特区	六盘水市六枝特区月亮河乡折溪村	1100	420	释本祥
64	永丰寺	六枝特区	六盘水市六枝特区月亮河乡六堡村	1200	500	释通清
65	念佛堂	盘州市	六盘水市盘州市双凤镇南门居委会人民南路168号	300	600	吴 兴
66	松柏寺	盘州市	六盘水市盘州市双凤镇北门居委会	300	280	付加芹
67	竹海寺	盘州市	六盘水市盘州市竹海镇新盘居委会四组莲花山	1333	1500	释隆正
68	观音寺	盘州市	六盘水市盘州市保田镇鹅毛寨村	195	75	黄明芬

69	土城爱国寺	盘州市	六盘水市盘州市柏果镇东风村云城山	3020	2350	释传心
70	洒基广明佛堂	盘州市	六盘水市盘州市柏果镇迤民村	856	356	敖二马
71	庆云寺	盘州市	六盘水市盘州市柏果镇土城村狗场	3700	456.13	黄国城
72	西来寺	盘州市	六盘水市盘州市石桥镇妥乐村	760	460	释传普
73	云台寺	盘州市	六盘水市盘州市盘关镇丘田村	400	250	敖成余
74	龙山寺	盘州市	六盘水市盘州市柏果镇红旗村多么座	1250	429	杨细雨
75	观音寺	盘州市	六盘水市盘州市翰林街道华屯居委会	6400	2600	释传普
76	盛华寺	盘州市	六盘水市盘州市盘关镇大铺子村	3800	2800	徐小蒿
77	丁香寺	盘州市	六盘水市盘州市刘官街道刘家湾村	1000	460	陈志英
78	东明寺	盘州市	六盘水市盘州市双凤镇凤山居委会西门坡	7525	2688	释宏琳
79	水星寺	盘州市	六盘水市盘州市双凤镇鼓楼居委会云盘山	1600	1300	释惟元
80	护国寺	盘州市	六盘水市盘州市丹霞镇桃园村	34680	4986	释传普
81	车田观音寺	盘州市	六盘水市盘州市响水镇车田村一组	340	840	释能闻
82	清云寺	盘州市	六盘水市盘州市普古乡舍烹村四组	4500	490	任周荣

83	朝阳寺	盘州市	六盘水市盘州市红果街道中沙村一组	24000	12000	彭冬冬
84	海风井寺	红花岗区	遵义市红花岗区南关镇南岭村马路槽组	612	2670	释宗缘
85	龙潭寺	红花岗区	遵义市红花岗区海龙镇村龙苔组	2000	850	释应净
86	茅衙寺	红花岗区	遵义市红花岗区海龙镇温泉村天桥组33号	3736	652	释传法
87	螺蛳山复兴寺	红花岗区	遵义市红花岗区中华南路税务厅25号	1401	1652	释光忠
88	绍阳寺	红花岗区	遵义市红花岗区巷口镇巷口村张家湾组	4000	2000	释佛顺
89	雷台山般若寺	红花岗区	遵义市延安路雷台山般若寺	2095	2286	释果维
90	灵山寺	红花岗区	遵义市红花岗区长征镇凉水村前进组	4870	2400	释宗明
91	飞钟寺	红花岗区	遵义市新蒲新区三渡镇水洋村东方红组	1450	450	释愿善
92	禹门寺	红花岗区	遵义市新蒲新区新舟镇沙滩村红光组	1650	670	释心志
93	雨台寺	红花岗区	遵义市新蒲新区虾子镇米兰社区雨台寺	7326	1250	释慧悟
94	节孝寺	红花岗区	遵义市新蒲新区虾子镇宝合村红旗组	6320	1300	释能醒
95	圣云寺	红花岗区	遵义市新蒲新区喇叭镇高山村前进组	1800	580	释隆德
96	湘山寺	红花岗区	遵义市红花岗区内环路49号	14670	12000	

97	白云寺	红花岗区	遵义市红花岗区健生路24号	1300	2953	释果园
98	回龙寺	红花岗区	遵义市红花岗区万里路20号附4号	3484.2	3800	释果清
99	菩提寺	红花岗区	遵义市红花岗区解放路水井湾巷二巷53号	2300	1300	释应强
100	桃溪寺	红花岗区	遵义市红花岗区忠庄街道桃溪社区78号	1897	1414	释能圆
101	石佛洞寺	红花岗区	遵义市红花岗区长征镇沙坝村伞店街组	3293	4274	释惟觉
102	金鼎山寺院	红花岗区	遵义市红花岗区金鼎山镇金川村青山组	26680	6000	释普法
103	金狮山法王寺	红花岗区	遵义市红花岗区红梅路1号	3000	2170	释宗省
104	平安寺	红花岗区	遵义市新蒲新区新蒲街道平安大道中段	133400	2000	释位明
105	银盘寺	汇川区	遵义市汇川区董公寺街道建国村桃子坪组	800	500	释心慧
106	观音岩寺	汇川区	遵义市汇川区上海路44号	1692.7	1100	释位宗
107	金佛寺	汇川区	遵义市汇川区高桥街道干田社区花园组	2000	1300	释慧宗
108	董公寺	汇川区	遵义市汇川区董公寺街道散居村2组	350	287	释觉法
109	高崖山寺	汇川区	遵义市汇川区董公寺街道割麻社区割麻组	2500	2000	释觉超
110	水口寺	汇川区	遵义市汇川区团泽镇高台村新合组	3200	960	释慧照

111	弘源寺	汇川区	遵义市汇川区团泽镇洪江村竹园组	3000	1500	释演悦
112	云峰山寺	汇川区	遵义市汇川区板桥镇板桥居二组	850	752	释仁真
113	如来寺	汇川区	遵义市汇川区董公寺街道沿红社区塘房组	14652	3800	释惟持
114	普渡寺	汇川区	遵义市汇川区山盆镇落炉村先锋组	3200	1500	释常来
115	龙岩寺	汇川区	遵义市汇川区沙湾镇沙湾社区大柿坝组	1500	500	释传银
116	群仙寺	汇川区	遵义市汇川区毛石镇百花村太平组	7200	4800	李明阳
117	观音阁寺	汇川区	遵义市汇川区天津路三阁公园内	2600	1020	释果云
118	高岩寺	汇川区	遵义市汇川区高坪街道永胜社区玉平组	4000	2800	释宣尊
119	报恩寺	汇川区	遵义市汇川区高坪街道双狮社区紫荆组	3671	2350	释真胜
120	洞天寺	汇川区	遵义市汇川区高桥街道十字社区胜利组洞天寺	3000	800	释能旭
121	沐恩寺	播州区	遵义市播州区石板镇茅坝村堰组	3800	1200	释照贤
122	和音寺	播州区	遵义市播州区三合镇三合村龙兴组	2000	780	释占明
123	回龙寺	播州区	遵义市播州区马蹄镇长远村和平组	3700	1350	释如会
124	宝峰山寺	播州区	遵义市播州区影山湖街道宝峰社区井友组	15318	640	释明发

125	石牛寺	播州区	遵义市播州区播南街道紫薇社区肖家湾组	20560	2630	释传学
126	平正乡圆通寺	播州区	遵义市播州区平正乡红星村六井组	333000	1320	释通云
127	显灵寺	播州区	遵义市播州区三合镇阁庄村重兴组	1540	530	释真元
128	东流寺	播州区	遵义市播州区泮水镇西安村西安组	1400	630	释佛慧
129	三层寺	播州区	遵义市播州区播南街道莲花村大柿坝组	20560	2630	释延江
130	川祖寺	播州区	遵义市播州区尚稽镇茅坪村全军坝组	5997	1450	释照明
131	矿泉寺	播州区	遵义市播州区枫香镇枫胜居枫胜组	6730	400	释果叶
132	泮水观音寺	播州区	遵义市播州区泮水镇遵金村民兴组	2132	668	释儒端
133	南街和音寺	播州区	遵义市播州区三合镇三合村南街组	5890	1450	释祖相
134	五显寺	播州区	遵义市播州区西坪镇厂上村厂上组	1990	850	释心悟
135	弘妙寺	播州区	遵义市播州区团溪镇五龙村厂上组	2000	220	释常空
136	双龙寺	播州区	遵义市播州区乌江镇老君关村大坝组	1350	480	释信应
137	罗汉寺	播州区	遵义市播州区桂花桥街道遵南社区	8658	2100	释心定

138	青龙寺	播州区	遵义市播州区三合镇刀靶村钟坪组	26640	7200	释普辉
139	西来寺	播州区	遵义市播州区龙坑街道办八里村林村组	13320	700	释悟踪
140	飞来寺	播州区	遵义市播州区三岔镇尖山村青水组	233100	2000	释照圆
141	复兴禅院	播州区	遵义市播州区龙坪镇瓦厂村瓦厂组	96570	6000	释悟踪
142	佛兴寺	播州区	遵义市播州区鸭溪镇雷泉社区二组	14560	8500	释智伦
143	慈光寺	桐梓县	遵义市桐梓县海校街道小坝社区新街组	2460	650	释智广
144	瑞峰寺	桐梓县	遵义市桐梓县尧龙山镇尧龙山村	4800	1350	释智觉
145	观音寺	桐梓县	遵义市桐梓县娄山关街道鞍山社区高坎组	7000	2450	释普明
146	普陀寺	桐梓县	遵义市桐梓县娄山关街道工农社区	3000	700	释本安
147	龙台寺	桐梓县	遵义市桐梓县楚米镇果蔬社区青杠林组	1600	350	释果提
148	降龙寺	桐梓县	遵义市桐梓县娄山关街道城郊社区七组	24600	2000	释宗悟
149	圆音寺	绥阳县	遵义市绥阳县洋川镇民兴村2组	1300	510	吴堂艳
150	天山白云寺	绥阳县	遵义市绥阳县洋川镇雅泉村8组	220	120	杨安会
151	白马寺	绥阳县	遵义市绥阳县洋川街道民丰社区一组	3766	815	叶建林

152	云台寺	绥阳县	遵义市绥阳县洋川镇诗乡门村云星组	650	400	杨严华
153	神仙洞寺	绥阳县	遵义市绥阳县洋川镇东山村卢家院子组	723.51	383	王照英
154	普陀寺	绥阳县	遵义市绥阳县洋川街道雅泉村5组	810	250	释觉醒
155	宝盖寺	绥阳县	遵义市绥阳县洋川镇诗乡门村青山2组	400	230	彭书贵
156	锣铜寺	绥阳县	遵义市绥阳县风华镇金字村金河组	862	719	释永妙
157	永丰寺	绥阳县	遵义市绥阳县风华镇金字村金峰组	737	348	龙运发
158	静心寺	绥阳县	遵义市绥阳县风华镇风华村仙山组	800	532	释昌戒
159	仙顶寺	绥阳县	遵义市绥阳县风华镇金承村农乐8组	800	460	赵启芬
160	总文观音寺	绥阳县	遵义市绥阳县风华镇银堡村田坝组	2040	908	杨均琴
161	白石金山寺	绥阳县	遵义市绥阳县风华镇莲丰村付子沟组	1000	410	石光富
162	灵山寺	绥阳县	遵义市绥阳县风华镇牛心村香树林组	1437.89	270.77	释古参
163	狮山寺	绥阳县	遵义市绥阳县郑场镇狮山村狮山组	539.68	419.68	释佛生
164	报恩寺	绥阳县	遵义市绥阳县郑场镇清源村平兴组	737.6	607.1	释普恩

165	金山寺	绥阳县	遵义市绥阳县旺草镇晨光村石板溪组	1333	526	郑继多
166	石鼓寺	绥阳县	遵义市绥阳县旺草镇晨光村永丰组	2000	84	彭相勃
167	九龙寺	绥阳县	遵义市绥阳县蒲场镇九龙村丰收组	500	400	李世会
168	回归寺	绥阳县	遵义市绥阳县蒲场镇蒲场村下街	502.56	370.56	刘登碧
169	泮水寺	绥阳县	遵义市绥阳县枧坝镇枧坝村观音岩景区	950	650	刘登贵
170	宗峰寺	绥阳县	遵义市绥阳县枧坝镇杉木箐村高家湾组	650	410	陈紫贵
171	合口寺	绥阳县	遵义市绥阳县茅垭镇茅垭村冷家组	506	494.63	向常福
172	凤凰寺	绥阳县	遵义市绥阳县茅垭镇关德村垭口组	182	132	毛荣阳
173	天台寺	绥阳县	遵义市绥阳县洋川街道天台社区天台四小区	5576	1046.9	释理仁
174	皇台寺	绥阳县	遵义市绥阳县洋川街道诗乡门村诗乡门组	2100	1099	释莲刚
175	卧龙寺	绥阳县	遵义市绥阳县郑场镇卧龙居幸福组	932.82	787.8	释传清
176	白云寺	绥阳县	遵义市绥阳县风华镇双龙村红光组	1333	415	赵家祥
177	田生口观音寺	正安县	遵义市正安县凤仪街道田生社区田生口组	688.9	387.69	吕明顺

178	崇兴寺	正安县	遵义市正安县凤仪街道山峰居沙坝组	905	610	释心道
179	凤凰观音寺	正安县	遵义市正安县瑞豪街道小米庄居大田组	3600.68	167.96	徐世友
180	石龙峰观音寺	正安县	遵义市正安县瑞溪镇瑞溪居街上组	843.67	157.98	王富礼
181	二圣阁观音寺	正安县	遵义市正安县凤仪街道汪家田居河潮渡组	1815.78	444.22	吴兴群
182	天仁堂观音寺	正安县	遵义市正安县新州镇新洲居新民组	372.6	271.89	释演如
183	雄塘寺	正安县	遵义市正安县小雅镇小雅居街上组	2502.68	474.97	郑传斌
184	水井岩观音寺	正安县	遵义市正安县安场镇光明居平坝组	347.04	347.04	冯佑甫
185	铁金岩观音寺	正安县	遵义市正安县安场镇兴庄居群丰组	1947.5	715.9	娄水生
186	石笋峰观音寺	正安县	遵义市正安县凤仪街道楼台居新庄组	35146.58	2589.35	释印德
187	甘露寺	正安县	遵义市正安县凤仪街道凤山社区二小区	6734.05	527.65	释宗澈
188	樊溪庙观音寺	正安县	遵义市正安县安场镇官井居新胜组	583.97	255.29	释佛化
189	龙虎硐观音寺	正安县	遵义市正安县瑞豪街道小米庄居中合组	1173.06	746.47	释通群
190	罗汉洞观音寺	正安县	遵义市正安县瑞溪镇燕子坝村黑老山组	5012.73	535.11	释涓僧

191	南龙口经灵寺	正安县	遵义市正安县庙塘镇教良村鸽子坝组	1012.2	1062.25	释涌喜
192	龙塘古寺	正安县	遵义市正安县土坪镇林溪村纸厂组	2000	1000	释泽体
193	金钟山寺	正安县	遵义市正安县土坪镇石志村羊井组	860	561	
194	东山寺	道真县	遵义市道真自治县尹珍街道办事处东街社区东街组	1334	200	释惟印
195	灵岩寺	道真县	遵义市道真自治县旧城镇槐坪村	2000	500	释延祥
196	进化观音寺	凤冈县	遵义市凤冈县进化镇前进社区八一组	200	150	罗元碧
197	中华寺	凤冈县	遵义市凤冈县王寨镇高坝村	500	500	释明德
198	双塘寺	凤冈县	遵义市凤冈县琊川镇琊川新村二组	350	300	张全中
199	川祖寺	凤冈县	遵义市凤冈县蜂岩镇一品泉社区麻匡坝一组	1000	500	安文科
200	土溪玉凰阁	凤冈县	遵义市凤冈县土溪镇三河社区街上组	120	100	曾祥立
201	才源寺	凤冈县	遵义市凤冈县天桥镇天桥村石岩组	200	200	高庆碧
202	真武山红叶寺	凤冈县	遵义市凤冈县龙泉镇文峰村	4225	4225	释宗明
203	观音寺	凤冈县	遵义市凤冈县何坝镇凌云村	911	911	肖定明

204	西来庵	湄潭县	遵义市湄潭县湄江街道东南村东南组	400	250	释寂源
205	金沙寺	湄潭县	遵义市湄潭县鱼泉街道仙谷山村麻子沟组	500	600	刘千明
206	观音洞寺	湄潭县	遵义市湄潭县洗马镇杨家山村垓上组	1050	660	张文学
207	开元寺	湄潭县	遵义市湄潭县永兴镇共和村黄菊山组	2000	1500	释通性
208	永兴寺	湄潭县	遵义市湄潭县茅坪镇桂花村塘钵组	1200	1868	释宏鑫
209	兰伞寺	湄潭县	遵义市湄潭县黄家坝街道岩孔坝村岩孔组	4276.2	453.26	释应福
210	普陀寺	湄潭县	遵义市湄潭县湄江街道龙泉村水沿沟村民组	5464.5	1566.49	释能谊
211	龙宝寺	湄潭县	遵义市湄潭县湄江街道环西路60号	2936	1239	释果延
212	楞严寺	湄潭县	遵义市湄潭县永兴镇三街137号	1973.96	461.29	释果勇
213	金山寺	余庆县	遵义市余庆县子营街道子营社区	2600	600	唐育光
214	玉佛寺	余庆县	遵义市余庆县白泥镇中关村玉佛山	8040	404	释果庆
215	普陀寺	余庆县	遵义市余庆县关兴镇关兴社区下坝组	800	400	金关禄
216	石佛寺	余庆县	遵义市余庆县龙家镇光辉社区	600	400	释弘传
217	灵净寺	余庆县	遵义市余庆县关兴镇高炉村	300	150	张国昌

218	平安寺	余庆县	遵义市余庆县大乌江镇乌江社区龙囤组	2400	220	任永娥
219	凉龙寺	余庆县	遵义市余庆县松烟镇大松村	600	400	龚明贵
220	朝阳洞寺	余庆县	遵义市余庆县花山苗族乡花山村	500	150	石渊鑫
221	朝阳寺	余庆县	遵义市余庆县松烟镇新台村	600	400	金 鑫
222	吉祥寺	余庆县	遵义市余庆县白泥镇下里社区	2000	1500	释弘教
223	龟山寺	习水县	遵义市习水县土城镇团结街四组	2000	500	释庆涛
224	佛光寺	习水县	遵义市习水县民化镇三元村	2000	800	释照彻
225	高洞寺	习水县	遵义市习水县杉王街道天生社区	7000	1000	释通体
226	芸枫寺	习水县	遵义市习水县杉王街道木楠坝村六组	3000	600	释通印
227	佛宝山寺	习水县	遵义市习水县东皇街道伏龙村沙坝组	1800	400	胡通英
228	观音寺	习水县	遵义市习水县温水镇罗汉村红星组	600	400	释普度
229	凌云寺	习水县	遵义市习水县醒民镇钢铁村小河口	800	600	刁正英
230	朝阳寺	习水县	遵义市习水县马临街道临丰村第四组	500	200	邓从会
231	太平山寺	习水县	遵义市习水县东皇街道白坭村大岩组	1500	500	王先明

232	龙凤寺	习水县	遵义市习水县东皇街道关坪村小湾组	2500	700	罗永会
233	天堂寺	习水县	遵义市习水县习酒镇黄金坪村吕师岩	1200	600	释证念
234	天华寺	习水县	遵义市习水县寨坝镇友谊村合力组	800	360	刘 源
235	永安寺	习水县	遵义市习水县土城镇青杠坡村	2000	600	释洪智
236	九龙寺	习水县	遵义市习水县九龙街道朝阳社区牛老组	5000	1000	释宗良
237	菩提寺	习水县	遵义市习水县杉王街道太平村红星组	2000	700	释照勤
238	正龙寺	习水县	遵义市习水县东皇街道关坪村黄坪组	2000	1200	释昌明
239	曹佛寺	赤水市	遵义市赤水市丙安镇三佛村朝门口组	365	272	韩正华
240	佛来寺	赤水市	遵义市赤水市复兴镇凉江村凉江组	349.61	247.18	释广戒
241	半壁寺	赤水市	遵义市赤水市市中办事处滨江社区	150	150	张克琴
242	石梅寺	赤水市	遵义市赤水市元厚镇石梅村第一组	7619.5	541.22	曾中云
243	观音殿	赤水市	遵义市赤水市大同镇古镇社区新街路 74 号	1786	791	贾龙英
244	正觉寺	赤水市	遵义市赤水市长沙镇笃睦村关上组	2022.87	590.5	释照正

245	太平寺	赤水市	遵义市赤水市官渡镇五里村大水井	1272.46	1000	释照玉
246	怀阳寺	赤水市	遵义市赤水市天台镇天台村大屋基组	854.8	300	释觉瑞
247	长岭圆通寺	赤水市	遵义市赤水市文华办红岭社区	10016.1	3500	释崇慈
248	洪恩寺	仁怀市	遵义市仁怀市大坝镇街道社区云山组	608	328	周启清
249	观佛寺	仁怀市	遵义市仁怀市长岗镇长征社区4组	2038	1292	黄建群
250	云[illegible]山寺	仁怀市	遵义市仁怀市中枢街道火炉坎村麻沙沟组	2538.69	1185	释祖弘
251	水口寺	仁怀市	遵义市仁怀市鲁班社区生界社区水口组	710	590	张田刚
252	莫家岩寺	仁怀市	遵义市仁怀市茅坝镇茅坝社区新华组	2526.7	1626.7	释佛印
253	永安寺	仁怀市	遵义市仁怀市五马镇鱼孔村街道组	6710	2586	释心正
254	台洋寺	仁怀市	遵义市仁怀市茅台镇观音社区2组	630	575.52	王启洪
255	玉屏寺	仁怀市	遵义市仁怀市中枢街道城北社区玉屏组	2397.6	1500	释顿相
256	太平寺	仁怀市	遵义市仁怀市中枢街道办事处青杠园社区沙坪组	5798.2	1300	释通觉
257	千佛寺	仁怀市	遵义市仁怀市中枢街道东门社区东门组	41240	3040	母光芹
258	骑龙寺	仁怀市	遵义市仁怀市茅台镇岩滩村青杠林组	5373	1813	刘应怀

259	云仙寺	仁怀市	遵义市仁怀市中枢街道东门社区东门组	786.08	534.05	释演忍
260	妙音寺	仁怀市	遵义市仁怀市中枢街道妙音寺路66号	38189	20000	释演总
261	台圣寺	仁怀市	遵义市仁怀市茅台镇杨柳湾社区七组	2868	1768	王崇良
262	玉佛寺	西秀区	安顺市西秀区轿子山镇永峰村	860	860	释仁洁
263	回龙寺	西秀区	安顺市西秀区刘官乡嘉穗村	500	230	释香净
264	青龙寺	西秀区	安顺市西秀区七眼桥镇本寨村本寨组	1100	680	释宽慧
265	大悲精舍	西秀区	安顺市西秀区华西办玉碗村五组	3500	1500	释仁洁
266	金光寺	西秀区	安顺市龙宫风景区龙宫镇漩塘村	500	500	释性海
267	东林寺	西秀区	安顺市西秀区太和街94号	3553.53	1326.35	释通睿
268	清泰庵	西秀区	安顺市西秀区虹湖东路37号	2018	3262	释圣果
269	灵泉寺	西秀区	安顺市西秀区若飞北路大龙井	900	820	释仁然
270	妙法禅寺	西秀区	安顺市西秀区华西办华严村华严一组	2281.24	1570.4	释宏盛
271	龙泉寺	西秀区	安顺市西秀区宁谷镇上苑村一组	900	800	释演忠
272	云鹫山寺	西秀区	安顺市西秀区七眼桥镇云山屯村	2110	1030	释庵照
273	圆照寺	西秀区	安顺市西秀区大西桥镇大西桥居委会	300	200	释仁德

274	回龙寺	西秀区	安顺市西秀区大西桥镇小寨村小寨组	400	100	释能觉
275	圆通寺	西秀区	安顺市西秀区中华南路塔山广场3号	2178.74	1225.37	释通睿
276	清凉禅寺	西秀区	安顺市西秀区七眼桥镇清水屯村	500	500	释圣果
277	青龙寺	西秀区	安顺市西秀区东关办新哨村	2000	2200	释圣果
278	云台山寺	西秀区	安顺市开发区幺铺镇上头铺村	740	546.5	释妙善
279	将军山寺	西秀区	安顺市开发区幺铺镇红龙村	855	150	释寂力
280	来龙寺	西秀区	安顺经济技术开发区幺铺镇颜旗村三组63号	680	250	释能圣
281	佛兴寺	西秀区	安顺开发区幺铺镇大屯村	910	532.32	释演祥
282	玉林寺	西秀区	安顺经济技术开发区西航办新阳村	958	346.01	释能演
283	静修庵	平坝区	安顺市平坝区夏云镇桥上村	850	400	释善本
284	法源寺	平坝区	安顺市平坝区鼓楼街道办事处杨家坝	910	850.23	释华祥
285	香吉寺	平坝区	安顺市平坝区夏云镇小山村	10000	2100	释觉性
286	广源寺	平坝区	安顺市平坝区夏云镇江西村	2870	600	释佛德
287	东华山寺	普定县	安顺市普定县城关镇	1500	200	释演吉
288	龙华寺	普定县	安顺市普定县城关镇朝阳路	1400	1200	释能安

289	培风寺	普定县	安顺市普定县城关镇新堡村	420	532	释果新
290	玉真山寺	普定县	安顺市普定县马官镇玉屯村	1200	800	释莲海
291	天龙山寺	普定县	安顺市普定县马官镇下坝村	600	900	释演宣
292	净佛寺	普定县	安顺市普定县马官镇余官村	450	650	释佛心
293	广觉寺	普定县	安顺市普定县马官镇马官村	752	950	释佛椗
294	狮子山寺	普定县	安顺市普定县化处镇狮子山村	450	520	徐正国
295	翠云山寺	普定县	安顺市普定县马场镇马场村	350	500	金　钟
296	仙人寺	普定县	安顺市普定县化处镇化处街上	450	750	郑方雄
297	灵泉寺	镇宁县	安顺市镇宁县环翠街道办事处三街社区	12100	1200	释宏玺
298	缘山寺	镇宁县	安顺市镇宁县丁旗街道办事处一、二街社区	3000	1200	孙克芹
299	接引寺	镇宁县	安顺市镇宁县环翠街道办事处城西村	19000	800	孙光芹
300	环翠山念佛寺	镇宁县	安顺市镇宁县环翠街道办事处北关社区	2300	1400	释有缘
301	紫云硐普化禅寺	紫云县	安顺市紫云县松山街道办事处团坡村团坡组	6200	1800	释演宣
302	金竹林观音寺	七星关区	毕节市七星关区阿市乡中寨村金竹林组	400	300	释通理
303	亮岩观音寺	七星关区	毕节市七星关区亮岩镇亮岩村下街组	550	800	汪廷志

304	清水观音寺	七星关区	毕节市七星关区清水铺镇清水村一组	860	1000	释宏灵
305	大吉观音寺	七星关区	毕节市七星关区小吉场镇大吉村和平组	300	206	熊祥先
306	慧林寺	七星关区	毕节市七星关区市西街道安家井社区安全组	2215	7000	释演德
307	云台寺	七星关区	毕节市七星关区燕子口镇中沟村中沟组	1200	1500	黄正才
308	洗心寺	七星关区	毕节市七星关区市西办事处北门社区	2500	1800	释圣果
309	净心寺	七星关区	毕节市七星关区麻园街道杨家塘社区	472	750	释悟圣
310	居士林	七星关区	毕节市七星关区市东办事处水西田社区	700	900	张友珍
311	灵峰寺	七星关区	毕节市七星关区三板桥办事处灵峰村灵峰组	2600	1800	释演宣
312	天灵寺	七星关区	毕节市七星关区鸭池镇营中村一组	730	1250	鲁丕荣
313	紫云寺	七星关区	毕节市七星关区鸭池镇庙脚村大凹组	750	965	吕国文
314	感应寺	七星关区	毕节市七星关区洪山街道环南社区	800	1000	余光平
315	妙湛寺	大方县	毕节市大方县慕俄格街道办事处北郊社区银杏路001号	14700	2400	释果达
316	普度寺	大方县	毕节市百里杜鹃管理区普底乡东风村松林组	3230	2530	黄家远

317	观音阁	黔西县	毕节市黔西县文峰街道办事处文峰社区水西公园内	860	568	释悟禅
318	玲珑洞	黔西县	毕节市黔西县杜鹃街道办事处向阳社区5组	1200	600	释恒明
319	圆通寺	黔西县	毕节市黔西县钟山镇五里坝社区松柏1组	7800	480	释果无
320	观音洞	黔西县	毕节市黔西县金碧镇铧口村七组	10000	3890	释续静
321	观音洞寺	黔西县	毕节市黔西县水西街道办事处文昌社区劳动路27–6号	2640	1310	释净宗
322	重灵寺	黔西县	毕节市黔西县重新镇三堰社区	2380	1400	释佛愉
323	兴盛寺	黔西县	毕节市黔西县谷里镇谷兴社区江河1组	1200	780	释佛凯
324	观音洞寺	黔西县	毕节市黔西县中坪镇老街社区三组	200	200	刘勋平
325	慧远寺	黔西县	毕节市黔西县重新镇杨家湾村三组	1000	150	释常杰
326	清风寺	黔西县	毕节市黔西县素朴镇大坝村三组	8000	1203	释普忍
327	大佛洞寺	黔西县	毕节市百里杜鹃金坡乡煤洞场村新窑组	1200	350	释圣慧
328	净莲寺	黔西县	毕节市黔西县文峰办事处东山社区东山路	4500.5	623.9	李泽芬
329	灵江寺	金沙县	毕节市金沙县沙土镇敦华社区花滩河组	193.9	723.7	释心慧

330	金钟寺	金沙县	毕节市金沙县沙土镇新光村大丫口组	800	700	释能敨
331	高岩寺	金沙县	毕节市金沙县鼓场街道大定社区长征组	3500	2000	释寂静
332	天宁寺	金沙县	毕节市金沙县鼓场街道旭华社区合理组	10080	7600	释心妙
333	金龙寺	金沙县	毕节市金沙县城关镇大定村胜利组	4000	1900	释常容
334	白云寺	金沙县	毕节市金沙县西洛街道金槐社区白云寺组	1120	280	释照诚
335	普照寺	金沙县	毕节市金沙县西洛街道金槐社区梨子林组	4500	1380	唐照玉
336	八佛寺	金沙县	毕节市金沙县沙土镇和群社区田青组	1240	1077	释通云
337	仙佛寺	金沙县	毕节市金沙县沙土镇里庄社区场口组	600	200	蒋大坤
338	古佛寺	金沙县	毕节市金沙县沙土镇天星社区马鞍山组	1870	1400	释圆觉
339	佛山寺	金沙县	毕节市金沙县安底镇桃园村岩脚村民组	4000	2000	罗祖珍
340	普安寺	金沙县	毕节市金沙县安底镇桃元村梅家湾组	1500	800	阎朝忠
341	佛僧洞寺	金沙县	毕节市金沙县禹谟镇金坝村上中组	1400	1500	牟德学
342	观音寺	金沙县	毕节市金沙县禹谟镇龙泉社区	800	400	陈登容

343	观音寺	金沙县	毕节市金沙县平坝镇平庄村九组	1334	350	释常敏
344	龙泉寺	织金县	毕节市织金县城关镇太平社区	927	551	释通藏
345	观音阁	织金县	毕节市织金县猫场镇和平村猪市上组	6210	570	释能信
346	奇缘寺	织金县	毕节市织金县双堰街道金南社区	6819	422	肖德元
347	古佛寺	织金县	毕节市织金县双堰街道金南社区	2800	584	释广鑫
348	观音阁	织金县	毕节市织金县熊家场乡群潮村群潮组	530	400	王淑琴
349	龙山寺	织金县	毕节市织金县珠藏镇龙山村半边街组	490	290	甘发海
350	龙泉寺	纳雍县	毕节市纳雍县张家湾镇补仲村龙井组	1680	1400	释园萃
351	观音寺	纳雍县	毕节市纳雍县雍熙街道公园社区公园路	2190	1363	释果慧
352	观音寺	威宁县	毕节市威宁县小海镇卯家社区团结组	300	160	王忠妹
353	普渡寺	威宁县	毕节市威宁县六桥街道办事处龙凤社区	300	240	尚 华
354	觉岸寺	威宁县	毕节市威宁县六桥办事处响塘村	1800	1051	田廷凤
355	准提阁	威宁县	毕节市威宁县草海镇文化路	1300	720	释祖印
356	九台寺	威宁县	毕节市威宁县草海镇塔山村	2200	1200	释祖印

357	普照寺	赫章县	毕节市赫章县白果街道大营村张家院组	1200	650	周光旭
358	东山寺	碧江区	铜仁市碧江区市中办事处东山上	26622.5	1408.25	释廓毅
359	兴龙寺	碧江区	铜仁市碧江区环北街道办事处笔家冲	500	350	释佛法
360	金龙寺	碧江区	铜仁市碧江区坝黄镇龙井村	400	280	释源林
361	响龙寺	碧江区	铜仁市碧江区环北街道办事处铜江村	450	305	释乾祥
362	回龙寺	碧江区	铜仁市碧江区河西街道办事处双江村	1200	800	释心机
363	紫金寺	碧江区	铜仁市碧江区环北办事处清水村河上组	300	200	陈永秋
364	东屏山寺	碧江区	铜仁市碧江区漾头镇	400	300	刘洪成
365	彩云寺	万山区	铜仁市万山区万山镇三角岩社区	2100	580	杨金菊
366	中华山寺	万山区	铜仁市万山区敖寨侗族乡中华山村	530	350	万加顺
367	妙音寺	万山区	铜仁市万山区万山镇三角岩社区	2440	630	释隆吉
368	大金佛寺	江口县	铜仁市江口县太平镇梵净山村寨沙组	13000	5000	释灵普
369	大佛寺	江口县	铜仁市江口县双江街道龙井阁	2000	1300	释佛普
370	通圆寺	江口县	铜仁市江口县双江街道城郊村沙子坳	1500	800	释佛缘

371	龙泉禅寺	江口县	铜仁市江口县太平镇梵净山景区内	2450	3000	赵振强
372	承恩寺	江口县	铜仁市江口县梵净山景区金顶	4700	900	释灵普
373	复兴寺	玉屏县	铜仁市玉屏侗族自治县麻音塘街道九龙村桥边	600	200	尚菊弟
374	水潮寺	玉屏县	铜仁市玉屏侗族自治县平溪街道七里塘村	600	178	刘泽林
375	弥陀寺	玉屏县	铜仁市玉屏侗族自治县平溪街道七里塘村	500	200	杨昌灯
376	旗头山寺	玉屏县	铜仁市玉屏侗族自治县田坪镇白果村	150	110	莫常玉
377	金龙寺	玉屏县	铜仁市玉屏侗族自治县大龙街道大龙堡村	1200	300	颜菊花
378	菩提寺	玉屏县	铜仁市玉屏侗族自治县平溪街道红花村八仙岩	3632.5	1074.22	吴吉华
379	铁柱山寺	玉屏县	铜仁市玉屏侗族自治县朱家场镇街上组	500	200	杨云成
380	仙山寺	石阡县	铜仁市石阡县本庄镇龙屯村屯头组	960.42	424	释正利
381	般若寺	石阡县	铜仁市石阡县坪山乡佛顶山村小河沟组	3300	1800	释寂然
382	三昧禅院	石阡县	铜仁市石阡县汤山街道办事处城关村梨子园组	70596	1200	释纯妙
383	垂恩寺	石阡县	铜仁市石阡县坪山乡老寨村果抱组	9000	800	周其光

384	北塔寺	石阡县	铜仁市石阡县汤山街道办事处坪兴村北塔大道	706.92	397.3	高明扬
385	观音寺	石阡县	铜仁市石阡县龙井乡竹林村	1300	230	罗兴芬
386	灵峰寺	石阡县	铜仁市石阡县中坝街道办事处万屯村四组	730.88	320	杜会军
387	甘露寺	石阡县	铜仁市石阡县泉都街道办事处文笔社区	909.2	759.4	龙天荣
388	华严寺	思南县	铜仁市思南县思唐街道办事处中和社区城西小区	10000	4500	释隆吉
389	福慧寺	思南县	铜仁市思南县双塘街道办事处桃园社区大岩关小区	1300	850	释真勇
390	鱼龙寺	思南县	铜仁市思南县宽坪乡前进村桅杆组	200	85	陈永会
391	龙王庙	思南县	铜仁市思南县大坝场镇场坝社区	700	300	简兴和
392	文昌阁	思南县	铜仁市思南县塘头镇甲秀社区	500	300	樊朝东
393	护国禅寺	印江县	铜仁市印江县紫薇镇大园址村苏家坡组	16950	4460	释佛友
394	天庆寺	印江县	铜仁市印江县木黄镇金星村青杠坪组	1200	500	释果智
395	太平寺	印江县	铜仁市印江县木黄镇昔坪村排龙田组	2600	702	僧照齐
396	青微寺	印江县	铜仁市印江县木黄镇上寨村二组	1250	350	代传秀
397	文昌寺	印江县	铜仁市印江县木黄镇文昌村二组	300	162	周朝政

398	行祠庙	印江县	铜仁市印江县木黄镇岑阳村一组	3300	456	杨昌花
399	静修寺	印江县	铜仁市印江县天堂镇天堂村长堡组	580	420	李传智
400	回龙寺	印江县	铜仁市印江县朗溪镇孟关村孟关组	1460	132	田井虔
401	印龙寺	印江县	铜仁市印江县峨岭街道办事处坪兴村一组	1520	300	释惟福
402	玉泉寺	印江县	铜仁市印江县峨岭街道办事处坪兴村一组	2830	1060	释莲愿
403	双龙寺	印江县	铜仁市印江县洋溪镇双龙村水车坝组	260	236	钟汉芬
404	永盛寺	德江县	铜仁市德江县合兴镇朝阳村朝阳组	2900	450	安仁霞
405	普照寺	德江县	铜仁市德江县堰塘乡关口社区关口组	270	270	安茂香
406	南山寺	德江县	铜仁市德江县煎茶镇煎茶村外环路	200	160	张翊媛
407	尧山寺	德江县	铜仁市德江县复兴镇喻家桥社区	600	350	杨正洪
408	大龙阡寺	德江县	铜仁市德江县青龙办事处向阳社区	150	110	许光珍
409	天缘寺	沿河县	铜仁市沿河治县中界镇罗家寨村	3000	800	冉正忠
410	莲花寺	松桃苗族自治县	铜仁市松桃苗族自治县冷水乡三阳村坡脚组	327	248	任达早
411	天目山寺	松桃苗族自治县	铜仁市松桃苗族自治县普觉镇西门坎村西门组	1200	720	彭世陆

412	禹王宫	松桃苗族自治县	铜仁市松桃苗族自治县盘信镇麦地村二组	476	308	吴秀琼
413	狮子山寺	松桃苗族自治县	铜仁市松桃苗族自治县九江街道地安村珠宝组	318	187	姜春芝
414	观音寺	松桃苗族自治县	铜仁市松桃苗族自治县盘信镇大告村凉风洞组	220	141	吴长兴
415	关帝庙	松桃苗族自治县	铜仁市松桃苗族自治县蓼皋镇吊井湾社区	700	500	赵世堂
416	飞灵山寺	松桃苗族自治县	铜仁市松桃苗族自治县长坪镇沙坪村四组	88980.44	348	杨德流
417	镇江寺	松桃苗族自治县	铜仁市松桃苗族自治县大坪镇大坪村街上组	654	428	邓秀珍
418	一山寺	松桃苗族自治县	铜仁市松桃苗族自治县平头乡蚂蟥村二组	248	216	杨秀法
419	金山寺	松桃苗族自治县	铜仁市松桃苗族自治县寨英镇寨转村	309	168	杨通伦
420	培风寺	松桃苗族自治县	铜仁市松桃苗族自治县大路乡坪寨冠村陈家董组	328	226	戴 晓
421	龙江寺	松桃苗族自治县	铜仁市松桃苗族自治县大路乡坪江村尚家董组	288	236	杨淑珍
422	朝阳寺	松桃苗族自治县	铜仁市松桃苗族自治县大路乡田坝村老院子组	298	216	杨勤英
423	承福寺	松桃苗族自治县	铜仁市松桃苗族自治县寨英镇落满村街上组	312	128	冉茂钧
424	凤军寺	松桃苗族自治县	铜仁市松桃苗族自治县冷水乡三阳村木黄组	368	234	吴恩宣

425	天桥寺	松桃苗族自治县	铜仁市松桃苗族自治县冷水乡木材村湾脚下组	318	220	杨金蓉
426	太阳庙	松桃苗族自治县	铜仁市松桃苗族自治县乌罗镇新民村庙湾组	348	208	谢珍英
427	回龙寺	松桃苗族自治县	铜仁市松桃苗族自治县乌罗镇中利村坨里组	412	248	吴老花
428	禹王宫	松桃苗族自治县	铜仁市松桃苗族自治县乌罗镇前进村一组	232	136	杨朝刚
429	金钟山寺	松桃苗族自治县	铜仁市松桃苗族自治县乌罗镇毛溪村杨家寨组	261	177	唐碧俄
430	迎水寺	松桃苗族自治县	铜仁市松桃苗族自治县乌罗镇前兴村黑沙组	345	232	余明权
431	正云山寺	松桃苗族自治县	铜仁市松桃苗族自治县大兴街道星光村	335	142	龙荷花
432	兴隆寺	松桃苗族自治县	铜仁市松桃苗族自治县甘龙镇土墩坎村马黄组	318	220	严天树
433	飞山庙	松桃苗族自治县	铜仁市松桃苗族自治县乌罗镇前进村上街组	415	332	王玉顺
434	飞山寺	松桃苗族自治县	铜仁市松桃苗族自治县长兴堡镇五里村五里组	236	152	吴必英
435	玉皇阁	松桃苗族自治县	贵族省铜仁市松桃苗族自治县甘龙镇甘龙村老甘龙田组	328	210	石福元
436	天山寺	松桃苗族自治县	铜仁市松桃苗族自治县黄板街道天星村一组	200	210	杨贵云
437	观音寺	松桃苗族自治县	铜仁市松桃苗族自治县蓼皋镇马田龙社区	1200	700	舒坤芳

438	云落寺	松桃苗族自治县	铜仁市松桃苗族自治县蓼皋镇南门社区	4100	1200	田茂英
439	大慈寺	松桃苗族自治县	铜仁市松桃苗族自治县蓼皋街道南门社区	2200	800	吴金生
440	天马寺	松桃苗族自治县	铜仁市松桃苗族自治县乌罗镇毛溪村元家坳组	340	240	王东英
441	宫庵寺	松桃苗族自治县	铜仁市松桃苗族自治县寨英镇寨英村南门组	382	221	文华仙
442	龙泉寺	松桃苗族自治县	铜仁市松桃苗族自治县长兴镇长兴村教场坝组	288	160	蒋翠芝
443	灵应寺	松桃苗族自治县	铜仁市松桃苗族自治县牛郎镇大河村杨家组	328	172	释僧戒
444	回澜宫	松桃苗族自治县	铜仁市松桃苗族自治县蓼皋镇马田龙社区	800	500	龙金玉
445	大王宫	松桃苗族自治县	铜仁市松桃苗族自治县蓼皋镇南门社区	550	320	杨中成
446	水晶寺	兴义市	黔西南州兴义市黄草街道办事处胜利社区	50233	1119.18	释照祥
447	观音寺	兴义市	黔西南州兴义市木贾街道办事处东贡社区高山组	10600	1241	释传鑫
448	万佛寺	兴义市	黔西南州兴义市万峰林街道办事处瓮本村	12488.87	5576.88	唐昌莉
449	积圆寺	兴仁市	黔西南州兴仁市真武山街道办事处真武山社区五组	2953.97	1873.03	梅邦会

450	文昌阁寺	兴仁市	黔西南州兴仁市薏品田园街道办事处杨泗屯社区屯山坡组	635.2	327.42	王 智
451	崧岿寺	普安县	黔西南州普安县兴中镇崧岿村谭家湾子头组	11560	873.7	秦大江
452	圆通寺	安龙县	黔西南州安龙县招堤街道办事处西河社区水桶山组	3535	2108	陈友国
453	威舍回龙观音寺	兴义市	黔西南州兴义市威舍镇发哈村猪场组	1200	580	释传渡
454	石仙山光明寺	凯里市	黔东南州凯里市炉山镇城关村石仙山公园内	7860.35	1725.36	释莲净
455	观音阁	凯里市	黔东南州凯里市下司镇前进路街道背后半山坡	889.3	443.28	释莲净
456	新峰寺	凯里市	黔东南州凯里市城区罗汉山公园内	7160.39	4200	
457	对江观音寺	凯里市	黔东南州凯里市大风洞镇对江村	1165.15	465.63	释果正
458	鼓台山寺	黄平县	黔东南州黄平县旧州镇东门村马苑组	2000	361.99	张昌碧
459	地母阁	黄平县	黔东南州黄平县重安镇兴隆社区北街	328.34	231.39	陈家秀
460	观音阁寺	施秉县	黔东南州施秉县城关镇文化社区县城内西面山坡	13900	1030	宋海珊
461	甘霖寺	三穗县	黔东南州三穗县八弓镇永灵山	19671	1105	熊开忠
462	江古大岭寺	镇远县	黔东南州镇远县江古乡大岭村	260	498	粟周平

463	中元禅院	镇远县	黔东南州镇远县舞阳镇东峡街青龙洞景区	3300	880	释印觉
464	南岳寺	岑巩县	贵州省岑巩县思旸镇坪贤村	800	600	释果云
465	舞溪寺	岑巩县	贵州省岑巩县澌水街道新兴村万福路自来水厂对面	6000	1330.26	石开琼
466	回龙寺	天柱县	黔东南州天柱县远口镇新寺村东面大坡	6136.4	1310.5	释师和
467	金凤山寺	天柱县	黔东南州天柱县社学街道金山村五组	20667.7	2686	释源明
468	善缘寺	天柱县	黔东南州天柱县社学街道芹香村梨子坳组	1668.3	968.3	石修理
469	南山寺	天柱县	黔东南州天柱县凤城街道南康村	8670	4200	释圆照
470	步云寺	锦屏县	黔东南州锦屏县三江镇回龙山	1227	1005.6	游芝玉
471	观音阁	剑河县	黔东南州剑河县柳川镇清江村原老中学后岭山上	1200	330.26	杨银秀
472	南泉山寺	黎平县	黔东南州黎平县德凤街道南泉山	1578	824	释莲宇
473	五榕寺	榕江县	黔东南州榕江县古州镇城南五榕山脚	8617	3800	释通圆
474	龙泉山寺	丹寨县	黔东南州丹寨县龙泉镇泉山村龙泉山寺	4000	2632.45	刘汉丽
475	九龙寺	都匀市	黔南州都匀市红枫南路23号	18839.4	2500	释身和

476	观音寺	荔波县	黔南州荔波县玉屏街道办事处水利村水龙三组观音峰	2298.81	612.4	释祖明
477	莲花寺	贵定县	黔南州贵定县宝山街道办事处新场村阳宝山组	15500	5880	释纯一
478	觉皇寺	瓮安县	黔南州瓮安县平定营镇平定营社区葆初路	818.65	562.65	杨 惠
479	观音寺	瓮安县	黔南州瓮安县猴场镇大金星村大林湾组	9282	864	龚兰芬
480	金钟寺	瓮安县	黔南州瓮安县中坪镇中坪社区8组	1172.97	661.85	释祖觉
481	金佛寺	瓮安县	黔南州瓮安县珠藏镇珠藏社区迎军路	3553.16	264.84	释仁慧
482	玉佛寺	瓮安县	黔南州瓮安县玉山镇玉山社区马路组	5709.67	469	释常印
483	龙潭寺	瓮安县	黔南州瓮安县银盏镇鱼河社区果果坪组	2663.95	576.48	黄兴荣
484	观音堂	瓮安县	黔南州瓮安县瓮水办事处广场社区龙水坝组	6181	1431.03	释寂靖
485	莲宗念佛堂	独山县	黔南州独山县井城街道办事处紫林山翠泉公园	2326.86	519.6	释圣光
486	观音阁	独山县	黔南州独山县井城街道办事处城东社区沙坡	1018	445.91	于连全
487	兴阳寺	罗甸县	黔南州罗甸县边阳镇岩脚村五组	429.32	265.19	杨再兰
488	灵园洞	罗甸县	黔南州罗甸县龙坪镇老城村	88.34	110	黄国琴

489	莲经寺	罗甸县	黔南州罗甸县边阳镇达上村	285.74	124.12	邓正学
490	老城观音堂	罗甸县	黔南州罗甸县龙坪镇老城村	167.58	348.61	杜德芬
491	白云寺	长顺县	黔南州长顺县白云山镇思京村团茶组	61869.76	1810	释通鉴
492	广福寺	长顺县	黔南州长顺县广顺镇北场社区	2963	550	黄绍书
493	观音寺	长顺县	黔南州长顺县摆所镇营盘村观音路	260	190	王玉怀
494	青龙寺	长顺县	黔南州长顺县长寨街道威远社区	394	193	王德海
495	龙岭禅寺	龙里县	黔南州龙里县冠山街道大冲社区石头寨	2263.99	1936	释海慧
496	天龙洞寺	龙里县	黔南州龙里县谷脚镇岩后社区倪儿关组	5614.16	1103.22	释应空
497	龙云寺	龙里县	黔南州龙里县谷脚镇谷脚社区老街组	3039.11	1341.94	释果戒
498	观音洞寺	龙里县	黔南州龙里县谷脚镇庆阳社区廖家田组	431.5	431.5	释惟本
499	佛光寺	龙里县	黔南州龙里县谷脚镇庆阳社区羊场司组	11840.71	2639.96	释照光
500	翠微寺	龙里县	黔南州龙里县湾滩河镇翠微村翠微三组	10600	960	释佛度
501	金石平山寺	惠水县	黔南州惠水县好花红镇金石村金石组	360	214.32	石化勇
502	九龙寺	惠水县	黔南州惠水县涟江街道办事处九龙村马门组	267812.5	19746.33	释崇慈

503	定慧寺	惠水县	黔南州惠水县涟江街道办事处新城村满坝组	691.69	1037.23	释演惠

贵州省佛教团体一览表

序号	协会名称	会长	协会地址
1	贵州省佛教协会	妙果	贵阳市南明区阳明路1号
2	贵阳市佛教协会	藏青	贵阳市南明区阳明路1号
3	遵义市佛教协会	普法	遵义市红花岗区内环路湘山寺普照楼4楼
4	六盘水市佛教协会	祖定	六盘水市钟山区德坞街道乌沙寨村灵山寺内
5	铜仁市佛教协会	灵普	铜仁市碧江区东山寺内
6	安顺市佛教协会	通睿	安顺市西秀区南街街道中华南路圆通寺内
7	毕节市佛教协会	演德	毕节市七星关区市西街道安家井社区慧林寺内
8	黔东南州佛教协会	莲净	凯里市罗汉山新峰寺内
9	黔南州佛教协会	崇慈	都匀市民族路35号
10	兴义市佛教协会	照祥	兴义市万峰林街道办事处瓮本村
11	清镇市佛教协会	通植	贵阳市清镇市巢凤社区
12	观山湖区佛教协会	宽宏	贵阳市观山湖区金朱东路
13	乌当区佛教协会	祖全	贵阳市乌当区水田镇定扒村
14	红花岗区佛教协会	普法	遵义市红花岗区湘山寺普照楼4楼
15	汇川区佛教协会	宣尊	遵义市汇川区高坪镇高岩寺内
16	播州区佛教协会	心定	播州区桂花街道办遵南社区罗汉寺内
17	习水县佛教协会	照彻	习水县民化路三元村青龙山佛光寺内
18	仁怀市佛教协会	演总	仁怀市云幪山森林公园内

19	六枝特区佛教协会	果愿	六盘水市六枝特区九龙街道桃园寺内
20	盘州市佛教协会	传普	六盘水市盘州丹霞镇桃园村护国寺内
21	江口县佛教协会	祖德	铜仁市江口县大佛寺内
22	石阡县佛教协会	寂然	铜仁市石阡县北塔寺内
23	松桃苗族自治县佛教协会	圣闻	铜仁市松桃苗族自治县蓼皋镇云落寺内
24	印江县佛教协会	佛友	铜仁市印江县紫薇镇大园址村护国禅寺内
25	西秀区佛教协会	圣果	安顺市西秀区南街街道中华南路圆通寺内
26	镇宁县佛教协会	有缘	安顺市镇宁县城关镇环翠山唸佛寺内
27	普定县佛教协会	演宣	安顺市普定县定南办朝阳路龙华寺
28	七星关区佛教协会	演宣	毕节市七星关区三板桥办事处灵峰村灵峰寺内
29	黔西市佛教协会	悟禅	黔西市文峰社区水西公园观音阁内
30	金沙县佛教协会	心妙	毕节市金沙县鼓场街道天宁寺内
31	龙里县佛教协会	海慧	黔南州龙里县冠山街道龙岭禅寺内
32	贵定县佛教协会	大照	宝花村阳宝山莲花寺内
33	都匀市佛教协会	身和	黔南州都匀市红枫南路 23 号
34	独山县佛教协会	圣光	黔南州独山县莲宗念佛堂内
35	荔波县佛教协会	祖明	贵州省荔波县观音寺内